财　政　部　规　划　教　材

全国高职高专院校财经类（实验）教材

会 计 基 础

余坤和　黄　友　主编

经 济 科 学 出 版 社

图书在版编目（CIP）数据

会计基础／余坤和，黄友主编．—北京：经济科学出版社，2010.5 （2014.7 重印）

财政部规划教材．全国高职高专院校财经类（实验）教材

ISBN 978－7－5058－9356－6

Ⅰ.①会… Ⅱ.①余…②黄… Ⅲ.①会计学－高等学校：技术学校－教材 Ⅳ.①F230

中国版本图书馆 CIP 数据核字（2010）第 081182 号

责任编辑：凌　敏
责任校对：徐领杜
版式设计：代小卫
技术编辑：李　鹏

会计基础
余坤和　黄　友　主编
经济科学出版社出版、发行　新华书店经销
社址：北京市海淀区阜成路甲 28 号　邮编：100142
教材编辑中心电话：88191343　发行部电话：88191540
网址：www.esp.com.cn
电子邮箱：espbj3@esp.com.cn
北京密兴印刷厂印装
787×1092　16 开　14.25 印张　300000 字
2010 年 7 月第 1 版　2014 年 7 月第 4 次印刷
ISBN 978－7－5058－9356－6　定价：25.00 元

编审说明

本书由财政部教材编审委员会组织编写并审定，同意作为全国高职高专院校财经类通用教材出版。书中不足之处，请读者批评指正。

财政部教材编审委员会

编写说明

本书是财政部规划教材，由财政部教材编审委员会组织编写、修订并审定，作为全国高职高专院校财经类教材。也可满足自学考试和广大企业工作人员以及后续教育学习需要。

本教材为财经、管理类高等职业教育会计专业的基础性教材，以《企业会计准则（2006）》为主线，适当考虑了与《企业会计准则（1992）》和《小企业会计制度》的沟通，主要讲述会计基本理论、基本知识和基本方法，为培养高技能会计职业人才起奠基性作用。本教材主要用作高等职业教育会计专业和财经、管理类各专业以及其他相关专业的会计素质和能力培养的入门教材，也可作为会计短期培训和自学参考用书。

本教材在构思、设计和编写过程中，都力求体现现代高等职业教育的新特点及其发展趋势和要求，贯彻以学生为中心、以能力为本位、以就业为导向、以岗位需求和工作过程为根据等现代职业教育理念，在内容上致力于实现理论够用、突出实践能力培养的高等职业教育人才培养要求，在结构上力求符合认知规律和职业成长规律，在体例上努力探索着力打破传统定式以求有所创新。

本教材在内容方面的创新，主要体现在从会计职业和会计工作及其微观环境的认知入手，并紧紧依托会计工作过程来展开，突出实务应用及实用性与基础性。对一些与从事会计职业和会计工作没有支撑作用的理论和知识，以及在后续学习领域还要展开和深入学习的理论、知识和方法进行了删减；对一些与从事会计职业和会计工作所必要的理论和知识，则与会计工作相联系进行整合改造，例如，将会计目标改造为会计工作目标、将会计职能改造为会计工作内容、将会计对象改造为会计工作对象、将会计要素作为会计工作具体对象等。同时，又引进了对培养会计职业素养和职业能力具有重要作用、《企业会计准则（2006）》所应用的新理论和新知识，如将会计确认、计量和报告与会计记录相融合，作为会计核算工作的构成内容和四大基本环节，并贯穿于整个教材的内容体系当中等。

本教材在结构方面的创新，主要体现在以“会计、会计职业和会计工作是什么”、“从事会计职业和会计工作需要什么”、“会计职业和会计工作做什么”以及“会计工作怎么做”的基本思路来安排教学内容，在项目一总体认知中新增了对会计核算工作基本程序的认知，并据以引领整本教材的内容，前后贯通，形成体系，使教材内容由浅入深、环环相扣，脉络清楚、逻辑性强，既有整体框架的把握，又有具体技能的应用，有利于初学者学习掌握。

本教材在体例方面的创新，主要体现在按照财政部教材编审委员会所确定的新编教材改革目标，采取项目化体例。本教材由八个项目构成，除项目一总体认知外，其余七个项目都以会计工作任务来表现教学内容。每个项目都划分为学习目标、项目导航、工作任务、重要名词及阅读篇目等板块，每个工作任务包括任务描述、综合知识、任务设计、职业能力训练等组成部分，并根据教学内容穿插设置了“提示”、“请注意”、“动脑动手”、“知识与能力拓展”等小栏目。

本教材由四川财经职业学院余坤和与四川财经职业学院黄友担任主编，编写大纲由余坤和提出初稿，经黄友审改和财政部教材编审委员会多次组织研讨和审议，并经本教材编写组成都研讨会议讨论后确定。余坤和编写项目二及项目一之认知2，并对全书进行修改、总纂，黄友编写项目一之认知1、认知3、认知4，并对全书进行审查，泉州经贸职业技术学院潘琼珍编写项目三，山西财政税务专科学校高慧芸编写项目四、项目五，内蒙古财经学院职业学院康莉编写项目六、项目七、项目八。

在教材编写过程中，承蒙财政部干部教育中心教研处的领导和相关同志、山西财政税务专科学校赵丽生教授、江苏财经职业技术学院程淮中教授、多次参加财政部教材研讨会和审稿会的各位专家的大力支持和指导，陕西财经职业技术学院王文汉教授及钟齐整教授担任本教材的指定审稿人，并提出了许多宝贵的意见和建议，还从许多同仁已经出版发行的教材或著作中汲取了成果，在此我们一并致谢。

当前，我国会计高等职业教育的人才培养模式、课程和教材都处在大力改革的时期，本教材所进行的改革尝试和探索可能还很肤浅，也不一定正确，加之我们水平有限，书中难免存在不足乃至错误，恳请各位专家和读者批评指正。

编　者

目　录

项目一

企业会计工作总体认知

学习目标

- 理解会计与企业的关系
- 理解会计核算的基本前提和基础
- 熟知会计工作对象、会计核算的工作内容、程序和方法
- 认识会计在企业管理中的作用
- 明确会计职业人的敬业精神和良好的职业道德修养
- 根据学习的需要查阅相关资料

项目导航

著名会计学家杨时展教授言："天下未乱计先乱，天下欲治计乃治。"意即：会计乱，必然导致天下乱，因会计治理不力，势必管理混乱，贪污盗窃成灾，必然导致天下乱。故统治者欲治理天下，应先治理会计。中国历史上还没有什么时候让会计变得如此重要。当转型经济下社会主义市场经济建立时，诚实正直的道德观和价值观成为一种易碎品时，会计承载了太多的功能——匡正信息失真、捍卫公众利益、履行反腐义务、播种诚信法则。

会计是通用的国际商业语言，它是适应社会生产的发展和经济管理需要而产生和发展的。"经济越发展，会计越重要。"经济的发展、企业规模的扩大，越来越依赖会计信息，从而也促进了会计理论、社会和技术的进步。会计方法、技术的发展又推动了社会文明的进程，推动经济的进一步发展。

会计是一个职业，是一项工作。那么，什么是会计？会计是一个怎样的职业、是怎样进行工作的？本项目主要以工业企业为背景，为初学者从总体上勾勒有关会计职业、会计工作的基本轮廓，主要内容包括对企业与会计、会计工作的对象、基本内容、程序、方法、基本前提与基础等会计基本理论、知识与方法的总体认知，为学习本门课程的后续内容及后续专业课程奠定基础。学习时要着重理解和把握会计工作的对象、基本内容、程序、方法、基本前提与基础等内容。

认知1 企业与会计

1. 企业

1.1 什么是企业

企业是一个有效的契约组织，并且是以营利为目的的经济组织。企业是由各种资源投入者依法自愿联合起来，缔结委托契约代理关系而组成，具有法人资格和地位。企业集合了一定的生产资料和劳动力，按市场需求，以营利为目的，从事产品的生产、流通或者服务的活动，向社会提供商品或劳务，实行自主经营、独立核算、自负盈亏，谋求经济效益。

企业具有以下特征：(1) 企业是经济组织；(2) 企业在经营上是独立的；(3) 企业是以营利为目的；(4) 企业具有法人资格，独立承担民事责任和义务；(5) 企业具有完整的组织结构。

企业的表现形式主要有个体企业、合伙企业和公司。公司又包括股份有限公司、有限责任公司和无限责任公司等。

企业在经营过程中要与很多方面发生各种各样的经济联系和利益关系，这些与企业存在着经济联系和利益关系的各个方面称为企业的利益相关者。企业的利益相关者一般包括股东、债权人与债务人、员工、顾客、供应商、国家等。股东是企业的投资者，其投入的资金形成企业的资本金，是企业的重要资金来源。一个企业是由一个投资者或多个投资者投资组成的。企业向金融机构借入资金，以扩大生产，这种借入的资金也是企业的主要资金来源。企业为扩大销售，常常向消费者或下游企业提供赊销，从而形成企业自身的债权。员工是企业的主要劳动者，既包括管理人员，也包括一般的工作人员。顾客是企业的服务对象，是企业产品的销售对象。供应商是企业原材料、设备等生产资料的提供者，企业可以从供应商那儿通过赊购方式融得一部分短期资金。企业应向国家缴纳税收，国家宏观政策的调整也会影响企业的生产经营。

企业以营利为目的，生产经营者必须实行有效的企业管理，正确地分配劳动时间，力求节约劳动耗费，以提高劳动效率和实现资源的保值增值，保证经济结果的实现和披露。

1.2 企业组织机构设置

企业应按国家有关法律法规和经营管理的需要设置组织机构。以有限公司为例，《中华人民共和国公司法》对其机构设置有明确要求。有限责任公司是指股东以其出资额为限对公司承担责任，公司以其全部资产对公司的债务承担责任的法人企业。

知识与能力拓展

设立有限责任公司，应当具备下列条件：（1）股东必须符合法定人数，即由2个以上50个以下股东共同出资设立；（2）股东出资必须达到法定资本最低限额；（3）股东共同制定公司章程；（4）有公司名称，建立符合有限责任公司要求的组织机构；（5）有固定的生产经营场所和必要的经营条件。

有限责任公司一般需设立以下组织机构及领导职位：

（1）股东会。股东会由全体股东组成，是公司的最高权力机构，决定有关公司经营发展的重大问题和事项。

（2）董事会。董事会是公司的常设权力机构和领导管理、经营决策机构，对股东会负责，决定有关公司经营管理的重大问题和事项。董事会实行集体领导，董事长为公司法定代表人。

（3）监事会。监事会是公司股东大会领导下的常设监督机构，执行监督职能。监事会与董事会并立，独立地行使对董事会、总经理、高级职员及整个公司管理的监督权。

（4）总经理。总经理是公司日常经营和管理的领导人，全面负责公司的日常经营和管理，由董事会聘任并对董事会负责。

（5）副总经理。副总经理是总经理的助手，在总经理领导下分工负责一定范围的日常经营和管理工作。

（6）职能管理部门。职能管理部门是在总经理和副总经理领导下从事相关范围日常经营和管理工作的专门机构。例如，工业企业的生产部、销售部、财务部等。

（7）业务部门。业务部门是公司从事具体业务活动的机构。例如，工业企业的生产车间、仓库等。

在公司制下，一般工业企业的组织机构如图1－1所示。

提示 不同业务性质和规模的企业，组织机构设置不尽一致。

2. 会计

2.1 什么是会计

任何一个单位都需要会计，企业更不例外。每个企业都要从事生产经营活动，而生产经营活动的情况和结果，企业领导者、管理者以及与这个企业管理工作或经济利益的相关者都希望及时了解，以供其管理和决策之用。各个企业的生产经营活动情况和结果，主要是通过会计来收集、分类、记录、加工处理，形成系统的会计信息并提供出来的。有关各方通过这

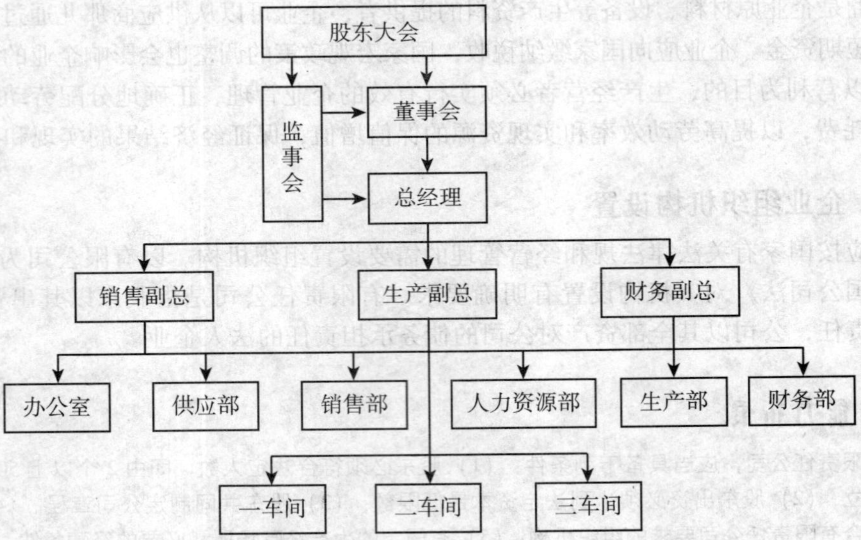

图1-1 一般工业企业组织机构

个企业的会计信息，可以了解企业的生产经营活动情况及其结果，并据以作出相关的判断、评价和决策。比如，通过会计信息，企业的领导和管理者可以掌握到生产经营情况，知道哪些地方做得好，应当继续坚持，哪些地方存在不足，需采取措施加以解决；通过会计信息，供货单位能够了解企业的财务状况，据以确定是否向这个单位销售货物和提供信用；通过会计信息，投资人能够知道他的投资效果，据以确定是否继续保持对这个企业的投资；通过会计信息，银行能够知道这个企业财务状况和经营情况的好坏，据以确定是否向这个企业提供贷款，等等。因此，会计工作是一项基础性的至关重要的经济管理工作。任何企业、任何单位都离不开会计。那么，什么是会计呢？

会计是以货币为主要计量单位，以凭证为依据，采用专门的程序与方法，对特定单位的经济活动情况及其结果进行连续、系统、全面、综合地反映和监督，并向有关各方提供管理和决策所需要的经济信息，以提高经济效益为目的的一种管理活动。

提示 会计所提供的经济信息也称会计信息。

由会计的概念可知，会计具有以下特点：

(1) 会计以货币为主要计量单位。原始的会计只是简单地用实物数量和劳动量度对经济活动进行计量和记录。随着社会经济的日益发展，会计逐步发展成为以货币为主要计量单位来综合反映和监督经济活动的全过程，为管理和决策提供全面、系统的经济信息。在货币计量下，单位所发生的各种经济活动都要运用货币计量单位进行计量、记录和报告。现代会计所提供的经济信息，主要的是以货币计量单位进行综合计量的金额信息，同时，对一些经济活动也辅之以实物数量和劳动量度计量，提供辅助信息。

(2) 会计对经济活动所提供的数据资料具有连续性、系统性、全面性和综合性。连续性是指对经济活动中所发生的经济业务要按照发生的时间顺序不间断地进行记录；系统性是指在会计核算中，从开始记录一项经济业务到最后编制会计报表，要逐步地把会计资料加以系统化，先分类汇总，然后进行加工处理，以取得综合性的指标；全面性是指对属于会计对象的各项经济业务必须全部加以记录，不能发生遗漏；综合性是指利用货币计量尺度把会计对象的全部经济内容进行记录，加以汇总，以反映会计对象的各项总括的价值指标，为管理提供有用而可靠的会计信息。

(3) 会计要以凭证为依据。会计信息是反映每个单位实际发生的经济活动情况和结果的经济信息。每个单位发生经济活动时，都必须取得或填制记载经济活动内容的原始凭证，这些原始凭证按照相应的流程传递到会计部门，会计部门据以进行会计确认、计量、记录和报告。

(4) 会计具有专门的程序和方法。会计工作，尤其是会计核算工作是按照规范的程序、采用专门的方法进行的，形成了会计特有的程序和方法体系。

(5) 会计以提高经济效益为目的，其本质是管理。会计产生于人们管理经济活动、降低物质消耗、提高劳动效率和经济效益的需要。会计不但提供现实经济活动的经济信息，而且能够利用这些经济信息进行预测分析，提出改善经营管理的意见、建议和措施，参与经营决策，引导本单位的经济活动向着既定目标，以更加优化的方式和途径运行，使经济效益得到不断提高。所以，会计的本质是管理，会计工作是管理工作不可或缺的重要组成部分。

提示 对会计本质的表述有不同的观点，另一种代表性观点是信息系统论。

2.2 会计机构

会计机构是单位内部直接组织和从事会计工作的职能机构。建立健全会计机构，是保证会计工作顺利进行的重要保障。为了科学合理地组织会计工作，各单位原则上都需要设置专门从事会计工作的职能部门——会计机构。但是，由于各单位经营业务的规模大小和会计业务的繁简程度不同，各单位可以而且有权根据业务需要依法决定是否设置专门的会计机构。

《中华人民共和国会计法》（以下简称《会计法》）第三十六条规定："各单位应当根据会计业务的需要，设置会计机构，或者在有关机构设置会计人员并指定会计主管人员；不具备设置条件的，应当委托经批准设立从事会计代理记账业务的中介机构代理记账。"这是国家对设置会计机构的法律规定。从国务院财政主管部门的管理要求和各地各行业的实践情况看，通常实行独立核算的大中型企业，实行企业化管理的事业单位，以及财务收支数额较大、会计业务较多的机关团体和其他组织，都要设置由本单位领导人直接领导的财务会计机构。而财务收支数额不大、单位业务形式比较简单、会计核算不太复杂的单位，可以不设置专门的会计机构。无论是单独设置会计机构，还是在有关机构中设置会计人员，或者是委托中介机构代理记账，每一个单位都必须依法开展会计工作。

会计机构要建立健全稽核制度，对会计凭证、账簿、报表等会计资料的真实性和可靠性进行控制，包括账证、账账、账实核对的控制，财产物资采购、验收、盘点的控制和现金管理等方面的控制等。同时，还要加强内部牵制制度，坚持钱、账分管的原则，会计与出纳分管，经办与审批分管，加强会计人员之间的相互制约、相互核对、相互监督，提高会计核算工作质量，防止会计事务处理过程中发生失误、差错和营私舞弊等行为。

提示 按照《会计法》规定，出纳人员不得兼任稽核、会计档案保管，以及收入、支出、费用、债权债务账目的登记工作。

会计机构内部要建立健全岗位责任制，进行合理的分工，定岗定员，明确责任，各司其职。一般来说，会计机构应设置会计机构负责人或会计主管、财产物资核算、工资核算、成本费用核算、资金核算、往来核算、总账报表、出纳、稽核、档案管理等岗位。这些岗位可以一岗一人，一岗多人，多岗一人，但必须符合单位内部会计控制的要求。

会计机构是一个综合性经济管理部门，它和单位内部其他各职能部门、各生产部经营业务单位有着十分密切的联系，会计机构要主动为各职能部门和业务部门服务，并依靠各职能部门和业务部门共同做好会计工作，完成会计任务。

会计机构要接受国家财政、税务和审计等政府部门和上级管理机构的指导与监督，并按规定向其报送会计报表及相关资料。

提示 因为会计工作与财务工作的联系非常紧密，所以，在实际工作中，很多单位的会计机构与财务机构是合并设置的，并以“财务”命名，如财务部、财务处、财务科等。

2.3 会计人员

配备适当的会计人员是会计工作得以正常进行的重要条件。会计人员按职责不同可分为总会计师、会计主管、一般会计人员等；按专业技术职务不同可分为高级会计师、会计师、助理会计师、会计员等。单位可根据本单位的实际情况，依法合理配备会计人员，保证会计工作的顺利开展。

2.3.1 会计人员的从业资格

我国会计职业实行资格准入制度，即必须取得会计从业资格，持有会计从业资格证书的专业人员才能从事会计工作。任何单位都不得任用不具备会计从业资格的人员从事会计工作。

会计从业资格证书，是证明能够从事会计工作的唯一合法证书，会计从业资格证书一经取得，全国范围有效。

财政部规定，会计从业资格的取得实行考试制度。现行考试科目包括财经法规与会计职业道德、会计基础与实务、初级会计电算化或珠算五级三个。会计从业资格考试每年举行两次，以省、自治区、直辖市为单位进行统一考试，三科同时合格者，由财政部门发给会计从业资格证书。

会计从业资格证书实行注册登记和年检制度。会计从业资格证书持有者上岗从事会计工作，本人或所在单位应立即到单位所在地的财政部门或中央主管部门进行登记，接受管理；因故离开会计岗位者，本人或所在单位应在30日内向发证机关申请备案。会计从业资格证书一般每年进行一次检查验证，对于不参加年检，又无正当理由者，将给予一定的行政处罚，直至取消其会计从业资格，吊销其会计从业资格证书。

2.3.2 会计人员的专业技术职务

我国现行会计人员的专业技术职务包括会计员、助理会计师、会计师和高级会计师四个级别。会计人员要晋升专业技术职务，须取得相应的专业技术资格。会计专业技术资格划分为初级、中级和高级三个级别。取得初级会计专业技术职务者可以聘任会计员或助理会计师；取得中级会计专业技术职务者可以聘任会计师；取得高级会计专业技术职务者可以聘任高级会计师。会计专业技术资格的取得实行考试制度，全国统考，每年举行一次，初级考试科目为初级会计实务和经济法基础两个，中级考试科目为中级会计实务、财务管理和经济法三个，高级资格为综合性专业应用能力考试。高级资格考试合格者还要通过评审，评审合格者方可聘任高级会计师职务。

2.3.3 会计人员的管理

我国现行会计人员管理实行“双重管理”体制，即由单位自行任免本单位的会计人员，负担会计人员薪酬待遇，并决定其职务晋升与否；财政部门负责会计资格评定审查及会计工作的考核，从客观上保证会计人员的从业水平和良好的职业道德情操。同时，通过在全国范围内推行严格的会计从业资格制度、会计专业技术资格考试制度、总会计师制度、会计人员继续教育制度等一系列的具有中国特色的会计人员管理办法，以进一步丰富会计管理的内容，提高会计人员的业务素质。

2.3.4 会计人员的职业道德

会计职业道德，是指会计职业活动中应遵循的、体现会计职业特征的、调整会计人员与社会、会计人员与不同利益集团及会计人员之间关系和行为的规范。其基本内容包括爱岗敬业、诚实守信、廉洁自律、客观公正、坚持原则、提高技能、参与管理、强化服务等。

会计职业作为社会经济活动中的一种特殊职业，其职业道德与其他职业道德相比具有自身的特征：一是具有一定的强制性，如为了强化会计职业道德的调整职能，我国会计职业道德中的许多内容都直接纳入了会计法律制度之中；二是较多关注公众利益，会计职业的社会公众利益性，要求会计人员客观、公正，在会计职业活动中，发生道德冲突时要坚持准则，把社会公共利益放在第一位。

会计行业作为市场经济活动的一个重要领域，主要为社会提供会计信息，其服务质量的好坏直接影响着经营者、投资者和社会公众的利益，进而影响着整个社会的经济秩序。会计工作者在提供信息的过程中，除了必须将本职工作置于法律、法规的约束和规范之下以外，还必须具备与其职能相适应的职业道德水准。市场经济越发展，对会计工作的职业道德水准要求越高。所有从事会计工作的人员，在会计岗位上，都必须恪守职业道德，履行自身所承担的工作职责，完成会计工作任务。

2.4 会计工作目标

会计工作目标即会计工作所要达到或实现的目标，也叫做会计目标，是指在一定的客观环境和经济条件下，会计人员通过会计实践活动期望达到的结果。会计工作目标也是检查会计工作的标准和依据。

会计工作是一种主观的、有目的的管理活动。进行这种活动，必须确定活动的目标，并根据目标的要求规划自己的行动。会计目标是会计工作的内在规定性，它决定着会计活动的方向，会计工作受会计目标的制约，又是会计目标的实现方式。

在人类社会中，由于存在着物质资源的有限性和社会需要的无限性之间的矛盾，客观上要求节约劳动资源和合理分配劳动资料。这就决定了会计必须对经济活动过程进行计量与计算，并对计量与计算的结果进行分析、对比，挖掘节约劳动消耗潜力，提出合理配置劳动资源的方案，提高经济效益。因此，讲求和提高经济效益是会计工作的总目标或终极目标，它与经济管理的总体目标是一致的。

会计总目标的实现必须在做好各项工作，完成各个具体目标的基础上才能达到。会计具体目标包括：

(1) 提供会计信息。每个单位都要建立收集、加工处理、传递和储存会计信息的程序、方法和制度，开展会计核算，并在全面提供经济活动情况和结果的基本信息的基础上，加强调查研究，收集整理国内、国际市场有关经济效益的信息资料，以便及时、正确、全面、系统地向各利益相关方面和本单位提供会计信息。

(2) 反映受托经济责任的履行情况。实行公司制的企业，总经理及其带领的经营管理团队是受企业股东委托进行企业的经营管理。其从事经营管理的业绩如何、受托责任的履行情况怎么样，都会直接或间接地反映在会计核算信息中，会计部门要以会计核算提供的基本信息为基础，结合其他相关资料，反映受托者受托责任的履行情况，评估受托者的经营业绩。

(3) 参与经营管理，提高经济效益。会计工作是单位内部管理工作的重要组成部分，会计部门要充分利用熟悉经营过程中各个方面、各个环节经济活动情况的特征和优势，主动参与经营管理，建立健全管理制度，做好管理基础工作，加强会计监督和控制，开展会计分析、预测、决策和考核，为改善经营管理、提高管理效益和管理水平提出合理化建议和切实可行的措施，不断提高本单位的经济效益。

2.5 会计工作的构成内容

会计工作具有很强的政策性、规范性和技术性。不论是国家机关、社会团体，还是企事业单位，都要按照会计法律法规的规定，依法开展会计工作，提供会计信息，实施会计监督。会计工作按其特点可以分为会计核算、会计监督、会计控制、会计预测、会计决策和会计分析、会计考核等各有侧重而又相互联系的工作内容。

2.5.1 会计核算

会计核算是以货币为主要计量单位，运用专门的方法和程序，对会计主体实际发生的经济活动及其结果进行确认和计量，并进行连续、系统、全面的记录、分类和计算，定期以会计报告的形式提供会计信息的会计工作。

会计核算包括会计确认、会计计量、会计记录、会计报告等基本工作程序和内容。人们通常所说的记账、算账和报账，主要就是指过去的会计核算，但不是现代会计核算的全部。在比较发达的市场经济条件下，会计确认与会计计量不但发展成为现代会计核算的构成程序和内容，而且越来越凸现出其重要的地位和作用。

在会计工作中，会计核算最具政策性、规范性和技术性。它要求会计机构和会计人员必须按照会计法律法规的规定，按照会计准则和会计制度的要求，以会计基础工作规范为指南，采用合理的账务处理程序，规范地处理会计业务，提供会计信息。在实际工作中，会计法规、会计准则、会计制度和会计基础工作规范等，主要是为了规范会计核算行为、保证会计核算质量而制定的。

会计核算工作是最基本的会计工作，是其他会计工作的基础。企事业单位内部的会计预测、会计决策、会计控制、会计分析都是在会计核算的基础上进行的。会计核算所提供的会计信息是基础性的会计信息，是进行会计预测、会计决策、会计控制、会计分析的主要依据。企事业单位向外部有关方面提供的会计信息主要是会计核算信息。

会计核算所提供的会计信息是最基本、最重要的会计信息，必须要做到真实可靠。《会计法》第九条规定："各单位必须根据实际发生的经济业务事项进行会计核算，填制会计凭证，登记会计账簿，编制财务会计报告。任何单位不得以虚假的经济业务事项或者资料进行会计核算。”所有单位都必须依法开展会计核算工作，提供真实可靠的会计信息。

2.5.2 会计监督

会计监督包括内部会计监督和财政部门对单位会计核算的监督两个方面。单位内部会计监督是基础，财政部门的会计监督是对单位内部会计监督实施的再监督。

内部会计监督是企事业单位会计机构和会计人员在处理日常会计事项的过程中，依据国家法律法规和制度的规定，对本单位的经济活动过程和单位成员办理经济业务事项的过程进行审查、约束和限制，使其符合国家法律法规和制度的要求。

会计监督具有强制性、严肃性和权威性。实行会计监督是国家法律法规的要求，是法律赋予会计机构和会计人员的重要职权和责任。《会计法》第二十八条规定：“会计机构、会计人员对违反本法和国家统一的会计制度规定的会计事项，有权拒绝办理或者按照职权予以纠正。”任何单位的会计机构和会计人员都必须依法履行职责，严格实行会计监督，单位的任何人员都必须自觉地接受会计监督。

同会计核算一样，会计监督也是会计的一项基本工作，而且二者通常是密切结合进行的。实行会计监督的目的主要包括三个方面：一是保证单位经济活动的合法性；二是保证单位会计核算行为的合法性和合规性；三是保证会计信息的真实性和可靠性。没有会计监督或会计监督不力，单位经济活动的合法性和会计核算的合法性、合规性，以及会计信息的真实性、可靠性就得不到有效的保证，就会给国家、单位和社会造成经济损失。国家法律法规对单位进行会计核算和实行会计监督都作了专门的规定，《会计法》第五条规定：“会计机构、会计人员依照本法规定进行会计核算，实行会计监督。”

2.5.3 会计控制

会计控制是指为了实现单位的工作目标，按照管理要求和数量控制标准，揭示单位经济活动过程中出现的差异，分析产生差异的原因，并提出消除不利差异的措施及协助消除不利差异，以保证单位工作目标的顺利实现。

实行会计控制的目的主要是降低消耗和费用，提高经济效益。会计控制主要包括制定控制标准、揭示差异、分析原因、提出消除不利差异的措施及协助消除不利差异等工作内容和工作环节。

2.5.4 会计预测

会计预测主要是利用会计核算资料，并结合其他相关资料，对单位过去和现在的经济活动情况进行总结和分析，寻求经济活动的内在联系和发展的规律性，并以此为根据，对经济活动未来的发展趋势或状态进行预计和测算。会计预测是在会计核算的基础上进行的，它可以提供更多、更高级的会计信息。通过会计预测，可以从总体上认识经济活动的内在联系和发展的规律性，把握经济活动过程的未来发展趋势，在一定程度上预见未来经济活动过程中的一些不确定因素和未知因素，为会计决策和经营决策以及会计控制、会计分析提供依据和有用的信息资料。

2.5.5 会计决策

会计决策是在会计预测的基础上，结合相关信息资料，对未来一定时期经济活动可供选择的各种备选方案，进行对比分析，权衡利弊得失，选择出最优方案。会计决策包括直接决策和参与决策两种情况。直接决策是指由会计机构和会计人员独立进行或以会计机构和会计人员为主体进行的决策，主要是对会计职责范围内的、以单位内部管理为主的事项所作的决策，如各项费用消耗定额或标准的确定、产品成本控制标准的确定、资金需要量的确定等。参与决策是指在会计机构和会计人员参与下所进行的决策，主要是对涉及单位生产经营的重大活动所作的决策，如对企业单位生产什么产品、生产多少、按什么价格销售等事项的决策，以及对设备更新的决策、对重大投资活动的决策等等。

2.5.6 会计分析

会计分析是指以计划、预算、定额为主要标准，以会计核算提供的会计信息为主要依据，对单位的经济活动情况及其结果进行比较、分析和评价，总结经验教训，肯定成绩、找出问题，以促进单位改进工作，提高效益。会计分析能够提供更综合、更高级的会计信息。

2.5.7 会计考核

会计考核是指定期将内部各责任单位实际完成各项责任工作任务和指标的结果（也就是通常所说的绩效）与其应当完成的各项责任工作任务和指标进行对比，评价各项任务和指标的完成情况，并按照奖惩办法的规定，确定各责任单位经济利益的奖惩结果。进行会计考核，是适应企事业单位内部管理的要求开展的会计工作。

一些规模比较大的企业推行了责任会计，对内部各责任单位规定责任工作任务和指标，并将责任工作任务和指标的完成情况与经济利益挂钩，实行绩效考核、奖优罚劣的制度。在这样的企业里，会计考核是责任会计的重要内容。

知识与能力拓展

在会计理论体系中，上述会计工作的构成内容称为会计职能，会计核算（或反映）和会计监督称为基本职能。

提示

会计工作的目标就是通过这些工作来实现的。

随着社会经济的发展，企事业单位内部管理的要求将不断地拓展和提高，由此对会计信息的需要将提出新的要求，会计工作还会增加新的工作内容。

2.6 会计法规体系

会计法规体系是由国家机关或其授权机构制定的，用来规范会计核算实务、会计基础工作、会计主体和相关会计人员职责，调整经济活动中各种会计关系的规范性文件的总和。目前，我国基本形成了以《会计法》为主体的比较完整的会计法规体系，主要包括会计法律、会计行政法规、会计部门规章和地方性会计法规四个层次。

2.6.1 会计法律

会计法律是指由全国人民代表大会及其常委会经过一定立法程序制定的有关会计工作的法律，是调整我国经济生活中会计关系的法律总规范。我国现行的《会计法》是1999年10月31日第九届全国人民代表大会常务委员会第十二次会议修订通过、2000年7月1日开始施行的会计法律。它是会计法规制度体系中层次最高的法律规范，是制定其他会计法规的依据，是指导会计工作的最高准则。

2.6.2 会计行政法规

会计行政法规是指由国务院制定发布或者国务院有关部门拟订、经国务院批准发布，调整经济生活中某些方面会计关系的法律规范。会计行政法规的制定依据是《会计法》，如1990年12月31日国务院发布的《总会计师条例》，2000年6月21日国务院发布的《企业财务会计报告条例》等就属于会计行政法规。

2.6.3 会计部门规章

会计部门规章是指由国务院财政部根据会计法律和行政法规制定的关于会计核算、会计监督、会计机构和会计人员以及会计工作管理的规章制度，包括规章和规范性文件。其中，有关会计核算的会计部门规章主要包括：

（1）会计准则。会计准则是指由国务院财政部制定的用来规范会计确认、计量和信息披露的会计专业性规范。会计准则按其适用范围分为企业会计准则和非营利组织会计准则。企业会计准则体系由基本准则、具体准则和应用指南构成。1992年11月30日财政部发布了《企业会计准则——基本准则》（以下简称《企业会计准则（1992）》），要求所有企业从1993年7月1日起实施。此后，从1997年至2002年财政部陆续发布了16项会计具体准则。2006年财政部相继发布了39项会计准则，包括基本准则和38项具体准则，以及38个《企业会计准则——应用指南》，要求上市公司从2007年1月1日起实施，同时鼓励其他企业执行（以下简称《企业会计准则（2006）》）。《企业会计准则（2006）》的颁布实施，标志着我国已经建立起了既与国际会计准则趋同，又具有我国特色的比较完备的企业会计准则体系。

（2）会计制度。这里的会计制度指国家统一的会计制度，即国务院财政部根据会计法法律和行政法规制定的会计核算制度。在新中国成立以后的很长时期里，我国都实行统一的会计制度，并形成了比较完善的会计制度体系。自20世纪90年代开始实施会计准则以后，逐渐以会计准则代替了统一的会计制度。目前，我国企业尚在继续执行的统一会计制度主要有2004年财政部先后发布的《小企业会计制度》和《村集体经济组织会计制度》等．分别在相对应的适用范围内施行。

知识与能力拓展

小企业是指不公开发行股票或债券，符合原国家经济贸易委员会、原国家发展计划委员会、财政部、国家统计局2003年制定的《中小企业标准暂行规定》中界定的小企业，不包括以个人独资及合伙形式设立的小企业。

提示 目前我国正处在新、旧会计准则与会计制度并行的特定时期，凡执行会计准则的企业不再执行统一的会计制度，凡执行新企业会计准则即《企业会计准则（2006）》的企业，不再执行旧企业会计准则即《企业会计准则（1992）》。

（3）会计基础工作规范。会计基础工作规范是指由国务院财政部根据会计法律和行政法规制定的关于会计机构和会计人员、会计核算、会计监督以及会计内部管理等基础性工作的具体规定。《会计基础工作规范》由财政部于1996年6月17日颁布实施．适用于所有的会计主体。不论是国家机关、社会团体、企事业单位，还是个体工商户及其他各种组织，都必须按照《会计基础工作规范》的规定做好会计基础工作，保证会计工作依法有序地进行。

2.6.4 地方性会计法规

地方性会计法规是指省、自治区、直辖市的人民代表大会及其常务委员会在与宪法、法律和行政法规不相抵触的前提下，根据本地区情况制定、发布的会计规范性文件。如《四川省会计管理条例》等。

2.7 会计工作的组织形式

企业会计工作的组织形式主要有集中核算和非集中核算两种。

2.7.1 集中核算

集中核算是指会计核算工作集中在企业会计部门统一进行，企业内部的下属部门不进行会计核算，只定期提供原始资料。在实际工作中，经济业务发生时，各生产车间、职能部门等只进行原始记录，办理原始凭证手续，对有关的原始凭证进行汇总，并定期将原始凭证和汇总原始凭证送交会计部门，由会计部门进行总分类核算和明细分类核算。

集中核算的主要优点是可以减少核算环节，简化核算手续，有利于及时反映企业全面的生产经营情况，还有利于合理配置和精简会计人员。

2.7.2 非集中核算

非集中核算，也叫分散核算或分级核算，是指会计核算工作分别由企业会计部门与各生产车间、职能部门共同进行，企业会计部门主要进行总分类核算和编制财务会计报告，各生产车间和职能部门进行与本车间、本部门有关的明细分类核算。在这种组织形式下，会计机构需要设置分支机构，如工业企业，一般在总厂设置财务处，分厂设置财会科，车间设置财会组，实行分级核算，生产车间、职能部门定期将会计核算资料上报分厂财会科，分厂财会科再汇总上报总厂财务处，最后由总厂财务处汇总，编制财务会计报告。

非集中核算的主要优点是会计工作与业务工作联系紧密，有利于业务部门负责人及时掌握业务活动情况，及时发现和解决工作中的问题，提高工作效率，也有利于开展责任会计核算。

一个单位实行集中核算还是非集中核算，应视企业规模的大小和经营管理的要求来决定。

2.8 会计电算化

会计电算化是将以电子计算机为主的现代电子和信息技术应用到会计工作领域的总称，也可以说是将 IT（Information Technology）应用于会计工作领域的总称。它是集会计管理软件系统的研发生产、推广配置、运用与维护保障等技术经济活动与环节为一体的社会经济活动体系。

会计主体将电子计算机、电子信息技术和会计管理软件系统运用于会计工作中，就形成了电算化会计或电算会计。电算化会计处于会计电算化体系的终端，是电子信息化时代的会计，是会计管理软件系统在会计主体会计工作中的具体应用。其直接的主要表现是以电子计算机和会计管理软件的应用替代了传统的人工记账、算账、报账，以及替代了部分过去由人脑完成的对会计信息的处理、分析和判断过程，会计人员通过操作电子计算机和会计管理软件系统，输入原始业务信息，软件系统经过加工处理，自动生成、储存和输出会计信息。

会计电算化带来了会计技术的革新和进步，改变了会计人员的思维方式和行为方式，要求会计人员熟练掌握电子计算机和会计管理软件系统的操作技术。进入 21 世纪以来，我国企业经营管理开始迈入了以应用企业资源规划（Enterprise Resource Planning，ERP）为代表的“企业信息化”发展阶段，会计电算化系统已经发展成为 ERP 的一个子系统，在企业管理工作中扮演着极为重要的角色。

3. 职业能力训练

3.1 判断（正确的在括号里打“√”，错误的打“×”。）

（1）会计的本质是一种经济管理活动。（　）

（2）会计岗位的设置可以“一岗多人”，但不能“一人多岗”。（　）

（3）单位聘任会计人员，在试用期不要求取得会计从业资格证，但如果正式聘用，则必须取得从业资格证。（　）

（4）有限责任公司的总经理可以兼任本公司监事。（　）

（5）单位会计机构的设置，各单位可根据实际情况自行确定，既可单独设置会计机构，也可在有关机构中设置会计人员并指定会计主管人员。（　）

（6）会计人员连续两年未接受继续教育，财政部门不予办理年检，并吊销其专业技术资格，从业资格证失效。（　）

（7）会计人员的技能水平是会计职业道德的根本和核心，会计人员的道德品行是会计人员技能水平的保证。（　）

（8）会计监督具有权威性和严肃性，属于会计行业自律行为，不具有强制性。（　）

（9）国务院于 2000 年 6 月 21 日发布的《企业财务会计报告条例》，是我国当前制定其他会计法规的依据，是指导会计工作的最高准则。（　）

（10）要求会计从业人员不弄虚作假、不为利益所诱惑是会计职业道德“爱岗敬业”的具体体现。（　）

3.2 选择（下列答案中有一项或多项是正确的，将正确答案前的英文字母填入括号内。）

（1）下列各项中，能体现企业特征的有（　）。

A. 经营上的独立性　　B. 以实现盈利为经营目的

C. 组织结构健全　　D. 必须具有法人资格

（2）下列各项中，属于会计特点的有（　）。

A. 以货币为主要计量单位　　B. 具有专门的确认、计量及报告方法

C. 基本工作是核算和监督　　D. 主要任务是对外提供经济信息

（3）我国会计法律制度中居于最高层次的法律规范是（　）。

A.《总会计师条例》　　B.《企业财务会计报告条例》

C.《中华人民共和国会计法》　　D.《企业会计准则——基本准则》

（4）设立有限责任公司，应当具备的条件主要包括（　）。

A. 法定资本金限制

B. 固定的生产经营场所和必要的经营条件

C. 股东必须符合法定人数

D. 公司章程、名称及相应的组织机构

（5）会计工作的组织形式主要包括（　　）。

A. 集中核算　　B. 汇总核算　　C. 分散核算　　D. 分厂核算

（6）财政部颁布的《会计基础工作规范》属于会计法规体系中的（　　）。

A. 会计法律　　B. 会计行政法规

C. 会计部门规章　　D. 地方性会计法规

（7）会计监督主要包括（　　）。

A. 会计内部的会计监督　　B. 财政部门的会计监督

C. 纪检监察部门的监督　　D. 会计师事务所的社会监督

（8）会计人员在履行会计职能时应当放弃个人私利，不偏不倚地对待有关利益各方。这属于（　　）会计职业道德的体现。

A. 廉洁自律　　B. 客观公正　　C. 诚实守信　　D. 坚持准则

（9）下列各项中，属于会计人员职责的有（　　）。

A. 参与企业经济预测、决策和计划的制定

B. 实施会计监督

C. 建立健全本单位内部会计控制制度

D. 妥善保管会计档案

（10）下列各项中，属于会计具体目标的有（　　）。

A. 提供会计信息　　B. 做好会计决策

C. 实施预算（计划）管理　　D. 保护财产安全

认知 2　会计工作的对象

社会上的每一项工作都因客观存在的特定对象而产生、存在和发展，并因对象的不同而使一项工作与另一项工作相区别，会计工作也不例外。会计工作的对象是指会计工作所指向的客体，是会计工作的承受者。会计工作的对象可以划分为一般对象和具体对象。会计工作的一般对象是具体对象的现实基础，具体对象是一般对象在会计工作中的具体表现。

1. 会计工作的一般对象

会计工作是会计主体的会计机构和会计人员以货币为主要计量单位对会计主体的经济活动所进行的一种管理活动，其目标是为经营决策和管理提供经济信息。在这里，“会计主体的经济活动”是会计工作的直接指向，“以货币为主要计量单位”是会计工作的特点。根据会计工作的指向和特点，会计工作的一般对象可以概括为会计主体以货币表现的经济活动。

提示　因为经济活动具体表现为现实货币和各种财产物资的运动，而现实货币和各种财产物资的货币表现称为资金，所以，会计工作的一般对象也可以表述为会计主体的资金运动或价值运动。

不同类型的会计主体其经济活动的内容是不完全相同的，即使是同一类型的会计主体，其经济活动的具体内容也会存在差别。按是否以营利为目的来划分，会计主体可以

分为企业和非营利组织两大类。其中，按业务内容的不同，企业可以分为工业企业、农业企业、建筑施工企业、物流企业、商业企业、餐饮企业、房地产开发企业、金融企业及各种服务性企业等。下面，主要以工业企业的基本经济活动为基础来认识会计工作的一般对象。

企业的经济活动从企业的投资者投入资本创立企业开始，并伴随着企业的经营过程周而复始地进行。工业企业的业务特点是对原材料进行加工，生产出物质产品并进行销售，以此实现盈利。工业企业的经营过程包括供应过程、生产过程和销售过程三个相互连接的基本阶段。供应过程是工业企业经营过程的起始阶段，其主要经济活动是企业用货币从供货单位购进生产产品所需的各种原材料，为生产做准备；生产过程处于工业企业经营过程的中间环节，其主要经济活动是生产工人在生产车间运用机器设备和其他生产工具，对原材料进行加工，生产出新的产品；销售过程是工业企业经营过程的最终环节，其主要经济活动是企业向购货单位销售产品收回货币。工业企业的经济活动就这样沿着供应过程、生产过程和销售过程周而复始的进行。企业要开展生产经营活动，需要先期修建厂房和办公用房等生产经营场所、购置机器设备和其他生产工具。在生产经营过程中，企业要向生产工人和其他员工支付劳动报酬，发生原材料耗费及厂房、办公用房、机器设备等固定资产消耗，形成生产费用和经营管理费用，还要向国家缴纳各种税金。企业通过销售产品等经营活动所取得的各项收入扣除各项经营管理费用及费用性税金后的余额即为企业所获得的利润，企业利润需定期向投资者进行分配。此外，在经营过程中，如果经营需要，企业还可能与银行等金融机构之间发生借款、还款和支付利息等经济活动。工业企业的供、产、销活动以及围绕着供、产、销活动所发生的筹集资金、分配利润等各种经济活动，就构成了工业企业的基本经济活动，用货币计量单位加以表现，即工业企业会计工作的一般对象。工业企业的基本经济活动可概括如图 1－2 所示。

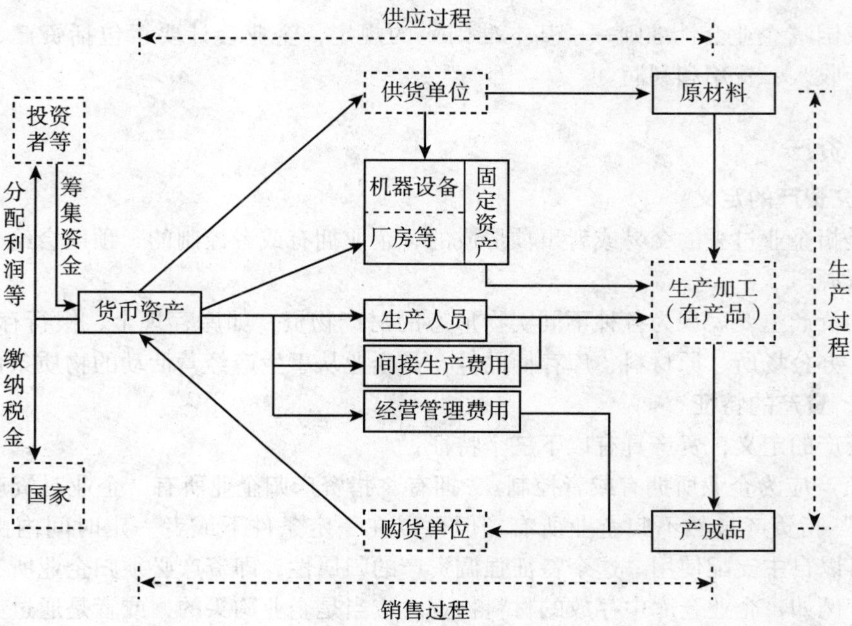

图 1－2　工业企业的基本经济活动

提示 在企业类会计主体中，工业企业经济活动过程的内容和形式最为完整，最具典型性和代表性，其他类型企业的经济活动过程与工业企业相比较，要么基本相同，要么相对简单一些。一般地，农业企业、建筑施工企业、餐饮企业都属于生产型企业，其经济活动过程虽各有特点，但与工业企业基本相同；而其他类型企业的经济活动则与工业企业有较大的不同，最为显著的差别就是大都没有物质产品的生产过程，它们所经营的业务基本上都可以概括为“服务”，如物流企业所经营的是运输服务，商业企业所经营的是商品买卖服务，房地产企业所经营的是房地产开发和销售服务，金融企业所经营的是货币存储和借贷服务，服务企业所经营的是劳务、咨询、技术、鉴证、代理、保险、信息服务等。这类企业通过提供服务取得收入，这些收入扣除服务过程发生的各种费用，即为企业利润。至于非营利组织，如国家机关、社会团体、科研教育等事业单位等，尽管它们所履行的具体职能存在着很大的差别，但在经济活动方面大都具有一个共同点，即以国家财政拨款作为主要经费来源，用以开支履行职能过程中所发生的各种费用支出。所以，对工业企业会计工作对象的认知基本上可以迁移到对各类会计主体会计工作对象的一般认知，对工业企业会计工作程序与方法的掌握基本上可以迁移到对各类会计主体会计工作程序与方法的一般掌握。

2. 会计工作的具体对象

会计工作的具体对象是对会计工作一般对象所作的归纳与分类，具体地说，就是会计主体的会计要素及其金额的增减变化与结果。会计要素是从质的方面对会计工作一般对象所做的归纳与基本分类，金额的增减变化与结果是从量的方面对会计工作一般对象所做的归纳与基本分类。

提示 也可以说，会计工作具体对象是用会计语言来更专业、更具体地描述会计工作的一般对象。会计主体所提供的直接的会计信息就是各项会计要素及其金额的增减变化与结果的信息。这些信息反映着会计主体经济活动的状况，信息使用者可以通过这些信息来判断和评价会计主体经济活动的状况并据以作出自己的决策。

按照我国《企业会计准则——基本准则》的规定，企业会计要素包括资产、负债、所有者权益、收入、费用和利润。

2.1 资产

2.1.1 资产的定义

资产是指企业过去的交易或者事项形成的、企业拥有或者控制的、预期会给企业带来经济利益的资源。

企业的资产主要表现为各种不同实物形态的财产物资，如库存现金、银行存款、厂房、机器设备、办公场所、原材料、库存商品等，是企业从事生产经营活动的物质条件。

2.1.2 资产的特征

根据资产的定义，资产具有以下三个特征：

（1）资产应为企业所拥有或者控制。“拥有”指资产归企业所有，企业对资产具有所有权；“控制”指资产虽然不归企业所有，但可以在一定条件下或者一定时间内由企业所控制、企业可以自主支配使用。这个特征强调资产的归属性，即资产必须归企业所有或者被企业所控制。例如，企业仓库中存放的材料物资，应当是企业购买的，或者是通过其他方式取得并且归企业所有或者企业可以控制支配的才是企业的资产，如果是他人暂时寄存在企业仓库的则不是企业的资产。

（2）资产预期会给企业带来经济利益。企业从事经济活动的目的是通过对资产的运用来获取新的更多的经济利益，所以，预期能否给企业带来经济利益是判断一项资源是不是资产的一个重要标准。这个特征强调资产的效用性，即资产必须要能够在未来给企业带来经济利益。这个特征至少包括两层含义：一是预期不能给企业带来经济利益的资源不是资产；二是如果企业原来的某项资产已经不能再给企业带来经济利益了，就不再是企业的资产了，例如，企业已经报废不能再继续使用的机器设备等。

提示 经济利益一般指现金或者现金等价物。资产预期会给企业带来经济利益，是指资产应具有直接或者间接地导致现金或者现金等价物流入企业的潜力。例如，企业的库存现金和银行存款可以用来购买原材料和购置固定资产，原材料和固定资产可以用来生产产品，产品对外出售后可以收回货款，货款就是企业所获得的经济利益。所以，企业的库存现金、银行存款、原材料、固定资产，以及库存商品等都是企业的资产。

（3）资产是企业过去的交易或者事项形成的。资产必须是企业通过过去的交易或者事项已经形成的、当前客观存在的资源，过去的交易或者事项包括购买、生产、建造、筹资等行为以及其他交易或事项。企业的资产主要表现为现时存在的具有不同实物形态的财产物资，如存放在企业内部的库存现金、存放在银行的存款、已经购入的机器设备和原材料、使用中的厂房和办公用房、等待出售的库存商品等。这个特征表明资产的现实性，即只有过去的交易或者事项才能产生资产，企业预期在未来发生的交易或者事项不形成资产。例如，企业有购买某种原材料的计划，即使已经与供货单位签订了采购合同，但只要采购合同尚未执行，购买行为就还没有发生，就不能确认原材料资产。

2.1.3 资产的确认条件

企业要将一项资源确认为资产，不但需要符合资产的定义，还应同时满足以下两个条件：

（1）与该资源相关的经济利益很可能流入企业。能够带来经济利益是资产的一个本质特征，但在现实生活中，由于经济环境瞬息万变，与资源有关的经济利益能否流入企业或者能够流入多少实际上带有不确定性。因此，资产的确认还应当与经济利益流入的不确定性程度的判断相结合。如果企业已经取得证据表明与某项资源相关的经济利益流入企业的可能性降低，那么，该项资源就不能再作为资产或者不能再全部作为资产予以确认。例如，企业应收某客户的货款，如果该客户已经申请破产，应收该客户的货款就可能不能收回或者不能全部收回，则该项应收账款就不能再作为资产或者只能部分作为资产予以确认了。

知识与能力拓展

企业不能收回的应收账款所形成的损失叫做坏账损失。当有证据表明企业的应收账款已经无法收回时就要确认为坏账损失。按照我国《企业会计准则》规定，企业坏账损失实行准备金制度，具体方法将在后续课程中进行学习。

（2）该资源的成本或者价值能够可靠地计量。会计信息主要是金额信息，可计量性是所有会计要素确认的重要前提，资产的确认也是如此。只有当有关资源的成本或者价值能够可靠地计量时，资产才能予以确认。

2.1.4 资产的内容

企业的资产按其流动性分为流动资产和非流动资产两大类。

（1）流动资产。流动资产是指企业预计在一年以内或者长于一年的一个正常营业周期以内变现、出售或耗用的资产。主要包括货币资产、交易性金融资产、债权资产、存货资产等类别。

提示 一个正常营业周期指企业从购买用于加工的原材料或者用于出售的商品开始到收回现金或者现金等价物的时间，大多数企业的正常营业周期都短于一年，在一年内有多个营业周期。但也有一些企业，如飞机、大型船舶制造企业等，其营业周期往往长于一年。对于营业周期长于一年的企业，应按一个正常营业周期为标准来划分流动资产和非流动资产。

货币资产是指企业随时可以动用的现实货币，包括库存现金、银行存款和其他货币资金。库存现金是指存放在企业内部由出纳人员经管的现金。银行存款是指企业存放在银行等金融机构可随时动用的款项。其他货币资金是指企业存放在银行等金融机构但用途受到限制的款项，如信用证保证金存款、汇票存款、外埠存款等。

提示 货币资产在会计准则和制度中一般都称为货币资金，在国外则称为现金。在我国，“现金”一词在过去很长时期通常仅指上述的库存现金，现在，也已经被越来越广泛地指称货币资产了。

交易性金融资产是指企业以交易为目的购入并持有的金融资产，如股票、债券和基金等。企业一般在出现了暂时闲置的资金时购入这类资产，目的是为了随时卖出获取收益，使暂时闲置的资金产生更大的经济效益。

提示 交易性金融资产是《企业会计准则（2006）》使用的新概念，在《企业会计准则（1992）》及《小企业会计制度》中，这部分资产称为短期投资。

债权资产是指各种应收及暂付款项，主要包括应收票据、应收账款、预付账款、其他应收款等。

应收票据是指企业因销售商品、提供劳务等经营活动收到的商业汇票。

知识与能力拓展

商业汇票是指由出票人签发的、经承兑人承兑、委托付款人在指定日期无条件支付确定的金额给收款人或持票人的票据。买卖双方采用商业汇票进行货款结算是一种货款结算方式。商业汇票必须经承兑人承兑才能生效。商业汇票的承兑是指在汇票上签名盖章对汇票所记载的事项进行确认。按承兑人不同，分为银行承兑汇票和商业承兑汇票。简单地说，商业承兑汇票就是由企业签发企业自己承兑的商业汇票；银行承兑汇票就是由企业签发由企业的开户银行承兑的商业汇票。

应收账款是指企业因销售商品、提供劳务等经营活动应收而尚未收到的款项。

提示 应收账款和应收票据都是因为销售商品和提供劳务后应向对方收取而尚未收到的款项，二者的不同点在于应收票据是收到了对方或者对方的开户银行承兑的商业汇票，具有确定的收回款项的时间和比较高的可靠性，而且商业汇票可以背书转让或到银行贴现；而应收账款则没有商业汇票作为凭据。商业汇票的背书转让，简单地说，就是收款人在汇票背面签名盖章后将汇票转让给他人，如用来抵付购货款等。商业汇票贴现，简单地说，就是收款人将汇票交付开户银行，以贴付利息的方式取得现金。

预付账款是指企业因采购材料物资等活动按照合同规定预付的款项。

其他应收款是指企业除了明确的应收项目以外的其他各种应收及暂付款项，如员工出差预借差旅费款、采取经营性租赁方式租入资产而暂付的押金等。

存货资产是指企业为生产或销售而存储的各种货物，主要包括在途物资、原材料、周转材料、在产品、库存商品等。

在途物资是指企业已经购买但尚在运输途中的材料物资。

原材料是指企业存储在仓库、用于生产产品并能构成产品实体的各种材料。

周转材料是指企业存储在仓库和正在生产经营过程中使用的、可多次周转使用的低值易耗品及包装物等。

在产品是指企业生产过程中尚未生产完工的产品。

库存商品是指企业存储在仓库等待出售的产成品和为了出售而购入的商品。

（2）非流动资产。非流动资产是指企业预计在一年以上或者长于一年的一个正常营业周期以上才能变现、出售或耗用的资产。主要包括持有至到期投资、长期股权投资、固定资产、无形资产、长期待摊费用等。

持有至到期投资是指到期日固定、回收金额固定或可确定，且企业有明确意图和能力持有至到期的金融资产，如企业购入并准备持有至到期日的债券等。

长期股权投资是指企业持有时间准备超过一年的股权性质的投资，如企业准备长期持有而买入的另外一个企业发行的股票等。

固定资产是指企业为生产商品、提供劳务、出租或经营管理而持有的、单位价值比较高、使用寿命超过一个会计年度，并在使用过程中能够保持其原有实物形态的有形资产，如房屋、建筑物、机器设备、运输工具等。

请注意 在实际工作中，企业一般都有一些单位价值比较低而其他特征与固定资产基本相同的有形资产，如家具用具、办公用品、小型工具、模板、架料等。这类资产由于数量多，单位价值低，根据成本效益原则，《企业会计准则（2006）》采用简化处理的办法，将其作为周转材料管理和核算。因此，企业需要根据自身的实际情况确定一个单位价值标准，用来划分固定资产和周转材料的界限。例如，如果一个企业将单位价值 1 000 元作为划分固定资产与周转材料的标准，则单价在 1 000 元以上的工具、用具、设备就是固定资产，单价在 1 000 元以下的工具、用具、小型设备就是周转材料。

无形资产是指企业拥有或者控制的没有实物形态的可辨认非货币性资产。通常包括专利权、非专利技术、商标权、著作权、特许权及土地使用权等。

知识与能力拓展

《企业会计准则（2006）》将企业的资产划分为货币性资产和非货币性资产两大类。货币性资产是指货币资金和将以固定或可确定的金额收取的资产，包括库存现金、银行存款、应收账款、应收票据和准备持有至到期的债券投资等；非货币性资产是指货币性资产以外的资产，包括存货、长期股权投资、固定资产和无形资产等。

长期待摊费用是指企业已经发生但应由本期和以后各期负担的分摊期限在一年以上的各项费用，如以经营租赁方式租入的固定资产发生的改良支出等。

提示 在《企业会计准则（1992）》及《小企业会计制度》中，长期待摊费用是与待摊费用相对而言的，待摊费用是指企业已经发生但应由本期和以后各期负担的分摊期限在一年以内的各项费用，属于流动资产项目。《企业会计准则（2006）》取消了待摊费用项目而保留了长期待摊费用项目。

工业企业资产的基本内容如图 1－3 所示。

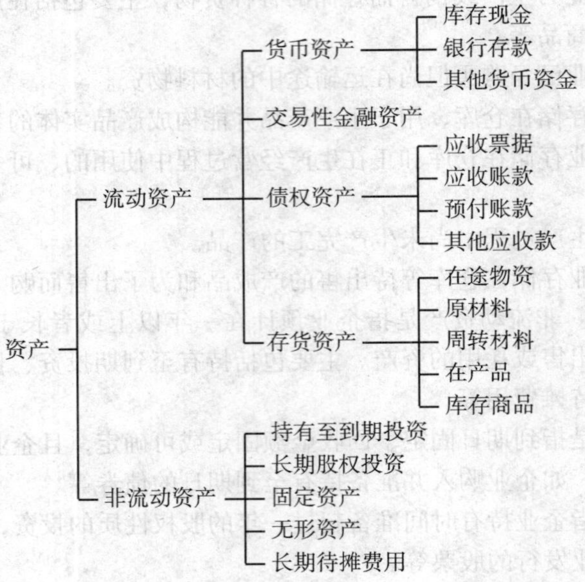

图 1－3　工业企业资产的基本内容

2.2　负债

2.2.1　负债的定义

负债是指企业过去的交易或者事项形成的、预期会导致经济利益流出企业的现时义务。

从形成方式看，企业的负债主要包括两大类：一是专门借款形成的负债，如短期借款、长期借款等；二是在经营过程中暂时没有支付款项所形成的负债，如应付职工薪酬、应付账款、应交税费等。无论哪种方式形成的负债，都是企业承担的债务，大都需要企业在以后某个时间用货币资产予以偿还。

2.2.2　负债的特征

根据负债的定义，负债具有以下三个特征：

（1）负债是企业承担的现时义务。现时义务是指企业在现行条件下已经承担的义务，如企业购买的原材料已经如数验收入库而尚未支付的购货款等。负债必须是企业承担的现时义务，这是负债的一个基本特征。这个特征表明负债的现实性，即负债是因为过去的交易或者事项已经发生的、当前实实在在承担着的债务。企业未来将要发生的交易或者事项形成的义务不属于现时义务，不应当确认为负债。如，企业与银行签订了 5 天后取得一笔贷款的协议，由于借款时间未到，所贷的款项还没有到账，企业就不能仅依据贷款协议确认这项负债，而必须待时间到了，收到所贷款项后根据存款进账通知单和贷款协议来确认这项负债。

（2）负债预期会导致经济利益流出企业。预期会导致经济利益流出企业也是负债的一个本质特征，只有在履行义务时会导致经济利益流出企业的，才符合负债的定义，如果不会导致企业经济利益流出，就不符合负债的定义。这个特征表明负债的偿还性，负债必须要用经济利益来予以偿还。企业在履行现时义务清偿负债时，导致经济利益流出企业的形式主要包括以现金或以实物资产偿还、以提供劳务来偿还、将负债转为资本等。

（3）负债是由企业过去的交易或者事项形成的。这个特征也是表明负债的现实性的，负债应当由企业过去的交易或者事项所形成，也只有过去的交易或者事项才形成负债。企业将在未来发生的承诺、签订的合同等交易或者事项，不形成负债。

2.2.3 负债的确认条件

企业要将一项现时义务确认为负债，不但需要符合负债的定义，还应同时满足以下两个条件：

（1）与该义务有关的经济利益很可能流出企业。与资产的确认需要判断经济利益流入的不确定性程度一样，负债的确认需要判断经济利益流出的不确定性程度。如果有确凿的证据表明与现时义务有关的经济利益很可能流出企业，就应当将其作为负债予以确认；反之，如果企业承担了现时义务，但是导致经济利益流出企业的可能性若已不复存在，就不符合负债的确认条件，不应当将其作为负债予以确认。

（2）未来流出的经济利益的金额能够可靠地计量。与资产的确认要求资源的成本或者价值能够可靠地计量一样，负债的确认要求对未来履行义务时所需流出的经济利益的金额能够可靠地计量。

知识与能力拓展

企业承担的现时义务既可以是法定业务，也可以是推定义务。法定业务是指具有约束力的合同或者法律法规规定的义务，如企业购买原材料形成的应付账款等。法定义务通常必须依法执行，履行法定义务所需流出的经济利益的金额通常可以根据合同或者法律规定予以确定。推定义务是根据企业多年的习惯做法、公开的承诺或者公开宣布的政策而导致企业将承担的义务，如对售出商品一定期限的售后保修服务等。企业履行推定义务所需流出的经济利益金额大多需要进行合理地估计。此外，计量经济利益流出金额，有时还需要考虑货币时间价值、未来风险等因素。

2.2.4 负债的内容

企业的负债按其流动性（偿还期的长短）分为流动负债和非流动负债两大类。

（1）流动负债。流动负债是指企业需在一年内或者长于一年的一个正常营业周期内偿还的负债。主要包括短期借款、应付票据、应付账款、应付职工薪酬、应交税费、应付利润、预收账款、其他应付款等。

提示 在时间划分上，“一年内”通常包括一年。

短期借款是指企业向银行及其他金融机构等单位借入的偿还期在一年以内的各种借款。

应付票据是指企业因购买货物和接受劳务等经营活动签发承兑的商业汇票。

应付账款是指企业因购买货物和接受劳务等经营活动应当支付而尚未支付的款项。

应付职工薪酬是指企业按规定应当支付给职工而尚未支付的工资及其他薪酬。

提示 应付职工薪酬是《企业会计准则（2006）》使用的新概念，涵盖了《企业会计准则（1992）》和《小企业会计制度》中应付工资和应付福利费的内容，还包括了其他应付款中的应付社会保险费、住房公积金、工会经费及职工教育经费等内容。

应交税费是指企业按照税法及国家相关规定应当向国家缴纳而尚未缴纳的各种税金及相关费用。

提示 应交税费是《企业会计准则（2006）》使用的新概念，涵盖了《企业会计准则（1992）》和《小企业会计制度》中应交税金和其他应交款的内容。

应付利润是指应当支付给投资者但尚未支付的利润分配款项。

预收账款是指企业因销售商品和提供劳务等经营活动预先收取的款项。

其他应付款是指企业除了明确的应付应交项目以外的其他各种应付款项。

（2）非流动负债。非流动负债是指企业需在一年以上或者长于一年的一个正常营业周期以上偿还的负债。主要包括长期借款、应付债券、长期应付款等。

长期借款是指企业向银行及其他金融机构等单位借入的偿还期在一年以上的各种借款。

应付债券是指企业为筹集长期资金而发行的预定在未来确定的日期还本付息的债券。

长期应付款是指企业除长期借款和应付债券以外的各种长期应付款项。如应付融资租入固定资产的租赁费等。

企业负债的基本内容如图 1－4 所示。

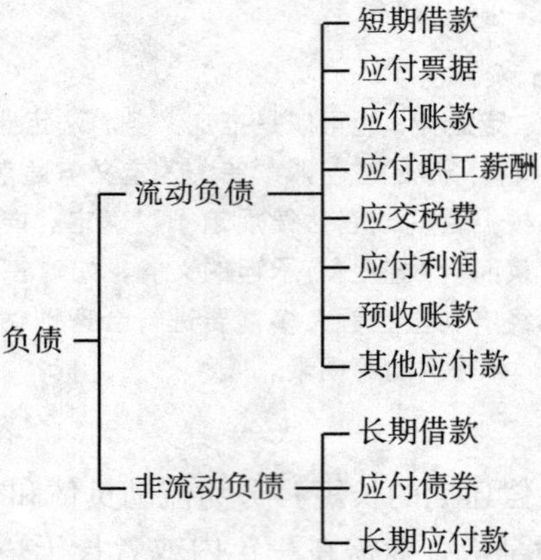

图 1－4　企业负债的基本内容

2.3　所有者权益

2.3.1　所有者权益的定义

所有者权益是指企业资产扣除负债后由所有者享有的剩余权益。

企业是以所有者投入的资本为基础组建而成的，所有者投入的资本是构成企业所有者权益的基础和主体。

提示 公司制企业的所有者权益又称为股东权益。

2.3.2 所有者权益的特征

根据所有者权益的定义，所有者权益具有以下两个特征：

（1）所有者权益是所有者对企业资产的剩余权益。企业的所有者投入资本的物质形态是资产，企业运用所有者投入的资产开展生产经营活动，在生产经营活动过程中，还有两个渠道可以导致资产的增加，即盈利和负债。企业的所有者对其投入企业和企业盈利所形成的资产享有索取权，即所有者权益；债权人对企业负债所形成的资产享有索取权，即债权人权益。由于债权人对企业不具有控制权，对企业的生产经营活动也不具有决策权和管理权，所以，为了保护债权人权益，维护正常的社会经济秩序，在对企业资产索取权的顺序上，人们确立了债权人权益优先的原则。按照这个原则，企业的总资产要首先扣除债权人权益部分，剩余的部分才归所有者享有。这样，既可以反映所有者投入资本的保值增值情况，又体现了保护债权人权益的理念。

知识与能力拓展

所有者权益与负债共同构成企业外部对企业资产的权益，但二者对企业资产要求权的内涵是不相同的，主要表现在以下几个方面：（1）所有者权益无需偿还，而负债是要偿还的。所有者权益中，除未分配利润可以在以后向投资者进行分配外，其余部分在企业终止之前一般不归还给投资者。某个投资者若不愿继续保持投资，可按规定转让其持有的资本。（2）企业终止营业进行清算时，应先清偿负债后清算所有者权益。只有在清偿了全部负债之后，才能清退所有者权益。（3）所有者可分享企业净利润，债权人只享有约定的利息。

（2）在金额上，所有者权益总额与企业资产总额扣除负债总额后的余额具有相等关系。所有者权益具有特定的构成项目，每个项目都有相适应的计量属性和计量方法来计量其金额，但根据所有者权益的定义可知，所有者权益总额与企业资产总额扣除负债总额后的余额具有相等关系。例如，如果一个企业的总资产是 1 000 万元，负债总额是 300 万元，那么，这个企业的所有者权益总额必定是 700 万元。这种相等关系可用公式表示如下：

所有者权益 = 资产 − 负债

请注意 不能根据上述公式推出“负债 = 资产 − 所有者权益”的公式。想一想，为什么？

2.3.3 所有者权益的确认条件

因为所有者权益体现的是所有者在企业资产中的剩余权益，所以，所有者权益的确认主要依赖于其他会计要素，尤其是资产和负债的确认，所有者权益金额的确定也主要取决于资产和负债的计量。例如，企业接收投资者投入的资产，在该资产符合企业资产确认条件时，相应地，所有者权益也就具备了确认条件；当该资产的价值能够可靠计量时，所有者权益的金额也就可以随之确定。

2.3.4 所有者权益的内容

所有者权益主要包括实收资本、资本公积、盈余公积和未分配利润等。

实收资本是指企业实际收到所有者投入的构成企业注册资本的资本。实收资本是企业所有者权益的基础和主体内容，其物质形态表现为货币资产、实物资产和无形资产等。

提示 公司制企业实际收到股东投入的构成公司注册资本的资本又称为股本。

知识与能力拓展

注册资本也叫注册资本金或注册资金，是指企业在国家工商行政管理部门登记注册的资本总额。企业成立之前必须到国家工商行政管理部门核准登记注册资本。企业存续期间要变更注册资本，也必须到国家工商行政管理部门办理变更登记手续。

资本公积是指由投资人投入或者从其他来源取得的由全体所有者共同享有但不构成实收资本的资金。如资本溢价或股本溢价等。

知识与能力拓展

资本溢价指企业的所有者实际投入资本的金额超过了其在注册资本中所占份额的部分。股本溢价则专指公司制企业的资本溢价，股份公司发行股票时，股票的实际发行价格超过其面值就是典型的股本溢价。资本溢价就其实质而言也属于所有者投入的资本，但因其超过了注册资本，故作为资本公积。

盈余公积是指企业从净利润中提取留存的积累资金。

未分配利润是指企业尚未进行分配或未分配完的利润。

提示 盈余公积和未分配利润又可统称为留存收益。

2.4 收入

2.4.1 收入的定义

收入是指企业在日常活动中形成的、会导致所有者权益增加的、与所有者投入资本无关的经济利益的总流入。

企业运用所有者投入的资本开展生产经营活动，在日常的经营活动过程中，会经常获得经济利益的流入，如增加货币资产或应收款项等，当流入的经济利益会导致所有者权益增加而又与所有者投入资本无关时，这种经济利益的流入就是收入。例如，当企业将所生产的一批商品以 100 000 元的价格销售给客户收到了 100 000 元的销售款存入银行时，则企业就取得了 100 000 元的销售收入。

提示 收入是企业增加货币资产和债权资产等特定资产的一个来源渠道，在引起企业资产增加这一点上，与取得负债和所有者投入资本的结果是相同的，因此，定义以这种结果为基础，用“会导致所有者权益增加”来排除了负债（同时还排除了购买材料物资等）增加资产的内容，用“与所有者投入资本无关”来排除了所有者投入资本增加资产的内容，同时还用“在日常活动中形成”来排除了增加资产的其他一些不属于收入的情况。一般而言，企业主要通过销售商品或提供劳务来取得收入。

2.4.2 收入的特征

根据收入的定义，收入具有以下三个特征：

(1) 收入是企业在日常活动中形成的。是否在日常活动中形成是区分收入和利得的重要标志，利得是指由企业非日常活动所形成的、会导致所有者权益增加的、与所有者投入资本无关的经济利益的流入。日常活动是指企业为完成其经营目标所从事的经常性活动以及与之相关的活动。例如，工业企业生产和销售产品、商业企业购买和销售商品、咨询公司提供咨询服务、商业银行吸收存款和对外贷款等，都属于各自的日常活动。明确界定日常活动是为了将收入与利得区分开来，以便会计信息使用者能够据以正确地评价企业的经营状况并作出相应的决策。

提示 利得包括直接计入所有者权益的利得和直接计入当期利润的利得。直接计入所有者权益的利得在会计上作为其他资本公积处理。直接计入当期利润的利得将在利润要素中讲述。

（2）收入会导致所有者权益增加。收入会导致企业资产的增加或者负债的减少，例如，企业销售商品，会收到现金或者有权利在未来收到现金，或者抵减相应的债务。不论是资产的增加或者负债的减少，都不是因为增加负债带来的，或者说没有增加新的负债，根据所有者权益的定义可知，收入应当会导致所有者权益增加。不会导致所有者权益增加的经济利益流入不符合收入的定义，不应该确认为收入。例如，企业向银行借入一笔款项，虽然导致了经济利益的流入，但同时使企业形成了一项现时义务，不会导致所有者权益的增加。所以，企业向银行的借款应当确认为一项负债而不能确认为收入。

（3）收入是与所有者投入资本无关的经济利益的总流入。并不是只要能导致企业所有者权益增加的经济利益的流入都是收入，如果会导致企业所有者权益增加的经济利益的流入是因为所有者投入资本引起的，就不是收入。所有者投入资本与收入是不同性质的两类交易或者事项，所有者投入资本应当确认为所有者权益而不能确认为收入。

2.4.3 收入的确认条件

不同类型的企业收入的来源是不相同的，不同来源的收入的特征也有所不同，如销售一般商品、销售商品房、提供劳务、让渡资产使用权等。因而，收入的确认是一个比较复杂的问题。一般而言，企业要将一项经济利益的流入确认为收入，不但需要符合收入的定义，而且还至少应当同时满足以下三个条件：

（1）与收入相关的经济利益应当很可能流入企业。

（2）经济利益流入企业的结果会导致资产的增加或者负债的减少。

（3）经济利益的流入额能够可靠地计量。

2.4.4 收入的内容

收入包括主营业务收入和其他业务收入两类。

主营业务收入是指企业在主营业务活动中取得的收入，如工业企业和商业企业的商品销售收入、咨询公司的咨询服务收入、商业银行的利息收入等，都是其各自的主营业务收入。主营业务收入是企业收入的主要构成部分。

其他业务收入是指企业在附带经营的业务活动中取得的收入，如工业企业出售原材料、出租固定资产、技术转让等业务所取得的收入等。

2.5 费用

2.5.1 费用的定义

费用是指企业在日常活动中发生的、会导致所有者权益减少的、与向所有者分配利润无关的经济利益的总流出。

企业运用所有者投入的资本开展生产经营活动，在日常的经营活动过程中，会经常发生经济利益的流出，如因销售而付出商品、支付经营管理人员薪酬、支付广告费用及借款利息等，当流出的经济利益会导致所有者权益减少而又与向所有者分配利润无关时，这种经济利益的流出就是费用。例如，前面讲到，企业将所生产的一批商品以100 000元的价格销售给客户，企业取得了100 000元的销售收入，我们现在假定企业生产这批商品花费了60 000元的成本，这60 000元在销售之前是作为库存商品存在的，现在，随着销售而将商品交付给购买单位就发生了经济利益的流出，转化为一项费用了，具体项目叫做主营业务成本。一般地，费用是企业为取得收入而付出的经济代价，通常是由资产的流出而转化形成的。

2.5.2 费用的特征

根据费用的定义，费用具有以下三个特征：

（1）费用是企业在日常活动中发生的。与收入形成于企业日常活动相一致，费用是企业在日常活动中发生的，不是在日常活动中发生的经济利益流出不能确认为费用。明确界定日常活动是为了将费用与损失相区分，以便会计信息使用者能够据以正确地评价企业的经营状况并作出决策。损失是指由企业非日常活动所发生的、会导致所有者权益减少的、与向所有者分配利润无关的经济利益的流出，如处理固定资产发生的损失、非常灾害和事故发生的损失等。一般地，费用是企业开展经营管理活动所必需的正常的经济利益的流出，损失则大多是非正常的应尽可能避免的经济利益的流出。企业非日常活动所发生的经济利益的流出不能确认为费用，而应当计入损失。

提示 损失包括直接计入所有者权益的损失和直接计入当期利润的损失。直接计入所有者权益的损失在会计上作为其他资本公积（减项）处理。直接计入当期利润的损失将在利润要素中讲述。

（2）费用会导致所有者权益的减少。费用会导致企业资产的减少或者负债的增加，例如，企业发生广告费、借款利息等，会支付现金或者在未来支付现金。不论是资产的减少或者负债的增加，都不是因为减少负债引起的，或者说没有减少已有的负债，根据所有者权益的定义可知，费用应当会导致所有者权益减少。不会导致所有者权益减少的经济利益流出不符合费用的定义，不应该确认为费用。例如，企业以现金购入原材料、固定资产等，虽然要支付现金发生经济利益的流出，但同时要取得相同金额的原材料或固定资产等形成经济利益流入，不会导致所有者权益的减少。因此，企业购入原材料、固定资产等所支付的款项，不能确认为费用，而应当确认为资产。

（3）费用是与向所有者分配利润无关的经济利益的总流出。向所有者分配利润会导致企业的经济利益的流出，但它是对利润的分配，而利润是根据收入和费用计算的结果，所以，向所有者分配利润是对所有者权益的直接抵减项目，不属于费用的性质和范围，不应确认为费用，而应当排除在费用之外。

2.5.3 费用的确认条件

企业要将一项经济利益的流出确认为费用，不但需要符合费用的定义，而且还至少应当同时满足以下三个条件：

（1）与费用相关的经济利益应当很可能流出企业。

（2）经济利益流出企业的结果会导致资产的减少或者负债的增加。

（3）经济利益的流出额能够可靠地计量。

2.5.4　费用的内容

企业的费用主要包括营业成本、营业税金及附加、期间费用、资产减值损失、所得税费用等几类。

营业成本是指与取得收入直接相关的资产成本转化形成的费用，包括主营业务成本和其他业务成本。主营业务成本是指企业确认销售商品、提供劳务等主营业务收入时应结转的成本。例如，工业企业将成本为60 000元的库存商品以100 000元的价格销售，企业确认100 000元主营业务收入时，这60 000元就由资产转化成了费用，会计上就要将60 000元库存商品结转为主营业务成本。其他业务成本是指企业确认的除主营业务活动以外的其他经营活动所发生的成本，如销售材料的成本、出租固定资产的折旧额等。

营业税金及附加是指企业以营业收入为依据计算缴纳的价内税金和附加费用所形成的费用，包括缴纳的营业税、消费税、城市维护建设税及教育费附加等。

知识与能力拓展

以营业收入为依据计算的税金，计算时税金包含在营业收入之内的叫做价内税，税金在营业收入之外的叫做价外税。目前，我国的增值税是一种价外税。在营业收入一定的情况下，价内税与利润具有消长关系，价外税对利润的确定则没有影响。

期间费用是指按照费用发生的会计期间来确认的费用，包括销售费用、管理费用和财务费用。销售费用是指企业在销售商品、材料和提供劳务的过程中所发生的各种费用，如保险费、包装费、展览费、广告费、运输费、装卸费等。管理费用是指企业为组织和管理企业生产经营所发生的各种费用，如公司经费、工会经费、董事会费、聘请中介机构费、咨询费、业务招待费、相关税金、排污费等。财务费用是指企业为筹集生产经营所需资金等所发生的筹资费用，如支付的借款利息和支付给银行的结算手续费等。

提示　期间费用与营业成本、营业税金等费用在确认和归属期间上的主要不同点在于，期间费用不论收入是否形成，其发生在哪个会计期间就在哪个会计期间确认为费用；营业成本和税金等费用则要依收入的确认而定，没有形成收入就没有营业成本和营业税金等费用的发生。

资产减值损失是指企业计提各项资产减值准备所形成的损失。

知识与能力拓展

在市场经济条件下，企业经营面临着许多不确定因素和风险，其中包括企业的资产在未来经营中可能发生减值损失，如发生坏账、存货跌价、各种非流动资产减值等。按照稳健性原则，企业应当预计未来可能发生的损失。资产减值损失就是一种预计损失，这与实行资产减值准备金制度有关。所谓资产减值准备金制度，就是按照一定的方法预先估计未来可能发生的资产减值损失额，从收入中提取相应的资产减值准备金，以后实际发生资产减值损失时，用资产减值准备金予以弥补。所以，会计上的资产减值损失是企业计提各项资产减值准备所形成的损失。

所得税费用是指企业因获得盈利而向国家缴纳所得税所形成的费用。

企业费用的基本内容如图1-5所示。

- 费用
  - 营业成本
    - 主营业务成本
    - 其他业务成本
  - 营业税金及附加
  - 期间费用
    - 销售费用
    - 管理费用
    - 财务费用
  - 资产减值损失
  - 所得税费用

图 1－5　企业费用的基本内容

2.6　利润

2.6.1　利润的定义

利润是指企业在一定会计期间的经营成果。

利润对应着企业一部分新增加的资产，这部分新增加的资产是归所有者所有的。换句话说，利润虽然是一个独立于所有者权益的会计要素，但其实质是所有者权益。企业获得利润归根到底是企业资产和所有者权益的净增加。企业利润通过分配，一部分直接分配给所有者，一部分留存于企业作为企业持续经营和扩大再生产的资本。利润对于企业和企业的所有者都具有非常重要的意义。

2.6.2　利润的来源构成与内容

利润包括收入减去费用后的净额、直接计入当期利润的利得和损失等。收入减去费用后的净额是企业利润的主要来源，是企业日常活动的经营成果。直接计入当期利润的利得和损失是企业非日常活动的成果。根据利润的来源构成，利润可按以下公式进行计算：

利润＝收入－费用＋直接计入当期利润的利得－直接计入当期利润的损失

在会计核算中，根据经济内容和管理上的需要，将直接计入当期利润的利得和损失划分成了具体的项目，主要包括公允价值变动损益、投资收益、营业外收入和营业外支出等。公允价值变动损益是指企业某些资产和负债采用公允价值计量时因公允价值变动形成的应计入当期利润的利得和损失。投资收益是指企业对外投资取得的收益或发生的损失。营业外收入是指企业处置非流动资产、盘盈资产、获得捐赠及政府补助等应计入当期利润的利得。营业外支出是指企业处置非流动资产、盘亏资产、公益性捐赠、非常损失等应计入当期利润的损失。根据直接计入当期利润的利得和损失的核算项目，利润也可按以下公式进行计算：

利润＝收入－费用±公允价值变动损益±投资收益＋营业外收入－营业外支出

2.6.3　利润的确认条件

利润是由收入减去费用后的净额、直接计入当期利润的利得和损失等构成的，所以，利润的确认主要依赖于收入和费用以及直接计入当期利润的利得和损失的确认，其金额的确定也主要取决于收入、费用、直接计入当期利润的利得和损失的计量。

3. 经济业务

3.1 经济业务的概念

经济业务也叫会计事项，是指能够引起会计要素的金额发生增减变化的交易或事项。经济业务包含了会计工作的具体对象，是会计工作一般对象的单项内容，是会计对象的具体表现形式。企业在生产经营过程中不断地发生着经济活动，例如，购买原材料、生产车间领用原材料、销售商品、支付职工薪酬、取得借款、支付利息，等等。企业在生产经营过程中发生的经济活动大都能够以货币计量单位进行计量和反映，并引起会计要素的金额发生增减变化。因此，企业实际发生的经济活动是经济业务的基础和主要构成内容。

请注意 有些经济活动不构成经济业务，如签订经济合同或者协议等；有些经济业务不是实际发生的经济活动，如会计上结转成本、计提应交税费、计提资产减值准备金等。

3.2 经济业务的内容

企业所发生的每一项经济业务都有其特定的经济内容，都会引起会计要素的相关具体项目的金额发生增减变化。例如：

（1）某企业收到某投资者投入的现金 500 000 元，投资款存入银行。

这是一项所有者投入资本的经济业务，引起了资产中的“银行存款”项目和所有者权益中的“实收资本”项目同时发生增加 500 000 元的变化。

（2）某企业购进原材料 50 000 元，货款暂欠。

这是一项采购原材料的经济业务，引起了资产中的“原材料”项目和负债中的“应付账款”项目同时发生增加 50 000 元的变化。

（3）某企业以银行存款偿还原欠某供货单位货款 50 000 元。

这是一项偿还欠款的经济业务，引起了资产中的“银行存款”项目和负债中的“应付账款”项目同时发生减少 50 000 元的变化。

（4）某企业以银行存款归还银行一年期借款 100 000 元。

这是一项偿还借款的经济业务，引起了资产中的“银行存款”项目和负债中的“短期借款”项目同时发生减少 100 000 元的变化。

（5）某企业以银行存款 250 000 元购买轿车一辆，轿车已经投入使用。

这是一项购置固定资产的经济业务，引起了资产一个要素中的“固定资产”项目增加 250 000 元和“银行存款”项目减少 250 000 元的变化。

（6）某企业从银行存款中提取现金 5 000 元备用。

这是一项提取现金的经济业务，引起了资产一个要素中的“库存现金”项目增加 5 000 元和“银行存款”项目减少 5 000 元的变化。

（7）某企业将盈余公积金 150 000 元转增资本。

这是一项将盈余公积金转增资本的经济业务，引起了所有者权益一个要素中的“实收资本”项目增加 150 000 元和“盈余公积”项目减少 150 000 元的变化。

（8）某企业签发并承兑为期 6 个月的商业汇票一张，金额 200 000 元，抵付原欠某供货单位货款。

这是一项以债抵债的经济业务，引起了负债一个要素中的“应付票据”项目增加200 000元和“应付账款”项目减少200 000元的变化。

提示 这种以债抵债的业务通常是应债权方的要求而做，对债权方而言，既是对债权的一次追索，又能在需要资金时凭应收票据到银行贴现融通资金。

企业在生产经营过程中会发生大量的、多种多样的经济业务，不论发生怎样的经济业务，每一项经济业务都会引起一个或多个会计要素中的至少两个具体项目的金额发生增减变化。

提示 会计核算工作的基本任务就是要采用专门的会计方法和程序，对经济业务进行记录和加工整理，使之形成决策和管理所需的会计信息。

动脑动手 你能列举出更多的经济业务吗?

4. 会计等式

各个会计要素之间不但具有密切而复杂的相互依存关系，如资产与负债、与所有者权益、与收入、与费用、与利润及其相互之间的对应依存关系，负债与所有者权益、与资产及其相互之间的对应依存关系，负债与收入、与费用及其相互之间的对应依存关系，所有者权益与收入、与费用、与利润，以及收入与费用、与利润及其相互之间的对应依存关系等，而且，会计要素的金额之间还存在着平衡关系或者相等关系，会计等式就是用来表达这种平衡关系或者相等关系的。所谓会计等式，就是会计要素之间金额平衡关系的数学表达式，是会计要素之间的内在联系在数量上的反映。会计等式包括会计恒等式和扩展的会计等式。

提示 会计等式也叫会计平衡公式、会计方程式等。

4.1 会计恒等式

会计恒等式是反映资产、负债、所有者权益三个会计要素之间平衡关系的会计等式，表示如下：

资产＝负债＋所有者权益

因为负债是债权人对企业资产的权益，所以，会计恒等式又可以表示为：

资产＝权益

会计恒等式反映了企业资产与其权益之间的金额平衡关系，通过前面所有者权益要素的学习，我们知道，企业资产的权益主体最多也就两个，通常也是两个，即债权人和所有者。而且，企业的资产必定是有权益主体的，有权益主体也必定形成了资产。所以，企业资产的总额与企业资产权益主体的权益金额之和也就必定是相等的。这种恒等的平衡关系从企业成立之时就自然存在，而且在企业生产经营过程中的任何时点、任何情况下都是存在的。

请注意 会计等式中负债与所有者权益二者的位置不能互换。

在会计工作中，特别是在会计核算工作中，会计恒等式具有非常重要的地位和作用。作为一种必然的、客观的现实存在，它一方面是建立会计核算体系的基础，是复式记账和资产负债表的理论依据；另一方面又可以用来进行会计记录的试算平衡，检验会计核算结果的正确性。

4.2 扩展的会计等式

扩展的会计等式是反映全部会计要素之间平衡关系的会计等式，表示如下：

资产 = 负债 + 所有者权益 +（收入 - 费用）

提示 为了表述方便、简洁，这里假定企业没有发生直接计入当期利润的利得和损失。如果发生了，加入扩展的会计等式中，等式依然成立。

扩展的会计等式经过整理，可以转化为下列形式：

资产 + 费用 = 负债 + 所有者权益 + 收入

这个等式是在恒等式的基础上扩展而来的，是在一定会计期间内发生了与计算利润有关的收入和费用以及直接计入当期利润的利得和损失之后，还没有进行利润计算之前六个会计要素之间客观存在的平衡关系。在会计期末计算本期利润之后，扩展的会计等式就又回复为恒等式了。作为一定会计期间六个会计要素之间客观存在的平衡关系，扩展的会计等式可以在期末计算利润之前用来进行会计记录的试算平衡，检验会计核算结果的正确性。

动脑动手 “资产 = 负债 + 所有者权益”是成立的，为什么“资产 = 负债 + 所有者权益 +（收入 - 费用）”或者“资产 + 费用 = 负债 + 所有者权益 + 收入”也是成立的？

5. 经济业务与会计等式

5.1 经济业务的基本类型与会计等式

企业的经济业务多种多样，但与会计等式联系起来看，无外乎四种基本类型，即：

（1）引起会计等式左右两边会计要素的金额同时等额增加的经济业务。如前述“3.2”中的第1、第2两项经济业务。

提示 从会计要素之间的关系看，这种类型的经济业务有资产与负债、资产与所有者权益、资产与收入、费用与负债同时增加四种基本情况。

（2）引起会计等式左右两边会计要素的金额同时等额减少的经济业务。如前述“3.2”中的第3、第4两项经济业务。

提示 从会计要素之间的关系看，这种类型的经济业务有资产与负债、资产与所有者权益、资产与收入同时减少三种基本情况，但在实际工作中，后两种情况的经济业务很少发生。

（3）引起会计等式左边会计要素的金额等额有增有减的经济业务。如前述“3.2”中的第5、第6两项经济业务。

提示 从会计要素之间的关系看，这种类型的经济业务有资产内有关项目之间有增有减和资产减少费用增加两种基本情况。

（4）引起会计等式右边会计要素的金额等额有增有减的经济业务。如前述“3.2”中的第7、第8两项经济业务。

提示 从会计要素之间的关系看，这种类型的经济业务有负债内有关项目之间有增有减、所有者权益内有关项目之间有增有减、所有者权益增加负债减少、收入增加负债减少四种基本情况，但在实际工作中这类经济业务发生都不多。

5.2 经济业务的发生对会计等式的影响

每一项经济业务的发生都必定会引起会计要素的金额发生增减变化，当这种增减变化涉及会计等式两边的会计要素时，会计等式两边的总金额要么同时增加一个相同的金额，要么同时减少一个相同的金额，等式是成立的；当这种增减变化只涉及会计等式左边或者右边的会计要素时，只会引起左边或者右边会计要素以相同的金额发生有增有减的变化，会计等式两边的总金额不变，等式依然成立。可见，不论企业发生何种类型的经济业务，也不论发生多么复杂的经济业务，都不会破坏会计要素之间的平衡关系，而只会使会计要素之间的平衡关系从原来的平衡达到新的平衡。

6. 职业能力训练

6.1 判断（正确的在括号里打“√”，错误的打“×”。）

（1）企业的经济活动不一定都构成会计工作的对象。（ ）

（2）当金额不能可靠地计量时，可以先确认会计要素的性质。（ ）

（3）预期不能为企业带来经济利益的资源不能确认为资产。（ ）

（4）流动资产指的是企业中经常发生位置移动的那部分资产。（ ）

（5）流动负债是指能够在一年以内偿还的各种负债。（ ）

（6）有些会计要素不能完全独立地进行确认和计量。（ ）

（7）企业取得收入主要是增加资产，有时也可能是减少负债，还有可能是一部分增加资产一部分减少负债。（ ）

（8）企业取得利润表明企业净增加了相应的资产和所有者权益。（ ）

（9）企业资产与负债之间不会发生有增有减的经济业务。（ ）

（10）当发生某些特殊的经济业务时可能会导致会计等式不成立。（ ）

6.2 选择（下列答案中有一项或多项是正确的，将正确答案前的英文字母填入括号内。）

（1）工业企业的基本经济活动包括（ ）。

A. 筹集资金的活动　　B. 供、产、销活动

C. 公益性捐赠活动　　D. 利润分配活动

（2）下列经济活动属于会计工作对象的是（ ）。

A. 将库存现金送存银行　　B. 从银行取得贷款

C. 与供货单位签订购货合同　　D. 销售商品没有收到货款

(3) 下列项目中属于资产项目的是（ ）。

A. 原材料　B. 应收账款　C. 预收账款　D. 长期股权投资

(4) 下列项目中属于负债项目的是（ ）。

A. 预付账款　B. 应付票据　C. 长期借款　D. 应交税费

(5) 下列项目中属于所有者权益项目的是（ ）。

A. 实收资本　B. 应付利润　C. 资本公积　D. 盈余公积

(6) 下列项目中属于收入项目的是（ ）。

A. 主营业务收入　B. 营业外收入　C. 其他业务收入　D. 应收销货款

(7) 下列项目中属于费用项目的是（ ）。

A. 主营业务成本　B. 管理费用

C. 营业税金及附加　D. 长期待摊费用

(8) 下列项目中属于期间费用项目的是（ ）。

A. 销售费用　B. 管理费用　C. 财务费用　D. 生产费用

(9) 下列等式中内容正确的等式是（ ）。

A. 资产 = 权益　B. 资产 = 负债 + 所有者权益

C. 所有者权益 = 资产 − 负债　D. 负债 = 资产 − 所有者权益

(10) 下列经济业务会使会计等式的总金额发生变化的是（ ）。

A. 归还银行短期借款 100 万元

B. 以银行存款支付广告费 80 万元

C. 销售商品 50 万元但货款尚未收到

D. 购进原材料 20 万元但款项尚未支付

认知 3　会计核算工作的基本内容、程序和方法

1. 会计核算工作的基本内容

会计核算是通过价值量对经济活动进行确认、计量、记录，并进行公正报告的工作。简单地说，会计核算就是从事记账、算账和报账的工作。进行会计核算，就是按照特定的会计处理程序和方法，对经济业务进行确认、计量、记录和报告，提供会计信息。会计确认、会计计量、会计记录和会计报告构成了会计核算工作的基本内容。

1.1 会计确认

会计确认是指会计人员以会计法律法规和会计准则为依据，对会计主体应进行会计计量、记录和报告的内容进行明确和认定的工作。

会计主体的经济活动发生以后，会计人员首先要做的工作就是根据原始凭证的记载进行分析判断，确定经济活动是不是经济业务，能否进入会计核算系统进行会计处理，对应该进入会计核算系统进行会计处理的经济业务要确定它涉及哪些会计要素及要素项目，应当在哪些会计账户中进行记录，以及在什么时候进行记录等事项。这就是会计确认工作。例如，对“20××年9月10日以转账支票100 000元支付商品广告费”的经济活动，会计人员接到相关原始凭证

后，应很快地得出这样的确认结果：这是一项经济业务，引起资产要素中的“银行存款”项目减少了100 000元，应在“银行存款”账户中进行相应的记录，同时，引起费用要素中的“销售费用”项目增加了100 000元，应在“销售费用”账户中进行相应的记录。

进行会计确认需要综合运用一整套专业标准或专业方法，要求会计人员具备相应的专业素质、专业能力及职业判断能力。会计确认包括初始确认和后续确认两种情况。初始确认是指经济活动发生或完成以后，在进行会计记录之前所进行的确认。后续确认是指当已经记录和报告的要素项目在发生变动时所进行的确认。

1.2　会计计量

会计计量是指会计人员运用货币计量单位和确定的计量属性，对各会计要素项目的金额进行衡量、计算和确定的工作。会计信息主要是金额信息，经过会计确认应当进入会计核算系统进行会计处理的经济业务，要选择恰当的计量属性确定相关会计要素项目的金额。这就是会计计量工作。例如，对上述经济业务，如果采用历史成本计量属性进行计量，那么，银行存款的减少金额为100 000元，销售费用的增加金额也是100 000元。

会计计量包括初始计量和后续计量两种情况。初始计量是指根据初始确认进行会计记录之时所进行的计量；后续计量是指已经记录和报告的要素项目，按所采用的计量属性计算的价值量发生变动时，根据后续确认所进行的计量。会计计量的关键在于恰当选择适合各会计要素项目的计量属性。会计计量属性主要有以下五种：

（1）历史成本。历史成本也叫实际成本，指经济业务发生或完成时所发生的实际金额。

在历史成本计量下，资产按照购置时支付的现金或者现金等价物的金额，或者按照购置资产时所付出的对价的公允价值计量。负债按照因承担现时义务而实际收到的款项或者资产的金额，或者承担现时义务的合同金额，或者按照日常活动中为偿还负债预期需要支付的现金或者现金等价物的金额计量。

提示　历史成本具有客观性、可验证性等特点，对会计预测和决策分析也具有重要作用，在会计中得到广泛应用。同时，历史成本也是一个颇有争议的计量属性。通货膨胀对历史成本造成了冲击，近年来，证券市场的兴起，企业投资渠道的拓展，对历史成本更是形成了空前的压力。

（2）重置成本。重置成本也叫现行成本，指现存的某项资产或者负债，按照现时的价格重新形成所需要的金额。

在重置成本计量下，资产按照现在购买相同或者相似资产所需支付的现金或者现金等价物的金额计量。负债按照现在偿付该项债务所需支付的现金或者现金等价物的金额计量。

（3）可变现净值。可变现净值也叫预期脱手价值，指某项资产现在出售可获得的现金或者现金等价物的净额。

在可变现净值计量下，资产按照其正常对外销售所能收到现金或者现金等价物的金额扣减该资产至完工时估计将要发生的成本、估计的销售费用以及相关税费后的金额计量。

（4）现值。现值也叫资本化价值，指某项资产或者负债按未来现金流量折算的现时金额。

在现值计量下，资产按照预计从其持续使用和最终处置中所产生的未来净现金流入量的折现金额计量。负债按照预计期限内需要偿还的未来净现金流出量的折现金额计量。

（5）公允价值。公允价值指在公平交易中，熟悉情况的交易双方自愿进行资产交换或债务清偿的金额。

在公允价值计量下，资产和负债按照在公平交易中，熟悉情况的交易双方自愿进行资产交换或者债务清偿的金额计量。

提示 “公允价值”的计量属性在《非货币性资产交换》、《债务重组》、《投资性房地产》、《生物资产》、《股份支付》、《金融工具确认和计量》等具体准则中得到了具体地运用。

企业在对会计要素进行计量时，一般应当采用历史成本；如果采用重置成本、可变现净值、现值、公允价值计量，应当保证所确定的会计要素金额能够取得并可靠计量。

知识与能力拓展

每种计量属性都有利弊，没有一种是绝对理想化的。在进行会计计量属性选择时，主要取决于计量的目的，即看是否服务于会计的目标，能否满足会计信息使用者的要求。由于会计信息使用者对会计信息的需求各不相同，五种计量属性都有其存在的价值。

1.3 会计记录

会计记录是指会计人员对已经确认和计量的会计要素项目的数量和金额，采用规定的程序和方法进行记录的工作。会计记录主要包括审核原始凭证、填制记账凭证和登记会计账簿等具体工作内容。

提示 在实际工作中，会计记录工作是会计人员要大量进行的日常工作，将在项目四和项目五中进行全面深入的学习。

1.4 会计报告

会计报告是指会计人员按照会计准则的要求，以规范的形式将会计记录的内容转换为会计信息并向会计信息使用者进行报告的工作。会计报告的主要工作内容是根据会计账簿记录编制出能够反映企业财务状况和经营成果的报告文件，并提供给使用者。

提示 会计报告将在项目七中进行全面深入的学习。

2. 会计核算基本方法

会计核算已经形成了一套科学、严谨的方法体系。会计核算基本方法是指对会计对象进行确认、计量、记录和报告所采用的各种基本方法的总和。会计核算基本方法是由一系列特有的专门方法构成的完整的方法体系，包括：设置会计账户、复式记账、填制和审核会计凭证、登记会计账簿、成本计算、财产清查和编制会计报表等。

2.1 设置会计账户

设置会计账户是对会计核算对象具体内容进行分类核算和监督的一种专门方法。会计账户是用来记录经济业务内容的专门工具，是加工处理和储存会计信息的“场所”。由于会计核算对象十分复杂，为了连续地、系统地进行反映和监督，企业必须根据会计科目开设若干账户，为分别登记各项经济业务，加工处理和储存会计信息提供“场所”。

2.2 复式记账

复式记账是对每一项经济业务，都以相等的金额在两个或两个以上相互联系的账户进行全面登记的一种专门方法。设置会计账户只是为记录、加工和储存会计信息提供了场所，而要将实际发生的经济业务科学、准确地记录到会计账户中去，使之能够形成有用的会计信息，还必须采用复式记账的方法。

2.3 填制和审核会计凭证

会计核算要以会计凭证作为记账的依据。填制和审核会计凭证是为了审查经济业务是否合理合法，保证会计记录完整、真实和可靠而采用的一种专门方法。会计凭证是交易或事项的书面证明，是登记账簿的依据，每一项交易或事项都要填制或者取得会计凭证，并经会计机构和会计人员进行严格的审核，确认无误后，才能据以登记入账，以保证会计核算的质量，并明确经济责任。

2.4 登记会计账簿

登记会计账簿简称记账，是指根据审核无误的会计凭证，在会计账簿中对经济业务进行连续、系统地记录的一种专门方法。会计账簿是由若干会计账户组合而成的簿籍，按照记账方法和程序登记账簿并定期进行对账、结账，可以形成完整、系统的会计核算资料，为编制会计报表提供依据。

2.5 成本计算

成本计算是按一定的成本对象，对生产、经营过程中所发生的耗费进行归类，以确定各对象的总成本和单位成本的一种专门方法。通过成本计算，可以核算和监督企业经营过程中所发生的各种耗费，掌握成本构成情况，考核成本计划的完成情况，反映生产经营活动的成果，促使企业加强核算，节约支出，提高经济效益。

2.6 财产清查

财产清查是对各项财产物资进行实地盘点、账实核对，以及对各项债权资产进行查询、核对，以查明各种财产物资和债权资产实有数的一种专门方法。通过定期或不定期的财产清查，可以查明各项财产物资及债权资产的实际情况，有利于加强财产物资管理，保护财产物资的安全完整，并为正确核算损益提供正确的资料。

2.7 编制会计报表

编制会计报表是定期总括地反映企业某一特定日期的财务状况和某一会计期间的经营成果以及现金流量等会计信息的一种专门方法。会计报表主要是以账簿记录为依据，经过加工整理而形成的一套完整的指标体系的书面文件。会计信息主要是通过会计报表提供出来的。编制和及时报送会计报表可以为信息使用者集中提供主要会计信息，有利于改善本单位的经营管理，并为利益相关方面的投资等决策提供依据。

会计核算的七种基本方法之间具有密切联系，它们相互结合，构成了严谨的会计核算方法体系。会计核算基本方法之间的相互关系如图 1－6 所示。

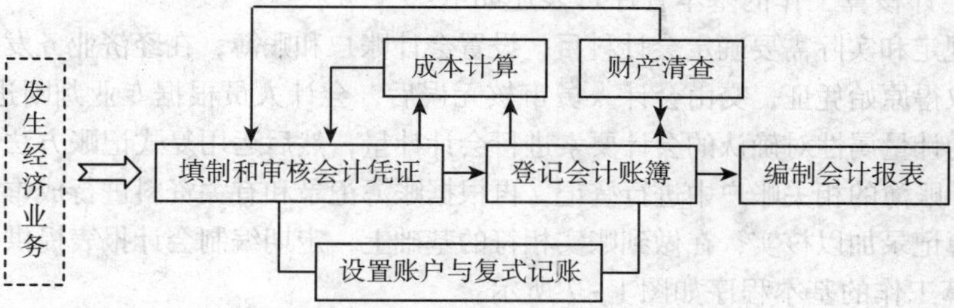

图 1－6　会计核算基本方法相互关系

提示 设置账户与复式记账对会计凭证中的记账凭证和会计账簿具有基础性作用和影响；成本计算的数据有的来自会计凭证中的原始凭证，有的来自会计账簿，成本计算的结果要通过会计凭证记入账簿；财产清查的结果要与账簿记录进行核对，如果二者之间有差异，要将差异通过会计凭证记入账簿。

3. 会计核算工作的基本程序

在会计工作中，会计核算工作的规范性最强，会计人员必须按照规范的程序、步骤和要求进行会计核算工作，以保证会计信息的真实性、可靠性和完整性。

在会计核算工作中，会计确认、会计计量、会计记录和会计报告四项具体工作既相对独立又相互联系，而且，从程序上看，还是四个相互连接的工作环节，它们环环相扣，构成了完整的会计核算工作过程。

会计确认的初始确认是整个会计核算工作的起始环节，后续确认则存在于会计记录和报告过程当中，没有会计确认，会计计量、记录和报告就会失去明确的对象和具体内容，会计确认不正确，就会影响会计计量、记录和报告的真实性。

会计计量是整个会计核算工作的第二个环节，为会计记录和报告提供量化数据，会计计量不正确和不恰当，就会影响会计记录和报告的真实性和有用性。

会计记录是整个会计核算工作的第三个环节，是对会计确认的范围和项目及会计计量的量化数据进行的记录，会计确认主要为会计记录解决了记什么要素项目的问题，会计计量主要为会计记录解决了记多少金额的问题。同时，会计记录又是将会计数据加工处理成会计信息的中心环节，为会计报告提供直接依据。

会计报告是整个会计核算工作的最终环节，也是会计确认、计量和记录的目的，即向相关方面提供或报告管理和决策所需要的会计信息。这些信息是根据会计记录的结果加工整理而成的。

会计确认、会计计量、会计记录和会计报告四个方面和环节既是一个紧密相连的整体，又各自具有相对独立的功能和特点。会计确认和会计计量具有内含性和辨别性等特点，需要会计人员的专业判断，要求会计人员具有扎实的专业基本理论和基本知识基础；会计记录和会计报告则具有外显性和技术性等特点，主要表现为一系列会计核算方法和技术的运用，要求会计人员熟练地掌握会计核算方法和具有较强的会计核算专业技能。

会计确认、会计计量、会计记录和会计报告构成了会计核算工作的四个基本环节，其中，因为会计记录工作又包括审核原始凭证、填制记账凭证和登记会计账簿等具体工作环节，所以，会计核算工作的基本程序可表述如下：

企业按规定和实际需要确定会计科目、设置会计账户和账簿，在经济业务发生后，由经办人员填制或取得原始凭证，交由会计人员审核无误后，会计人员根据专业判断进行会计确认，再按照选用的计量属性对确认的会计要素进行会计计量；然后运用复式记账方法，填制记账凭证，并在会计账簿的相关账户中进行登记，再根据账簿记录和有关资料进行成本计算，通过财产清查对账簿记录加以核实，在做到账实相符的基础上，定期编制会计报表提供会计信息。

会计核算工作的基本程序如图 1－7 所示。

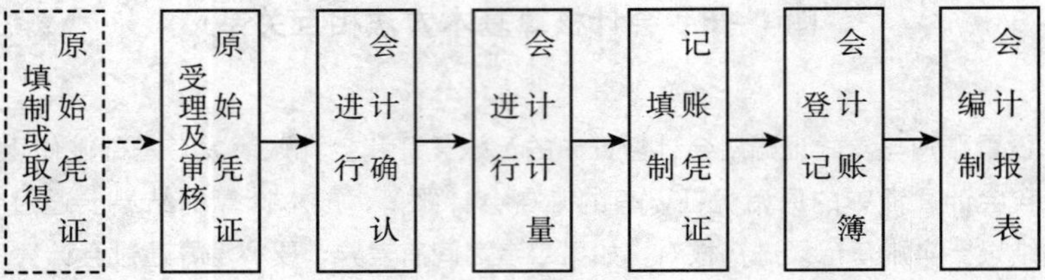

图 1－7　会计核算工作基本程序

提示　图 1－7 中虚线部分不属于会计核算工作的范围，但它是进行会计核算的基础。

4. 职业能力训练

4.1　判断（正确的在括号里打“√”，错误的打“×”。）

（1）会计确认是解决对企业发生的经济业务是否应当作为某一会计要素予以正式的记录并报告的问题。（　）

（2）会计计量的本质是表明会计确认的价值问题。（　）

（3）资产的可变现净值其实就是该资产的市场价值。（　）

（4）重置成本是指按照当前市场条件，重新取得同样一项资产所需支付的现金或现金等价物金额。（　）

（5）会计计量属性中的“历史成本”较其他几种计量属性更加优越，应用更加广泛。（　）

（6）会计核算工作基本程序和内容，包括会计确认、会计计量、会计记录和会计报告。（　）

（7）在会计实务中，企业选择和运用公允价值计量属性，应当符合会计准则的相关规定范围。（　）

（8）填制和审核会计凭证是企业日常会计核算工作的起点。（　）

（9）企业对会计要素的计量一般采用历史成本，为了提高会计信息的质量，在准则允许的范围内，可以选择其他计量属性，但应当保证所选择的计量属性所确定的会计要素金额

能够取得并可靠计量。（　　）

（10）在会计实务中，各企业会计计量属性的运用与选择，由企业自定，国家无统一的标准和具体规范要求。（　　）

4.2　选择（下列答案中有一项或多项是正确的，将正确答案前的英文字母填入括号内。）

（1）下列各项中，属于会计核算基本方法的是（　　）。

A. 登记账簿　B. 财产清查　C. 财务分析　D. 填制和审核凭证

（2）会计计量属性主要包括（　　）。

A. 历史成本　B. 重置成本　C. 可变现净值　D. 现值和公允价值

（3）采用对未来现金流量以恰当的折现率进行折现后的价值计量，属于考虑货币时间价值因素的一种计量属性是指（　　）。

A. 重置成本　B. 现值　C. 公允价值　D. 可变现净值

（4）历史成本计量属性的主要特点在于（　　）。

A. 具有可验证性　B. 具有反馈价值，是决策的基础

C. 已经被各方所熟知和认同　D. 存在合法的原始凭证，具有客观性

（5）下列各项中，不属于会计核算基本方法的是（　　）。

A. 设置会计账户　B. 进行资金预算　C. 成本计算　D. 成本分析

（6）财产清查的内容主要包括（　　）。

A. 货币资金　B. 实物资产

C. 各种债权　D. 对外投资等金融资产

（7）下列计量属性中，企业最常用的计量属性是（　　）。

A. 历史成本　B. 现值　C. 公允价值　D. 可变现净值

（8）会计核算的最终环节是（　　）。

A. 成本分析　B. 财产清查　C. 编制会计报表　D. 报表分析

（9）下列各项中，属于会计核算工作基本程序的是（　　）。

A. 审核原始凭证、填制记账凭证、进行初始计量、登记账簿、编制会计报表

B. 审核原始凭证、进行初始计量、填制记账凭证、登记账簿、编制会计报表

C. 审核原始凭证、填制记账凭证、登记账簿、进行初始计量、编制会计报表

D. 审核原始凭证、进行初始计量、登记账簿、填制记账凭证、编制会计报表

（10）会计计量包括（　　）。

A. 初始计量　B. 后续计量　C. 中期计量　D. 期末计量

认知4　会计核算的基本前提和基础

1. 会计核算基本前提

在会计核算中，经常会遇到一些涉及未来而具有不确定性的问题，需要会计人员作出合理的判断和会计处理。要作出合理的专业判断，就需要有一定的前提条件或者合乎情理的基本假定。这种前提条件或者假定就是会计核算的基本前提。会计核算没有合理的基本前提，

会计人员对一些比较复杂的经济业务就难以作出恰当的会计处理。会计核算的基本前提包括会计主体、持续经营、会计分期、货币计量。

1.1 会计主体

会计主体是指会计工作赖以存在和进行的特定单位或组织。

在现实生活中，会计工作总是在一个特定的单位或组织中进行的，并对这个特定单位或组织的经济活动进行核算、监督和控制，不是这个单位或组织的经济活动或事项，就不属于这个单位或组织的会计工作范围。会计人员不论是确认资产、负债、所有者权益，还是确认收入、费用和利润，都是以本单位为主体来进行的，只对本单位发生的交易或者事项进行会计确认、计量、记录和报告。会计主体界定了进行会计确认，计量、记录和报告的空间范围。

会计主体一般可划分为独立会计主体和非独立会计主体两类。独立会计主体主要是指具有独立的法人资格的会计主体。按照我国《会计法》规定，任何一个这样的单位都必须建立会计账簿，进行会计核算和实行会计监督，所以，每一个独立的法人单位都是一个独立的会计主体。非独立会计主体主要是指开展内部会计核算的独立会计主体的内部机构。在实际工作中，许多规模比较大的单位，为了加强内部管理，提高经济效益，实行了责任会计，以所属的各个职能部门或人员作为会计核算单位，对这些职能部门或人员的业务活动及其绩效进行单独的核算和考核。这些独立会计单位内部作为会计核算单位的各个职能部门或人员，就是非独立的会计主体。非独立会计主体不具有法人资格，不能以自己的名义独立地对外发生联系，但在单位内部具有管理上的重要意义。

请注意 会计主体与法律主体并非对等的概念。一般来说，法律主体必然是一个会计主体，而会计主体不一定是一个法律主体。

1.2 持续经营

持续经营是指在可以预见的将来，会计主体将会按当前的规模和状态继续经营下去，不会停业，也不会大规模削减业务。持续经营是相对于非持续经营而言的，在持续经营前提下，会计核算应当以企业持续、正常的生产经营活动为前提。

会计主体是否持续经营，在会计原则、会计方法的选择上有很大差别。一般情况下，应当假定会计主体能够而且将要持续经营下去。明确这个基本前提，就意味着会计主体将按照既定的用途使用资产，按照既定的合约条件清偿债务，会计人员就可以在此基础上选择会计原则和会计方法。

知识与能力拓展

任何会计主体都存在破产、清算的风险，也就是说会计主体不能持续经营的可能性总是存在的。为此，需要定期对其持续经营前提作出分析和判断。如果判断会计主体不会持续经营，就应当改变会计核算的原则和方法，并在会计报告中作相应披露。如果一个会计主体在不能持续经营时还假定其能够持续经营，并仍按持续经营的基本前提选择会计核算的原则和方法，就不能客观地反映其财务状况、经营成果和现金流量，就会误导会计信息使用者的经济决策。如果企业确实要终止经营，应当采用清算的会计政策和程序。

请注意 作为会计核算基本前提的持续经营假设，与现实交易中对客户持续经营前景和能力的预测和判断是完全不同的两回事，不能混为一谈。

1.3 会计分期

会计分期是指在持续经营的前提下，将会计主体的持续经营过程人为地划分为相互衔接的会计期间。

会计分期的目的，在于通过会计期间的划分，将持续经营的生产经营活动划分成连续、相等的期间，据以结算盈亏，按期编制财务会计报告，及时向各方面提供有关企业财务状况、经营成果和现金流量的会计信息。

在会计分期前提下，企业应当划分会计期间，分期结算账目和编制财务会计报告。会计期间分为年度和中期。我国会计期间的划分采用公历制，会计年度和中期均按公历起讫日期确定。中期是指短于一个完整的会计年度的报告期间，如半年度、季度和月度。

会计分期对会计核算有着重要影响，由于会计分期，产生了当期与其他期间的区分和衔接，出现了折旧、摊销等会计处理方法。

知识与能力拓展

国外有采用非公历年度进行会计分期的情况。

1.4 货币计量

货币计量是指会计以货币计量单位来对会计主体的经济活动进行会计确认、计量、记录和报告。

在货币计量前提下，我国境内会计主体的会计核算以人民币作为记账本位币。业务收支以人民币以外的货币为主的会计主体，可以选定其中一种货币作为记账本位币，但是编制的会计报表应当折算为人民币。

知识与能力拓展

会计核算之所以选择货币作为计量单位，是由货币的本身属性决定的。货币是商品的一般等价物，是衡量一般商品价值的共同尺度，而其他的计量单位，如重量、长度、容积等，只能从一个侧面反映会计主体的生产经营情况，无法在量上进行汇总和比较，不便于实物管理和会计计量。所以，为全面反映会计主体的生产经营活动和有关交易、事项，会计核算就选择了货币作为计量单位。

2. 会计核算基础

在会计主体的经济活动中，收入、费用的发生时间与货币的收支时间不是完全一致的，例如，销售商品时商品已经交付对方但货款还没有收到；发生费用时费用已经发生但款项还没有支付，等等。在这种情况下，会计人员就需要根据会计准则或制度规定的会计核算基础，选择一个恰当的时间来确认、记录、报告收入和费用。会计核算基础有权责发生制和收付实现制两种。

2.1 权责发生制

权责发生制也叫应收应付制，是指以收入和费用的发生时间为标准来确认收入和费用的一种会计核算基础。按照权责发生制，凡是当期已经实现的收入和已经发生或应当负担的费用，无论款项是否收付，都应作为当期的收入和费用；凡是不属于当期的收入和费用，即使款项已在当期收付，也不应当作为当期的收入和费用。例如，某企业 20××年 10 月 25 日向客户销售商品一批，11 月 4 日收到货款，按照权责发生制，企业应在 10 月 25 日确认销售收入。

按照《企业会计准则——基本准则（2006）》规定，企业应当以权责发生制为基础进行会计核算。

2.2 收付实现制

收付实现制也叫实收实付制，是与权责发生制相对应的一种会计核算基础，是指以收入和费用款项的实际收付时间为标准来确认收入和费用的一种会计核算基础。按照收付实现制，凡是当期已经收到和付出款项，无论收入和费用是否在当期发生，都应作为当期的收入和费用；凡是当期没有收到和付出款项，即使收入和费用已在当期发生，也不应当作为当期的收入和费用。例如，上例，按照收付实现制，企业应在 11 月 4 日确认销售收入。

目前，我国非营利组织的国家拨款业务采用收付实现制进行会计核算。

动脑动手 采用不同的会计核算基础对核算结果有什么影响?

知识与能力拓展

会计信息质量要求

1. 会计信息质量要求概述

会计信息的质量要求，也称会计核算一般原则，是有关会计核算的原则性规定和基本要求，用以在总体上指导、约束和规范会计核算行为，保证会计信息的质量。会计信息质量是会计的生命，每一个会计主体都必须按照会计信息的质量要求进行会计核算，确保会计信息的质量。

2. 企业会计信息质量要求的内容

对企业会计信息质量的要求包括可靠性、相关性、可理解性、可比性、实质重于形式、重要性、谨慎性、及时性。

（1）可靠性。可靠性是指企业应当以实际发生的交易或者事项为依据进行会计确认、计量、记录和报告，如实反映符合确认和计量要求的各项会计要素及其他相关信息，保证会计信息真实可靠、内容完整。

可靠性是对会计工作的基本要求。会计工作提供信息的目的是为了满足会计信息使用者的决策和管理需要，因此，就应做到内容真实、数字准确、资料可靠。在会计核算工作中坚持可靠性原则，就应当在会计核算时如实客观地反映企业的财务状况、经营成果和现金流量，保证会计信息的真实性；应当正确运用会计原则和方法，准确反映企业的实际情况；会计信息应当能够经受验证，以核实其是否真实。

如果企业的会计核算不是以实际发生的交易或事项为依据，没有如实地反映企业的财务状况、经营成果和现金流量，会计工作就失去了存在的意义，甚至会误导会计信息使用者，导致决策的失误。

（2）相关性。相关性是指企业提供的会计信息应当与财务报告使用者的经济决策需要相关，有助于财务报告使用者对企业过去、现在或者未来的情况作出评价或者预测。

会计信息与信息使用者之间是否有相关性，取决于这些信息是否有预测性和反馈性。信息的价值在于其与决策相关，有助于决策。相关的会计信息能够有助于会计信息使用者评价过去的决策，证实或修正某些预测，从而具有反馈价值；有助于会计信息使用者作出预测、决策，从而具有预测价值。在会计核算工作中坚持相关性原则，就要求在收集、加工、处理和提供会计信息过程中，充分考虑会计信息使用者的信息需求。对于特定用途的会计信息，不一定都能通过财务会计报告来提供，而可以采用其他形式加以提供。

如果会计信息提供以后，没有满足会计信息使用者的需要，对会计信息使用者的决策没有什么作用，就不具有相关性。

（3）可理解性。可理解性是指企业提供的会计信息应当清晰明了，便于财务报告使用者理解和使用。

提供会计信息的目的在于使用，要使用会计信息首先必须了解会计信息的内涵，弄懂会计信息的内容，这就要求会计核算和财务报告必须清晰明了。在会计核算工作中坚持可理解性原则，就是要求会计记录准确、清晰，填制会计凭证、登记会计账簿必须做到依据合法、账户对应关系清楚、文字摘要完整；在编制会计报表时，项目勾稽关系清楚、项目完整、数字准确。

如果企业的会计核算和编制的财务报告不能做到清晰明了、便于理解和使用，就不符合可理解性原则的要求，不能满足会计信息使用者的决策需求。

（4）可比性。可比性是指企业提供的会计信息应当具有可比性。

利用会计信息对经济活动进行对比分析是常用的分析方法，进行对比分析，指标的内涵、口径等方面必须具有可比性。会计信息的可比性包括以下两个方面的内容：

一是同一企业不同时期可比。企业发生的交易或事项具有复杂性和多样化，对一些交易或事项的处理可能有多种会计核算方法可以选择。例如，存货的领用和发出，可以采用先进先出法、加权平均法或者个别计价法确定其实际成本；固定资产折旧方法可以采用年限平均法、工作量法、双倍余额递减法等。对相同的经济业务选择不同的会计核算方法进行核算会使核算结果发生差异。保证会计信息可比性的前提是企业在各个会计期间应尽可能采用相同的会计政策和方法，即同一企业不同时期发生的相同或者相似的交易或事项，应当采用一致的会计政策和方法，不能随意变更。确需变更的，应当在附注中说明。

二是不同企业相同会计事项可比。不同的企业可能处于不同行业、不同地区，经济业务发生于不同时点，为了保证会计信息能够满足决策的需要，便于比较不同企业的财务状况、经营成果和现金流量，不同企业发生的相同或者相似的交易或者事项，应当采用规定的会计政策和方法，确保会计信息口径一致、相互可比。如果对于相同或相似的交易或者事项，不同的企业或者同一企业在不同的会计期间采用不同的会计政策和方法，将不利于财务报告使用者对会计信息的理解和利用。

（5）实质重于形式。实质重于形式是指会计主体应当按照交易或事项的经济实质进行会计核算，而不应当仅仅按照他们的法律形式作为会计核算的依据。

在实际工作中，一些交易和事项的经济实质与其法律形式或者外在表现形式有时存在不完全一致的现象。按照实质重于形式原则的要求，当交易或事项的经济实质与其法律形式或者外在表现形式不相一致时，会计人员应当作出恰当的专业判断，注重经济实质进行会计核算，以保证会计信息的有用性。

例如，企业采取融资方式租入的固定资产，从法律形式或外在表现形式看，企业与融资租赁企业签订的是融资租赁合同，在取得资产时企业并未取得该项资产的所有权，与企业购置的、完全拥有所有权的资产的所有权关系不一样，不应当作为企业的固定资产确认。但从其经济实质来看，该项资产将自始至终被企业所控制，在企业发挥作用，为企业带来经济利益，在租赁合同规定的期间内企业付清租赁款项，并象征性地支付少量的价款后，将最终取得该项资产的所有权，这与企业赊购资产的经济实质是相同的。正是遵循实质重于形式原则的要求，我国企业会计准则规定将融资租入的固定资产作为企业的固定资产确认，并将尚未支付的融资租赁费确认为一项长期负债。

（6）重要性。重要性是指会计报告在全面反映企业的财务状况和经营情况的基础上，对重要的经济业务或事项应当单独反映，对不重要的经济业务或事项可以合并反映。这里的重要性，是指会计信息对信息使用者的管理和决策产生影响的重要程度。重要性原则有利于会计信息使用者有效地利用会计信息。为了满足在会计报告中对重要的经济业务或事项进行单独反映的要求，企业需要从会计科目和账簿设置等环节做好配套工作，对重要的经济业务或事项单独设置会计科目和账户，进行单独地核算。

（7）谨慎性。谨慎性也称稳健性，是指企业对确定利润应当持保守的态度，采取谨慎、稳健的会计政策，并合理地估计可能发生的费用或损失。按照谨慎性原则，当有多种会计处理方法可供选择时，应当选择能够较少地反映利润的会计处理方法，如对固定资产折旧采用加速折旧的方法等；对一些预期可能发生的损失或费用应当予以合理地估计和核算，如预计资产减值损失等。

采用谨慎性原则，可以使企业的利润更加实在和可靠。这样，一方面可以增强企业持续经营的经济实力和发展后劲，另一方面可以减少不实在的利润信息给信息使用者的决策可能带来的负面影响。

采用谨慎性原则，必须符合企业会计准则和统一会计制度的要求，不得弄虚作假，人为地虚列成本、费用和损失，或者隐匿收入。人为地虚列成本、费用和损失或者隐匿收入，是违法违规行为，将受到法律法规的制裁。

贯彻谨慎性、重要性和实质重于形式等原则，都要求会计人员具有较高的专业判断能力，对企业发生的交易和事项作出合理的判断，进行恰当的确认、计量和报告，以提高会计信息的质量。

（8）及时性。及时性是指企业对于已经发生的交易或者事项，应当及时进行会计确认、计量、记录和报告，不得提前或者延后。

会计信息的价值在于帮助所有者或其他方面作出经济决策，具有很强的时效性。即使是客观、可比、相关的会计信息，如果不及时提供，对于会计信息使用者不但没有任何意义，甚至可能误导会计信息使用者。

在会计核算过程中坚持及时性原则，就是要及时收集会计信息（在经济业务发生时及时填制或取得原始凭证）、及时处理会计信息（及时审核原始凭证并据以填制记账凭证和登记账簿，及时编制出财务会计报告）和及时传递会计信息（在国家规定的时限内，向信息使用者及时报送财务会计报告）。

3. 职业能力训练

3.1 判断（正确的在括号里打“√”，错误的打“×”。）

（1）会计主体界定了会计核算的空间和时间范围。（　）

（2）企业会计确认、计量、记录和报告应当以权责发生制为基础。（　）

（3）会计信息质量要求的可比性，既包括同一企业不同时期的会计信息可比，也包括不同企业之间的会计信息可比。（　）

（4）会计主体一定是法律主体，但法律主体不一定是会计主体。（　）

（5）重要性的判断与企业的自身生产经营活动相关，在一定程度上取决于会计人员的职业判断。相同的经济业务事项，对某企业不重要，但对另一企业则可能很重要。（　）

（6）我国企业的会计核算，只能选择人民币作为记账本位币。（　）

（7）会计信息质量要求的可靠性，是会计工作的基本要求，企业会计核算应当做到核算内容真实、完整、可靠。（　）

（8）学校、医院等国家拨款的事业单位，会计核算应当采用收付实现制。（　）

（9）企业可以根据实际需要，选择会计确认、计量和报告的基础，即既可以选择权责发生制，也可以采用收付实现制。（　）

（10）会计分期是一种人为的划分，目的是按期结算盈亏，及时向有关各方提供决策有用的会计信息。（　）

3.2 选择（下列答案中有一项或多项是正确的，将正确答案前的英文字母填入括号内。）

（1）会计核算的基本前提包括（　）。

A. 持续经营　　B. 货币计量　　C. 会计主体　　D. 会计分期

（2）要求企业提供的会计信息应当做到记录准确、清晰明了，这是（　）。

A. 重要性　　B. 可比性　　C. 谨慎性　　D. 可理解性

（3）企业将融资租入固定资产视为自有固定资产，应当予以确认并计提折旧。这体现了（　　）。

A. 重要性　　B. 可比性

C. 实质重于形式　　D. 权责发生制

（4）将会计主体的交易或事项与会计主体所有者的交易或事项以及其他会计主体的交易或事项区分开来的会计基本假设是（　　）。

A. 会计主体　　B. 持续经营　　C. 会计分期　　D. 货币计量

（5）会计年度是相对于会计中期而言的，会计中期包括（　　）。

A. 半年度　　B. 季度　　C. 月度　　D. 旬度

（6）非营利组织的会计核算，通常采用（　　）。

A. 权责发生制　　B. 收付实现制

C. 部分业务采用收付实现制　　D. 本单位自主选择

（7）企业会计分期的前提是（　　）。

A. 持续经营　　B. 货币计量　　C. 谨慎性　　D. 实质重于形式

（8）下列项目中，体现了会计信息质量要求的谨慎性的有（　　）。

A. 应收款项计提坏账准备　　B. 固定资产按加速折旧法计提折旧

C. 计提存货跌价准备　　D. 低值易耗品采用分次摊销法摊销

（9）下列各项中，可以作为一个会计主体的有（　　）。

A. 母公司　　B. 子公司　　C. 合伙制企业　　D. 企业集团

（10）企业按合同约定向购货方预收的款项，在实际收到时作为负债核算而不得确认为当期收入，这体现了（　　）。

A. 权责发生制　　B. 收付实现制　　C. 重要性　　D. 谨慎性

【重要名词】

企业　会计　会计准则　会计要素　资产　负债　所有者权益　收入　费用　利润　会计核算　会计监督　会计确认　会计计量　会计记录　会计报告　会计主体　持续经营　会计分期　货币计量　权责发生制　收付实现制

【阅读篇目】

[1]《中华人民共和国会计法》

[2]《会计从业资格管理办法》

[3]《企业会计准则——基本准则（2006）》

[4]《小企业会计制度》

[5]《会计基础工作规范》

项目二

会计账户的设置与复式记账法的应用

学习目标

- 理解会计科目和账户的意义和作用
- 理解复式记账法、会计分录、试算平衡的意义和作用
- 认知会计账户类别、级次和一般结构
- 理解会计要素、科目和账户之间的相互关系
- 理解借贷记账法的记账规定和规则
- 能根据经济业务设置会计科目和账户
- 能运用借贷记账法进行简易的会计记录

项目导航

会计主体在经济活动中要发生大量的经济业务，在会计工作中，这些分散的、原始的经济业务是通过会计账户来进行分类记录和加工处理，最终形成决策和管理所需要的会计信息的。会计账户在会计信息形成过程中居于中心地位，具有十分重要的作用，好比工业企业生产产品的“生产车间”和储存产成品的“仓库”，设置会计账户就好比建造“生产车间”和“仓库”。而为了使经济业务在会计账户中得到科学的记载和反映，还需要采用复式记账的方法，将经济业务中的金额等数量信息“输送”（记入）到相应账户的适当方位。运用复式记账法就好比工业企业运用适当的运输工具、按照确定的路线将原材料运送到生产车间里的适当位置或将产成品运送到仓库里的适当位置。设置会计账户和复式记账都是会计核算的基本方法。

前已述及，会计核算基本的常规工作任务和程序是审核原始凭证、填制记账凭证、登记会计账簿、编制财务会计报告。本项目的学习内容与常规会计工作的关系是：会计账户是构成会计账簿的个体单元，若干会计账户按照一定的规则组合起来就构成了会计账簿，设置会计账户是登记会计账簿的前提条件。填制记账凭证的主要工作是编制会计分录，指明经济业务应记入的会计账户、在账户中应记的方位及金额，这就需要运用复式记账法。复式记账法既决定着会计账户的基本结构，又要在填制记账凭证时予以运用。所以，本项目的学习既是为就业后执行会计核算的常规工作任务培养专业能力，也是为后续项目的学习打基础。

本项目主要是引导学生认识会计账户和复式记账法，掌握设置和应用会计账户、运用借贷记账法对经济业务进行简易会计记录等两项任务的工作步骤与方法，为后续项目的学习和执行会计核算的常规工作任务奠定基础。

学习时，要注意理解会计账户与会计科目之间的关系，体会会计账户、会计科目、会计要素、会计工作对象之间以及会计账户与会计账簿之间的联系；体会借贷记账法与会计账户基本结构之间的关系，以及借贷记账法在会计核算常规工作中的基础性作用。

任务1　会计账户的设置

1. 任务描述

会计主体根据经济业务的内容和管理与决策的要求，对会计要素进行总括分类，设置总分类科目；在进行总分类的基础上，对包含经济内容比较多、经营管理上又需要掌握更加详细具体情况的总分类科目进行再分类，设置明细分类科目；然后，根据总分类科目和明细分类科目设置总分类账户和明细分类账户，建立纵横结合的账户体系，为全面系统地记录所发生的经济业务的总括情况和详细具体情况提供既总括又详细的会计信息做准备。概括地说，会计账户的设置包括两个环节的工作，即：首先，对会计要素进行分类设置会计科目；其次，根据会计科目设置会计账户。

2. 综合知识

2.1 什么是会计账户

会计账户是依据会计科目设置的、具有特定结构和格式、用来分类地、连续系统地记录会计要素金额的增减变化情况及其结果的一种专门工具。

会计账户的设置依据是会计科目，一个会计科目设置一个会计账户。例如，要连续地记录和反映库存原材料的增减变化及其结存情况，就需要设置“原材料”账户。会计账户的主要作用是用来分类地、连续系统地记录会计要素金额的增减变化和结果，加工处理和储存会计信息。会计报告的经济信息主要是由会计账户加工形成的会计信息。

提示 会计账户简称账户。设置会计账户是会计核算的一种专门方法，在经济管理工作中，通过设置会计账户来分类地、连续系统地记录经济业务的发生情况和结果，为管理和决策提供经济信息，是会计管理区别于其他经济管理的一个显著特点。

2.2 会计账户的名称——会计科目

2.2.1 什么是会计科目

每一个会计账户都有一个名称，用以确定会计账户所记录的经济业务内容的范围。会计账户的名称是会计科目，一个具体的会计账户的名称是一个具体的会计科目。例如，前面说道，要连续地记录和反映库存原材料的增减变化及其结存情况，就需要设置“原材料”账户，在这里，“原材料”就是一个会计科目，是“原材料”账户的名称，它确定“原材料”账户所记录内容的范围。

会计科目是对会计要素进行分类所形成的项目。

提示 会计科目简称科目。设置会计科目是为了据以设置会计账户，以便分类核算会计要素，提供会计信息。

会计要素及其金额的增、减变化和结果是会计工作的具体对象，每一个会计要素都包含着许多内容，为了在会计账户中分类反映这些内容，为经济管理和决策提供有用的会计信息，就需要对会计要素进行分类。根据会计要素各项内容的标志和特点及管理和决策的要求，对会计要素进行分类，可以分成若干的具体项目，每一个项目赋予一个简洁的名字并在会计制度中固定下来，作为设置会计账户的依据，用以确定会计账户所登记内容的范围，这就是会计科目。对会计要素进行分类并确定会计科目的过程，叫做设置会计科目。例如，企业的资产要素包括很多具体内容，其中的货币资产是企业随时可以用于支付的现实货币，有一部分以现钞的形式存放在企业内部由出纳人员经管，有一部分存放在银行由其代管，为了在会计账户中分别反映这两类货币资产的增减变化及其结果，对前者设置了“库存现金”科目，对后者设置了“银行存款”科目，分别作为设置“库存现金”账户和“银行存款”账户的依据。

工业企业需设置的基本会计科目如表 2－1 所示。

表2-1 工业企业基本会计科目

编号	名称	编号	名称
	一、资产类	2101	交易性金融负债
1001	库存现金	2201	应付票据
1002	银行存款	2202	应付账款
1012	其他货币资金	2203	预收账款
1101	交易性金融资产	2211	应付职工薪酬
1121	应收票据	2221	应交税费
1122	应收账款	2231	应付利息
1123	预付账款	2232	应付股利
1131	应收股利	2241	其他应付款
1132	应收利息	2501	长期借款
1221	其他应收款	2502	应付债券
1231	坏账准备	2701	长期应付款
1401	材料采购		三、所有者权益类
1402	在途物资	4001	实收资本
1403	原材料	4002	资本公积
1405	库存商品	4101	盈余公积
1406	发出商品	4103	本年利润
1411	周转材料	4104	利润分配
1471	存货跌价准备		四、成本类
1501	持有至到期投资	5001	生产成本
1502	持有至到期投资减值准备	5101	制造费用
1503	可供出售金融资产		五、损益类
1511	长期股权投资	6001	主营业务收入
1512	长期股权投资减值准备	6051	其他业务收入
1601	固定资产	6111	投资收益
1602	累计折旧	6301	营业外收入
1603	固定资产减值准备	6401	主营业务成本
1606	固定资产清理	6402	其他业务成本
1701	无形资产	6403	营业税金及附加
1702	累计摊销	6601	销售费用
1703	无形资产减值准备	6602	管理费用
1801	长期待摊费用	6603	财务费用
1901	待处理财产损溢	6701	资产减值损失
	二、负债	6711	营业外支出
2001	短期借款	6801	所得税费用

提示 表2－1的会计科目及其编号摘编自《企业会计准则——应用指南（2006）》附录（会计科目和主要账务处理），是工业企业核算基本经济业务所需设置的会计科目而非全部，供初学会计者掌握使用。在实际工作中，一个单位所设置的会计科目要覆盖本单位的全部经济业务内容，既不能重叠也不能遗漏。此外，不同类型的会计主体，因为经济业务内容上的不同，所需设置的会计科目存在着较大的差别。在企业会计中，突出的差别表现在一般企业（非金融类企业）与金融类企业之间设置的会计科目有很大的不同。

2.2.2 会计科目的类别

会计科目按照不同的分类标志可以划分为不同的类别。现行企业会计准则主要是以会计要素为基础并结合其功能和作用来进行会计科目分类的。按照会计科目所属的会计要素及其功能作用，工业企业的会计科目分为资产类科目、负债类科目、所有者权益类科目、成本类科目和损益类科目五类（参见表2－1）。

请注意 损益类科目由构成利润或亏损的收入要素所属科目、费用要素所属科目、直接计入当期利润的利得和损失的核算科目合并而成；成本类科目是工业企业为核算处于生产过程中的产品的生产成本而设置的会计科目，其实质属于资产要素，但鉴于工业企业产品生产成本核算和管理的特殊性与重要性，将其单独作为一类；因为现行企业会计准则的利润要素是以所得税后的净利润来定义的，净利润归投资者所有，所以，核算利润及其分配情况的“本年利润”和“利润分配”科目归入所有者权益类科目中。

2.2.3 会计科目的级次

会计科目按照对会计要素分类的详略程度不同，分为总分类科目和明细分类科目，由此形成了会计科目的级次。总分类科目，也叫总账科目或一级科目，是对会计要素进行总括分类所形成的会计科目。表2－1列示的会计科目都是总分类科目。明细分类科目，简称明细科目，是对总分类科目进行再分类所形成的会计科目。总分类科目用以反映总括情况，对所属的明细分类科目起统驭和控制作用；明细分类科目用以反映详细情况，对其所从属的总分类科目起补充和详细说明作用。

所有单位都必须根据经济业务内容设置必要的总分类科目，至于一个具体的总分类科目下是否设置和怎样设置明细科目，则应根据管理和决策上对会计信息详细程度的需要而定。有些总分类科目不用设置明细科目，如“累计折旧”等；有些总分类科目下只需设置一个级次的明细科目，如“应收账款”、“应付账款”等用于核算往来款项的总分类科目，可只按对方单位名称或者个人姓名设置一个级次的明细科目；有些总分类科目下需设置多个级次的明细科目，如“原材料”总分类科目下，除了需要按照原材料的品名、规格设置最基本的明细科目外，往往还需要在总分类科目与品名、规格明细科目之间按“原料及主要材料”、“辅助材料”、“燃料”等材料类别设置明细分类科目，在这种情况下，明细科目就有二级、三级乃至更多级次之分。二级明细科目是对总分类（一级）科目进行的再分类，三级明细科目是对二级明细科目进行的再分类，依次类推。一般而言，核算财产物资的总分类科目下需要设置多个级次的明细科目。

2.2.4 我国企业会计科目的设置方式

我国企业会计核算所使用的会计科目是采取统一性与灵活性相结合的方式进行设置的。其中，总分类科目和一些重要的明细分类科目由财政部在企业会计准则中进行统一的指导性规定，由企业根据本单位的实际情况选用设置，企业在不违反会计准则中确认、计量和报告规定的前提下，可以对统一规定的会计科目进行增设、分拆和合并；对于会计科目编号及没有作统一规定的明细分类科目，企业可以根据实际情况自行确定和设置。

2.3 会计账户的类别和级次

会计账户是依据会计科目设置的，会计科目是会计账户的名称，会计账户是会计科目在会计核算中的进一步运用，所以，会计账户的类别和级次是由会计科目的类别和级次所决定的。与会计科目的类别相一致，会计账户的类别分为资产类账户、负债类账户、所有者权益类账户、成本类账户和损益类账户五类，分别依据资产类科目、负债类科目、所有者权益类科目、成本类科目和损益类科目设置。与会计科目的级次相一致，会计账户的级次分为总分类账户和明细分类账户，分别依据总分类科目和明细分类科目设置，各级次科目之间的相互关系和作用决定着各级次账户之间的相互关系和作用。

2.4 会计账户的结构

会计账户是用来记录会计要素及其金额的增减变化和结果的，包括经济业务的发生时间、内容、涉及的会计要素项目、金额和实物数量等，相应地，会计账户也就划分为若干不同的部分，用以分别记录这些内容。账户的结构就是指构成会计账户的各个组成部分。总分类账户的结构代表了账户的一般结构，在借贷记账法下，总分类账户的结构如表 2-2 所示。

表 2-2 **总分类账**

账户名称（会计科目）

年		记账凭证号数	摘要	借方												贷方												借或贷	余额											
月	日			十	亿	千	百	十	万	千	百	十	元	角	分	十	亿	千	百	十	万	千	百	十	元	角	分		十	亿	千	百	十	万	千	百	十	元	角	分

账户结构中，“账户名称”为一个具体的会计科目，在表 2-2 中，如果我们将会计科目确定为“库存现金”，则该账户即为“库存现金”账户，用来连续地登记库存现金的增减变化和结果；会计账户是根据记账凭证进行登记的，“年月日”和“记账凭证号数”用来登

记记账凭证的填制时间和编号；“摘要”用来登记经济业务的简要内容；“借方”和“贷方”分别用来登记该会计科目的增加金额和减少金额，“余额”用来登记该会计科目的结余金额，“借或贷”用来明确余额的借贷方向。“借方”和“贷方”哪方登记增加金额、哪方登记减少金额，余额怎样计算及余额的借贷方向如何确定，是由账户的类别所决定的，将在后面的借贷记账法中进行学习。

会计账户主要是记录、加工、储存和提供金额信息的，因此，人们把账户名称和登记金额的部位称为账户的基本结构。在借贷记账法下，账户的基本结构是指账户名称、借方、贷方和余额四个部分。

提示 在教学等非实际会计工作领域，为了方便，通常将账户的基本结构简化为“丁”字账户或称“T”形账户。在借贷记账法下，账户基本结构中左方为“借方”右方为“贷方”是固定不变的，故“借方”和“贷方”在“丁”字账户中可不作标注。“丁”字账户的一般式样如下：

（会计科目）

动脑动手 经济活动、会计要素、会计科目、会计账户之间是什么样的关系？在实际工作中，会计科目与会计账户的称谓往往混用，你对此有何看法？理由是什么？

3. 任务设计——根据经济业务设置会计账户

【例 2－1】 某企业 20××年×月×日发生了下列经济业务：

（1）从银行存款中提取现金 2 000 元备用。

（2）收到红光公司偿还的前欠货款 50 000 元存入银行。

（3）以银行存款从金川公司购进甲材料 40 000 元，材料尚未到达。

（4）从川兴公司购进甲材料 60 000 元，材料已经验收入库，货款暂欠。

（5）向民生公司销售商品 100 000 元，货款暂未收到。

要求：根据上述经济业务设置总分类账户和明细分类账户。

⟹工作过程

业务（1）

步骤 1： 分析判断经济业务所涉及的会计要素及其项目，确定应当设置的会计科目。

该笔经济业务引起了企业存放在银行的货币资产减少，由本企业出纳人员经管的货币资产增加，涉及资产要素的银行存款和库存现金两个项目，应设置“银行存款”和“库存现金”两个总分类科目。

步骤 2： 根据会计科目设置会计账户。

应根据会计科目设置“银行存款”和“库存现金”两个总分类户。

业务（2）

步骤1：分析判断经济业务所涉及的会计要素及其项目，确定应当设置的会计科目。

该笔经济业务引起了企业存放在银行的货币资产增加，应收红光公司的货款减少，涉及资产要素的银行存款和应收账款两个项目，应设置“银行存款”、“应收账款”两个总分类科目和“应收账款——红光公司”明细分类科目。

步骤2：根据会计科目设置会计账户。

应根据会计科目设置“银行存款”和“应收账款”两个总分类户，并在“应收账款”总分类账户下设置“红光公司”明细分类账户。

业务（3）

步骤1：分析判断经济业务所涉及的会计要素及其项目，确定应当设置的会计科目。

该笔经济业务引起了企业存放在银行的货币资产减少，尚在运输途中的材料物资增加，涉及资产要素的银行存款和在途物资两个项目，应设置“银行存款”、“在途物资”两个总分类科目和“在途物资——甲材料”明细分类科目。

步骤2：根据会计科目设置会计账户。

应根据会计科目设置“银行存款”和“在途物资”两个总分类户，并在“在途物资”总分类账户下设置“甲材料”明细分类账户。

业务（4）

步骤1：分析判断经济业务所涉及的会计要素及其项目，确定应当设置的会计科目。

该笔经济业务引起了企业库存甲材料增加和未付川兴公司的货款增加，涉及资产要素的原材料项目和负债要素的应付账款项目，应设置“原材料”和“应付账款”两个总分类科目，并设置“原材料——甲材料”和“应付账款——川兴公司”两个明细分类科目。

步骤2：根据会计科目设置会计账户。

应根据会计科目设置“原材料”和“应付账款”两个总分类账户，并在“原材料”总分类账户下设置“甲材料”明细分类账户、在“应付账款”总分类账户下设置“川兴公司”明细分类账户。

业务（5）

步骤1：分析判断经济业务所涉及的会计要素及其项目，确定应当设置的会计科目。

该笔经济业务引起了企业应收民生公司的货款增加和商品销售收入增加，涉及资产要素的应收账款项目和收入要素的主营业务收入项目，应设置“应收账款”、“主营业务收入”两个总分类科目和“应收账款——民生公司”明细分类科目。

步骤2：根据会计科目设置会计账户。

应根据会计科目设置“应收账款”和“主营业务收入”两个总分类账户，并在“应收账款”总分类账户下设置“民生公司”明细分类账户。

概括起来，为了记录上述五笔经济业务，该企业设置的会计账户如下：

总分类账户7个：库存现金、银行存款、应收账款、在途物资、原材料、应付账款和主营业务收入。

明细分类账户5个，其中：

“应收账款”总分类账户下2个：红光公司和民生公司；

“在途物资”总分类账户下1个：甲材料；

“原材料”总分类账户下1个：甲材料；

“应付账款”总分类账户下1个：川兴公司。

提示 根据经济业务设置会计账户的工作过程主要是通过大脑的思维活动进行和完成的，只有结果是显形的。在实际工作中，设置会计账户的工作主要运用于新建单位建账及已建账单位增设会计账户，而大量的是迁移性地运用于所有单位日常会计核算工作中填制记账凭证环节编制会计分录时确定会计要素的增、减金额应记入账户的名称。

动脑动手 判别下列会计账户的类别：银行存款、应收票据、预收账款、实收资本、预付账款、主营业务成本、财务费用、短期借款、主营业务收入、制造费用。

4. 职业能力训练

4.1 判断（正确的在括号里打“√”，错误的打“×”。）

（1）企业发生的经济业务是通过会计科目来进行分类记录和加工处理，最终形成决策和管理所需要的会计信息的。（ ）

（2）会计科目决定着会计账户的类别、级次及其所记录内容的范围。（ ）

（3）企业必须严格按照会计准则中统一规定的会计科目来设置本单位的会计科目。（ ）

（4）账户的借方登记增加金额，贷方登记减少金额。（ ）

（5）一个单位所设置的会计科目要覆盖本单位的全部经济业务内容，既不能重叠也不能遗漏。（ ）

4.2 选择（下列答案中有一项或多项是正确的，将正确答案前的英文字母填入括号内。）

（1）工业企业的会计科目可划分为（ ）。

A. 资产类、负债类、所有者权益类、收入类、费用类

B. 资产类、负债类、所有者权益类、费用类、利润类

C. 资产类、负债类、所有者权益类、成本类、收入类

D. 资产类、负债类、所有者权益类、成本类、损益类

（2）下列各组科目，一组都是同类科目的是（ ）。

A. 应收账款、预付账款、在途物资、固定资产

B. 短期借款、应交税费、预收账款、应付票据

C. 生产成本、制造费用、主营业务成本、实收资本

D. 主营业务收入、管理费用、所得税费用、销售费用

（3）下列科目属于工业企业成本类科目的是（ ）。

A. 生产成本、制造费用　　B. 生产成本、主营业务成本

C. 生产成本、管理费用　　D. 主营业务成本、制造费用

（4）下列表述正确的是（ ）。

A. 会计账户是根据科目设置的，会计科目是账户的名称
B. 总分类账户对其下设的明细账户起着统驭和控制作用
C. 明细账户对其所从属的总分类账户起着补充说明作用
D. 根据需要，一个总分类账户可设置多个级次的明细账户

（5）一般地说，下列总分类账户可设置多级次明细账户的是（　　）。
A. 原材料、库存商品、周转材料、固定资产
B. 库存现金、应收账款、应付票据、短期借款
C. 预收账款、应交税费、财务费用、盈余公积
D. 实收资本、应付账款、销售费用、本年利润

4.3 学习情境实训

【实训目的】培养根据经济业务设置会计账户的能力。

【情境资料】宏达公司20××年×月发生了下列经济业务：

（1）将出纳人员经管的多余现金10 000元送存银行。

（2）以银行存款缴纳上月未交所得税款23 000元。

（3）上月支付货款当时没有到达的30 000元A材料现在到达，仓库如数验收入库。

（4）从银行取得偿还期为1年的借款100 000元，银行已经划入公司存款账户。

（5）收到投资人的投资款50 000元存入银行。

（6）以银行存款支付上月欠华兴公司的购料款45 000元。

【实训要求】根据上述经济业务确定应设置的总分类账户和明细分类账户。根据教学安排，可在课堂上进行也可在课外进行，可分组进行也可个体进行。要列出工作步骤和内容，完成后，教师安排适当规模的学生在课堂上汇报实训成果，并进行点评。

任务2 复式记账法的应用

1. 任务描述

会计主体按照会计准则的规定选择借贷记账法作为记账方法；借贷记账法将账户中记录会计要素项目增加金额和减少金额的部位确定为“借方”和“贷方”，并根据账户的类别规定“借方”和“贷方”所登记的内容和余额的计算方法；经济业务发生后，运用借贷记账法编制会计分录，根据会计分录登记会计账户，期末进行结账和试算平衡。

2. 综合知识

2.1 复式记账法

复式记账法是指对发生的每一项经济业务，都以相等的金额，在相互联系的两个或两个以上的账户中进行记录的记账方法。

提示　记账方法是将会计要素项目的增加金额和减少金额记入账户的方法。

按照现代会计理论与实务，一笔经济业务发生，必然引起两个或两个以上的会计要

素项目的金额同时发生相互关联的增减变化，为了完整地反映经济活动情况，就需要采用复式记账的方法，对会计要素项目金额的增减变化，在相互联系的两个或两个以上的会计账户中同时进行记录。例如，“以库存现金支付管理费用 2 000 元”的经济业务，使企业的库存现金减少了 2 000 元、管理费用增加了 2 000 元，对这项经济业务进行会计记录时，一方面要在“库存现金”账户中记录减少 2 000 元，另一方面，要在“管理费用”账户中记录增加 2 000 元。采用复式记账法记账，能够如实地反映经济活动全貌和来龙去脉，能够在账户体系中体现会计要素金额之间的平衡关系，对保证会计记录的真实性和正确性具有重要作用。

复式记账法按照记账符号的不同，有借贷记账法、增减记账法和收付记账法等具体的记账方法。借贷记账法是当今世界各国普遍采用的一种复式记账方法。增减记账法和收付记账法是我国在 20 世纪 90 年代以前曾经采用过的复式记账方法，从 90 年代起，我国已经统一采用借贷记账法。

知识与能力拓展

复式记账法是针对历史上的单式记账法而言的。所谓单式记账法，是指对发生的经济业务只在一个账户中进行记录的记账方法。例如，对“以库存现金支付管理费用 2 000 元”的经济业务，采用单式记账法记账，就只在“库存现金”账户中记录减少 2 000 元，对管理费用则不设置账户也不进行记录。单式记账法是古代会计所采用的记账方法，由于其存在严重缺陷，不能适应现代经济管理的需要，已经被复式记账法所取代。事实上，复式记账法是在单式记账法的基础上逐步发展完善起来的。

2.2 借贷记账法

2.2.1 什么是借贷记账法

借贷记账法是以“借”和“贷”作为记账符号的一种复式记账方法。

请注意 “借”、“贷”是纯粹的记账符号，不具有借贷的字面含义。借贷记账法起源于 13 世纪的意大利，“借”、“贷”二字最初与借贷资本家的借贷业务直接相关，“借”表示借出，即债权的增加，“贷”表示贷入，即债务的增加。后来，随着经济的发展和借贷记账法的广泛应用与完善，“借”、“贷”二字逐渐失去了原来的含义，演变成了纯粹的记账符号。

2.2.2 借贷记账法下账户的基本结构

记账方法决定着账户的基本结构。在借贷记账法下，账户中登记增减发生额的部位分为左、右两方，左方为“借方”，右方为“贷方”。“借方”和“贷方”，哪方登记增加金额，哪方登记减少金额，是由账户的类别所决定的。借贷记账法规定：资产类账户、成本类账户和损益类中的费用性账户，借方登记增加金额，贷方登记减少金额；负债类账户、所有者权益类账户和损益类中的收入性账户，借方登记减少金额，贷方登记增加金额。

采用借贷记账法记账，资产类账户、成本类账户和损益类中的费用性账户的余额一般为借方余额，负债类账户、所有者权益类账户和损益类中的收入性账户的余额一般为贷方余额。

上述借贷记账法下的账户基本结构可用“丁”字账户表示如下：

资产（成本、费用）类账户	
期初余额 增加金额	减少金额
期末余额	

负债（所有者权益、收入）类账户	
减少金额	期初余额 增加金额
	期末余额

在借贷记账法下，账户借方登记的本期增加金额或减少金额的合计数称为“本期借方发生额”，账户贷方登记的本期增加金额或减少金额的合计数称为“本期贷方发生额”。期末，资产（成本、费用）类账户的期末余额按下列方法计算：

期末（借方）余额 = 期初（借方）余额 + 本期借方发生额 − 本期贷方发生额

负债（所有者权益、收入）类账户的期末余额按下列方法计算：

期末（贷方）余额 = 期初（贷方）余额 + 本期贷方发生额 − 本期借方发生额

提示 上述账户余额计算方法的基础公式是“期初结余数额 + 本期增加数额 − 本期减少数额 = 期末结余数额”。采用借贷记账法记账，这个基础公式就转化成为上述两个计算账户余额的公式。这个基础公式不但运用于会计管理工作中，而且在人们的日常生活中也得到广泛的应用。

请注意 因为在期末时，全部损益类账户的本期发生额都要结转“本年利润”账户，结转后无余额，所以，对收入和费用账户，运用上列公式计算的是结转前的余额。

2.3 借贷记账法的记账规则

采用借贷记账法在账户中记录会计要素项目金额的增减变化，对发生的每一笔经济业务，都必然是在一个或几个账户中记借方，在另一个或几个账户中记贷方，而且记入借方和记入贷方的金额相等。人们把这个规律性现象概括为“有借必有贷、借贷必相等”，并作为借贷记账法的记账规则。这种关系如图 2－1 所示。

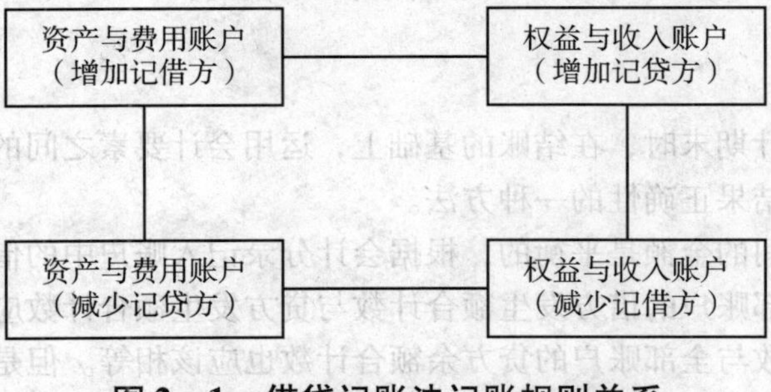

图 2－1 借贷记账法记账规则关系

提示 因为对每一笔经济业务都是按照记账规则的要求记入账户的，所以，期末可以运用记账规则来检验全部账户所记录金额的正确性。

2.4 账户对应关系

采用借贷记账法记录经济业务时，相关账户之间形成了应借应贷的相互关系，这种关系就是账户对应关系，具有对应关系的账户叫做对应账户。

提示 账户对应关系对于审查会计记录的真实性和正确性具有重要作用。

2.5 会计分录

会计分录是经济业务发生后，在登记账户之前，指明经济业务应记入的账户、方向和金额的一种分类记录。会计分录的主要作用是确定发生的经济业务应在哪些账户进行登记、应在借方登记还是在贷方登记、应登记多少金额等事项，主要目的是方便记账和保证记账的正确性。

在实际工作中，会计分录是填制在记账凭证上作为记账依据的，编制会计分录是填制记账凭证的核心工作事项。在教学等其他非实际会计工作领域，会计分录的一般书写方式如下：

借：（××会计科目）　　　　　　　　　　　　（金额）

　　贷：（××会计科目）　　　　　　　　　　　　（金额）

提示 会计分录简称分录。按照编制一笔会计分录中所使用的会计科目的多少，会计分录可分为简单分录和复杂分录。用两个会计科目编制而成的会计分录称为简单分录，用三个及三个以上的会计科目编制而成的会计分录称为复杂分录。复杂分录也叫复合分录。一笔经济业务是编制简单分录还是复杂分录，视经济业务本身的繁简情况而定，不能人为地将多笔简单分录合并为一笔复杂分录，也不能人为地将一笔复杂分录分拆成多笔简单分录。

2.6 结账

结账是指一定会计期间内所发生的全部经济业务都记入账户以后，于会计期末对账户记录的金额进行的结算。结账的主要工作内容包括计算本期借方发生额、本期贷方发生额和期末余额。为了定期总结账户记录，为编制财务会计报告提供资料，期末必须进行结账。在“丁”字账户中进行结账时，为了将期末加计的本期发生额的合计金额与平时登记的金额加以明显的区分，应在本期发生额的上、下方各划一条横线。

2.7 试算平衡

试算平衡是指会计期末时，在结账的基础上，运用会计要素之间的金额平衡关系及记账规则来检验账务处理结果正确性的一种方法。

因为会计要素之间的金额是平衡的，根据会计分录记入账户中的借方金额和贷方金额也是平衡的，所以，全部账户的借方发生额合计数与贷方发生额合计数应该相等，而且，全部账户的借方余额合计数与全部账户的贷方余额合计数也应该相等。但是，如果在记账过程中发生了影响平衡关系的差错，账户记录中应该相等的金额就会不相等。因此，每个会计期末，为了保证账户记录正确无误，都要进行全部总分类账户的试算平衡，检验账务处理的正确性。

全部总分类账户的试算平衡包括发生额试算平衡和余额试算平衡。发生额试算平衡公式如下：

全部账户本期借方发生额合计＝全部账户本期贷方发生额合计

余额试算平衡公式如下：

全部账户期初借方余额合计＝全部账户期初贷方余额合计

全部账户期末借方余额合计＝全部账户期末贷方余额合计

在实际工作中，全部总分类账户的试算平衡通常通过编制“全部总分类账户发生额及余额试算平衡表”（见表2－4）来进行。

提示 对全部总分类账户进行试算平衡是期末对账工作的一项重要内容。期末对账除了进行全部总分类账户的试算平衡外，还包括总分类账户记录与明细分类账户记录之间的核对等多项核对内容，本教材将在后续项目中讲述。

请注意 试算平衡只能检查影响会计要素之间平衡关系的错误，而对于不影响会计要素之间平衡关系的错误，如重记或漏记一项经济业务、记反一项经济业务的借贷方向、记错会计账户、多项差错金额恰好相互抵销等，则需要采用其他对账方法来进行检查。

3. 任务设计——运用借贷记账法进行简易会计记录

【例2－2】某企业20××年8月31日全部账户的余额如表2－3所示。

表2－3　　某企业20××年8月31日全部账户的余额　　金额单位：元

账户名称	借方余额	账户名称	贷方余额
库存现金	2 000	短期借款	50 000
银行存款	80 000	应付账款	42 000
应收账款	25 000	应交税费	15 000
库存商品	50 000	实收资本	320 000
原材料	70 000		
固定资产	200 000		
合计	427 000	合计	427 000

该企业9月份共发生了下列经济业务：

（1）以银行存款支付上月未交税费款15 000元。

（2）从银行提取现金4 000元。

（3）收回某企业前欠货款10 000元存入银行。

（4）以银行存款支付前欠某企业货款18 000元。

（5）购进原材料 26 000 元，材料已入库，货款未付。

（6）员工出差借支差旅费款 2 000 元，出纳员以现金支付。

（7）销售商品取得收入 50 000 元，货款存入银行。

（8）结转已销商品成本 30 000 元。

要求：根据上述经济业务编制会计分录，根据期初余额和会计分录登记“丁”字账户、进行结账和试算平衡。

⟹工作过程

步骤 1： 根据经济业务编制会计分录。

业务（1）：这是一项引起资产和负债同时减少的经济业务，使企业的应交税费减少了 15 000 元，应记入“应交税费”账户的借方；同时，银行存款减少了 15 000 元，应记入“银行存款”账户的贷方。会计分录如下：

借：应交税费　　15 000
　　贷：银行存款　　15 000

业务（2）：这是一项引起资产有增有减的经济业务，使企业的库存现金增加了 4 000 元，应记入“库存现金”账户的借方；同时，银行存款减少了 4 000 元，应记入“银行存款”账户的贷方。会计分录如下：

借：库存现金　　4 000
　　贷：银行存款　　4 000

业务（3）：这是一项引起资产有增有减的经济业务，使企业的银行存款增加了 10 000 元，应记入“银行存款”账户的借方；同时，应收账款减少了 10 000 元，应记入“应收账款”账户的贷方。会计分录如下：

借：银行存款　　10 000
　　贷：应收账款　　10 000

业务（4）：这是一项引起资产和负债同时减少的经济业务，使企业的应付账款减少了 18 000 元，应记入“应付账款”账户的借方；同时，银行存款减少了 18 000 元，应记入“银行存款”账户的贷方。会计分录如下：

借：应付账款　　18 000
　　贷：银行存款　　18 000

业务（5）：这是一项引起资产和负债同时增加的经济业务，使企业的库存原材料增加了 26 000 元，应记入“原材料”账户的借方；同时，应付账款增加了 26 000 元，应记入“应付账款”账户的贷方。会计分录如下：

借：原材料　　26 000
　　贷：应付账款　　26 000

业务（6）：这是一项引起资产有增有减的经济业务，使企业的其他应收款增加了 2 000 元，应记入“其他应收款”账户的借方；同时，库存现金减少了 2 000 元，应记入“库存现金”账户的贷方。会计分录如下：

借：其他应收款　　2 000
　　贷：库存现金　　2 000

业务（7）：这是一项引起资产和收入同时增加的经济业务，使企业的银行存款增加了50 000元，应记入“银行存款”账户的借方；同时，商品销售收入增加了50 000元，应记入“主营业务收入”账户的贷方。会计分录如下：

借：银行存款　　50 000

　　贷：主营业务收入　　50 000

业务（8）：这是一项引起费用增加资产减少的经济业务，使企业的商品销售成本增加了30 000元，应记入“主营业务成本”账户的借方；同时，库存商品减少了30 000元，应记入“库存商品”账户的贷方。会计分录如下：

借：主营业务成本　　30 000

　　贷：库存商品　　30 000

步骤2：根据月初余额和会计分录登记“丁”字账户（注：“丁”字账户中虚线以下的内容为第三步骤结账的操作，为节约篇幅，这里将两个步骤的工作加以合并展示）。

步骤3：结账。第一，在账户中最后一笔记录下方划一条横线；第二，分别加计借方发生额、贷方发生额并分别记入横线下的借方和贷方；第三，在登记“发生额”的下方再划一条横线；第四，计算期末余额并记入横线下的借方或贷方。本例结账结果见“丁”字账户中虚线以下的内容。

库存现金

期初余额：	2 000		
（2）	4 000	（6）	2 000
发生额：	4 000	发生额：	2 000
期末余额：	4 000		

银行存款

期初余额：	80 000		
（3）	10 000	（1）	15 000
（7）	50 000	（2）	4 000
		（3）	18 000
发生额：	60 000	发生额：	37 000
期末余额：	103 000		

应收账款

期初余额：	25 000		
		（3）	10 000
		发生额：	10 000
期末余额：	15 000		

其他应收款

（6）	2 000		
发生额：	2 000		
期末余额：	2 000		

库存商品

期初余额：	50 000		
		（8）	30 000
		发生额：	30 000
期末余额：	20 000		

原材料

期初余额：	70 000		
（5）	26 000		
发生额：	26 000		
期末余额：	96 000		

固定资产

期初余额：	200 000		
期末余额：	200 000		

主营业务成本

（8）	30 000		
发生额：	30 000		
期末余额：	30 000		

短期借款

借方	贷方
	期初余额：50 000
	期末余额：50 000

应付账款

借方	贷方
	期初余额：42 000
（4） 18 000	（5） 26 000
发生额： 18 000	发生额： 26 000
	期末余额： 50 000

应交税费

借方	贷方
	期初余额：15 000
（1） 15 000	
发生额： 15 000	
	期末余额： 0

实收资本

借方	贷方
	期初余额：320 000
	期末余额：320 000

主营业务收入

借方	贷方
	（7） 50 000
	发生额： 50 000
	期末余额： 50 000

请注意 在“丁”字账户中登记期末余额时一定要注意其方位，借方余额要登记在借方，贷方余额要登记在贷方。

提示 结账时在账户中划的横线叫做结账线，在真实账户中结账是划红线，这里以虚线表示。

步骤4：根据账户记录编制试算平衡表。

根据全部总分类账户本期发生额及余额，编制“全部总分类账户发生额及余额试算平衡表”如表2-4所示。

表2-4　全部总分类账户发生额及余额试算平衡表

20××年9月30日　　金额单位：元

账户名称	期初余额		本期发生额		期末余额	
	借　方	贷　方	借　方	贷　方	借　方	贷　方
库存现金	2 000		4 000	2 000	4 000	
银行存款	80 000		60 000	37 000	103 000	
应收账款	25 000			10 000	15 000	
其他应收款			2 000		2 000	
库存商品	50 000			30 000	20 000	
原材料	70 000		26 000		96 000	
固定资产	200 000				200 000	

续表

账户名称	期初余额		本期发生额		期末余额	
	借 方	贷 方	借 方	贷 方	借 方	贷 方
短期借款		50 000				50 000
应付账款		42 000	18 000	26 000		50 000
应交税费		15 000	15 000			
实收资本		320 000				320 000
主营业务收入				50 000		50 000
主营业务成本			30 000		30 000	
合 计	427 000	427 000	155 000	155 000	470 000	470 000

提示 通过上述“全部总分类账户发生额及余额试算平衡表”可知，该企业全部总分类账户的期初余额、本期发生额和期末余额借、贷方合计数分别相等，表明企业的会计记录没有发生影响平衡关系的错误。

4. 职业能力训练

4.1 判断（正确的在括号里打“√”，错误的打“×”。）

（1）复式记账法之所以叫复式记账法，是因为要经过编制会计分录、登记账户及进行试算平衡等多个工作环节。（　　）

（2）在借贷记账法下，账户的借方登记增加金额，贷方登记减少金额。（　　）

（3）采用借贷记账法记账，必须遵循“有借必有贷，借贷必相等”的记账规则。（　　）

（4）经济业务发生后，要先编制会计分录，然后根据会计分录在相关账户的借方和贷方登记金额。（　　）

（5）如果全部账户的期初余额、本期发生额和期末余额的借、贷方合计数分别相等，就表明会计记录是正确的。（　　）

4.2 选择（下列答案中有一项或多项是正确的，将正确答案前的英文字母填入括号内。）

（1）下列几组账户中，属于借方登记增加金额的账户是（　　）。

A. 库存现金、应收账款、原材料、生产成本

B. 银行存款、应交税费、制造费用、实收资本

C. 固定资产、无形资产、管理费用、销售费用

D. 短期借款、主营业务收入、应付账款、盈余公积

（2）下列几组账户中，期末余额为贷方余额的账户是（　　）。

A. 银行存款、应收账款、原材料、生产成本

B. 主营业务收入、其他业务收入、营业外收入

C. 短期借款、实收资本、资本公积、盈余公积

D. 应付账款、应付票据、应交税费、应付职工薪酬

（3）将下列计算项组合成资产类账户期末余额的计算公式为（　　）。

A. 期初（贷方）余额

B. 期初（借方）余额

C. +本期借方发生额－本期贷方发生额

D. +本期贷方发生额－本期借方发生额

（4）下列等式正确的是（　　）。

A. 全部账户期初借方余额合计＝全部账户期初贷方余额合计

B. 全部账户期末借方余额合计＝全部账户期末贷方余额合计

C. 期初（借方）余额＋期末（借方）余额＝本期贷方发生额合计

D. 全部账户本期借方发生额合计＝全部账户本期贷方发生额合计

（5）结账的主要工作内容包括计算（　　）。

A. 期初余额　　　　B. 本期贷方发生额

C. 本期借方发生额　　　　D. 期末余额

4.3　学习情境实训

【实训目的】掌握借贷记账法下编制会计分录、登记“丁”字账户、结账、进行试算平衡的方法和进行简单会计记录的程序。

【情境资料】宏达公司20××年×月1日全部总分类账户的余额如表2－5所示。

表2－5　　宏达公司20××年×月1日全部总分类账户的余额　　金额单位：元

账户名称	借方余额	账户名称	贷方余额
库存现金	15 000	短期借款	20 000
银行存款	50 000	应付账款	57 000
应收账款	25 000	应交税费	23 000
库存商品	40 000	实收资本	310 000
在途物资	30 000		
固定资产	250 000		
合　计	410 000	合　计	410 000

宏达公司当月发生的经济业务见本项目任务1的【情境资料】。

【实训要求】根据上述经济业务编制会计分录、根据期初余额和会计分录登记“丁”字账户、进行结账和试算平衡。实训所需“丁”字账户和表格请教师准备。根据教学安排，可在课堂上进行也可在课外进行，可分组进行也可个体进行。要列出工作步骤，完成后，教师安排适当规模的学生在课堂上汇报实训成果，并进行点评。

【重要名词】

会计账户　会计科目　总分类科目　明细分类科目　复式记账法　借贷记账法　会计分录　试算平衡

【阅读篇目】

[1]《中华人民共和国会计法》
[2]《会计基础工作规范》
[3]《企业会计准则——应用指南（2006）》附录（会计科目和主要账务处理）

项目三

企业主要经济业务的核算

学习目标

- 理解企业经济活动的主要内容
- 熟悉工业企业主要经济业务总分类核算账户的设置和运用
- 掌握工业企业主要经济业务会计分录的编制方法
- 掌握各种共同性费用的分配方法
- 掌握各种税费及利润的计算方法
- 理解各种成本的内涵、构成内容及形成原理
- 理解生产费用和产品成本之间的关系
- 理解各项利润指标的构成及净利润的分配顺序
- 理解材料采购成本、产品生产成本和产品销售成本之间的关系

项目导航

通过前面的学习，我们已经知道，经济业务是会计核算的具体对象，经济业务有四种基本类型，但具体的经济业务很多；企业的经济业务发生以后，会计人员要运用借贷记账法编制会计分录，并根据会计分录登记账户。但是，在前面的学习中，我们只接触到了很简单、零散、很少量的一些经济业务。那么，企业在经营过程中到底要发生哪些具体的经济业务、应设置什么账户来进行核算、该怎样编制会计分录呢？这就是本项目的学习要解决的基本问题。会计核算工作的内容、所经过的步骤和采用的方法都很多，需要分为很多个项目来分别进行学习，本项目的学习主要是解决这些基本问题，到编制会计分录为止，至于根据会计分录登记会计账户等若干后续工作和相关工作则留待通过本课程中后面的项目来学习。

本项目以工业企业的生产经营过程为基本线索来学习企业主要经济业务的核算。工业企业的生产经营过程包括供应过程、生产过程和销售过程，工业企业在生产经营过程中发生的经济业务主要包括筹资业务、供应过程业务、生产过程业务、销售过程业务、利润计算与分配业务等。本项目学习要点：工业企业的主要经济业务及其核算的账户、相关的基本理论与知识、相关的数据计算、编制会计分录等。

任务1　筹资业务的核算

1. 任务描述

企业专门筹集资金主要有两个渠道或方式：投资者投入资本和向银行借入资金。主要经济业务包括接收投资者投入资本、取得借款、支付利息和到期归还借款等。这些经济业务发生时，会计人员首先要对相关原始凭证进行审核；其次要进行会计确认和计量；最后要根据审核无误的原始凭证和确认、计量的结果编制会计分录。

提示　会计核算是一个完整的过程，本项目只学习会计确认、计量和编制会计分录部分。会计人员编制会计分录以后，后续工作是根据会计分录在账户中进行登记，这是本教材项目五学习的内容。

2. 综合知识

2.1　筹集资金业务基本知识

筹集资金简称筹资，是指企业为了满足生产经营活动的需要，筹措和集中所需资金的经济活动。企业应依法和合理地选择筹资渠道或方式。企业在成立之时投资者必须要按国家规定投入资本，作为企业开展生产经营活动的基本资金。随着生产经营活动的进行，如果资金不足，企业可以向银行及其他金融机构取得借款，用于生产经营的需要。因此，投资者向企业投入资本和企业向银行等借入资金，是企业筹资的基本经济业务。

（1）投资者投入资本。投资者投入资本指企业的投资者按照章程或协议的约定向企业投入资本金。投资者投入资本的物质形态是资产，投资者对其投入资产的权益，会计上叫做实收资本，是企业所有者权益的主要组成部分。从时间上看，投资者投入资本主要有两种情况：一是在企业设立之初投入；二是在企业生产经营中需要增资时投入。投资者投入的资本按投资主体的不同，分为国家投入资本、法人投入资本、个人投入资本以及外商投入资本等；按投入资本的物质形态不同，分为货币投资、实物投资、无形资产投资等。投资者无论以何种形式投入资本，在企业存续期间，原则上都不得抽回。

（2）借入资金。借入资金主要是向银行及其他金融机构借入款项。企业借入资金形成企业的负债。当经营资金不足时，企业可以选择投资者追加投资，也可以选择举债。举债经营是企业的一种经营策略。按照归还期限的长短，企业借款可以分为短期借款和长期借款。短期借款一般用于日常经营的临时性资金需要，长期借款一般用于购建固定资产等投资。

2.2 借款利息

企业使用借款需定期支付利息。企业支付的借款利息，是企业的一项支出，需根据借款的用途不同采取不同的会计处理方法。企业支付的短期借款利息，计入当期的财务费用。企业支付的长期借款利息，在工程完工以前发生的部分计入工程成本构成固定资产价值，在工程完工投入使用以后发生的部分计入财务费用。

借款利息按借款本金和利率计算。其一般计算公式如下：

利息 = 本金 × 利率

按照上列公式，计算月利息时用月利率，计算年利息时用年利率。在实际工作中，企业向银行取得的短期借款，其利息由银行定期计算并从企业存款账户中直接扣收。银行计算利息一般按企业借款的余额积数和日利率计算。借款余额积数是指借款本金每天余额的累计数。

2.3 筹资业务核算的账户

（1）“实收资本”账户。该账户是所有者权益账户，核算企业投资者投入注册资本的情况，贷方登记企业实际收到的所有者投入的注册资本金，借方登记减少的注册资本金，余额在贷方，表示企业实有的注册资本金。该账户按投资者设置明细账户，进行明细核算。

提示 股份有限公司设置“股本”账户核算企业投资者投入的注册资本。

（2）“短期借款”账户。该账户是负债账户，核算企业借入的各种借款的取得和偿还情况，贷方登记借入的短期借款，借方登记归还的短期借款，余额在贷方，表示企业尚未归还的短期借款。该账户按债权人设置明细账户，进行明细核算。

提示 如果企业借入长期借款，则设置“长期借款”账户核算。该账户的类别、结构及明细核算方法与“短期借款”账户基本相同。

（3）有关资产账户。投资者投入企业的资产，按资产内容分别设置“银行存款”、“原材料”、“固定资产”等账户核算。

“银行存款”账户核算企业存放在银行结算户、可随时使用的存款的增减变化情况，借方登记增加数，贷方登记减少数，余额在借方，表示企业银行存款的实有数。该账户应设置银行存款日记账对银行存款的收支情况进行逐笔登记。

“固定资产”账户核算企业各种固定资产的增减变化情况，借方登记增加数，贷方登记减少数，余额在借方，表示企业实有固定资产的原始价值。该账户按固定资产的类别和项目设置明细账户，进行明细核算。

提示 如果投资者投入原材料、无形资产等资产，企业还应分别设置“原材料”、“无形资产”等资产账户进行核算。

（4）“财务费用”账户。该账户是损益账户，核算企业为筹集生产经营所需资金而发生的费用，包括利息支出（冲减利息收入）以及银行结算手续费等，借方登记发生的各项财务费用，贷方登记银行存款利息收入和期末转出的财务费用，平时余额一般在借方，期末结转后无余额。该账户按费用项目设置明细账户，进行明细核算。

提示 为了集中反映各个会计期间的利润，期末时，凡损益类账户的净发生额（即期末结转前的余额）都要转出，结转到“本年利润”账户，结转后损益类账户均无余额。结转方法将在本项目的任务六中进行学习。

3. 任务设计

【例3－1】 中川实业有限公司20××年12月发生下列有关筹资的经济业务：

（1）2日，收到甲投资者投入资本600 000元存入银行。

（2）5日，收到乙投资者作为资本投入的全新机器设备价值300 000元。

（3）12日，向银行借款200 000元，期限6个月，年利率为6%，款项存入银行。

（4）22日，以银行存款支付当期的短期借款利息费用15 000元。

（5）28日，以银行存款归还半年前借入本日到期的短期借款100 000元。

要求：根据上述经济业务进行会计确认和计量，并编制会计分录。

⟹工作过程

12月2日

步骤1： 进行会计确认。

这项经济业务的发生，引起了资产要素中的银行存款和所有者权益要素中的实收资本发生同时增加的变化，应分别在“银行存款”和“实收资本”两个账户中登记增加金额。

步骤2： 进行会计计量。

该项经济业务应按实际成本计量，金额为600 000元。

步骤3： 根据银行进账单收账通知联和接受投资收据留底联等原始凭证，编制会计分录如下：

借：银行存款　　600 000

　　贷：实收资本——甲投资者　　600 000

12月5日

步骤1： 进行会计确认。

这项经济业务的发生，除资产内容为固定资产以外，其性质和内容与上述甲投资者投入资本的业务相似，应分别在“固定资产”和“实收资本”两个账户中登记增加金额。

步骤2：进行会计计量。

该项经济业务应按实际成本计量，金额为300 000元。

步骤3：根据接受投资收据留底联和固定资产验收单等原始凭证，编制会计分录如下：

借：固定资产——机器设备　　300 000

　　贷：实收资本——乙投资者　　300 000

请注意　企业收到的投资者出资额超过其在注册资本或股本中所占的份额的部分即资本（股本）的溢价，应记入“资本公积”账户，不在“实收资本”账户核算。

12月12日

步骤1：进行会计确认。

这项经济业务的发生，引起了资产要素中的银行存款和负债要素中的短期借款发生同时增加的变化，应分别在“银行存款”和“短期借款”两个账户中登记增加金额。

步骤2：进行会计计量。

该项经济业务应按实际成本计量，金额为200 000元。

步骤3：根据银行借款借据入账通知单等原始凭证，编制会计分录如下：

借：银行存款　　200 000

　　贷：短期借款　　200 000

12月22日

步骤1：进行会计确认。

这项经济业务的发生，引起了费用要素中的财务费用发生增加和资产要素中的银行存款发生减少的变化，应在“财务费用”账户中登记增加金额和在“银行存款”账户中登记减少金额。

步骤2：进行会计计量。

该项经济业务应按实际成本计量，金额为15 000元。

步骤3：根据银行贷款利息付款通知单等原始凭证，编制会计分录如下：

借：财务费用　　15 000

　　贷：银行存款　　15 000

知识与能力拓展

执行《企业会计准则（1992）》和《小企业会计制度》的企业，对短期借款采取按月确认利息费用的办法，在银行按季度收取利息的情况下，每个季度的前两个月确认当月利息费用时会形成应付利息，在第三个月支付全季度利息时予以清偿。在这种情况下，企业在每个季度的前两个月确认当月利息费用时，应借记“财务费用”账户，贷记“应付利息”账户；待季末支付本季度利息时，应借记“财务费用”（季末月份负担的利息）和“应付利息”（前两个月的应付利息）账户，贷记“银行存款”（全季度的利息款）账户。

12月28日

步骤1：进行会计确认。

这项经济业务的发生，引起了资产要素中的银行存款和负债要素中的短期借款发生同时减少的变化，应分别在“银行存款”和“短期借款”两个账户中登记减少金额。

步骤2：进行会计计量。

该项经济业务应按实际成本计量，金额为100 000元。

步骤3：根据银行借款还款通知单等原始凭证，编制会计分录如下：

借：短期借款　　　　100 000

　　贷：银行存款　　　　100 000

4. 职业能力训练

4.1 判断（正确的在括号里打"√"，错误的打"×"。）

（1）短期借款利息较大时，应按月预提，借记"财务费用"账户，贷记"短期借款"账户。（　　）

（2）"实收资本"账户核算企业投资者投入企业的资金。（　　）

（3）企业支付的借款利息并不一定都在"财务费用"账户核算。（　　）

（4）"短期借款"和"长期借款"账户都是用来核算和监督企业借款的借入和归还情况的，都是负债类账户。（　　）

（5）经济业务的核算工作只包括会计确认和会计计量以及编制会计分录。（　　）

4.2 选择（下列答案中有一项或多项是正确的，将正确答案前的英文字母填入括号内。）

（1）甲企业从银行借款10万元，归还前欠B公司的购货款。借款和还款的手续都办妥后，这项业务引起企业会计要素的变化是（　　）。

A. 资产和负债都增加了　　B. 所有者权益和资产都增加了

C. 一项负债增加，一项负债减少　　D. 负债减少，资产增加

（2）企业按季度支付银行短期借款利息而按月确认利息费用时，会涉及的账户有（　　）。

A. 财务费用　　B. 管理费用　　C. 其他应付款　　D. 应付利息

（3）关于企业的实收资本，下列说法中正确的是（　　）。

A. 是企业进行正常经营的基本资金

B. 是企业实际收到的投资者投入的全部资本金

C. 是企业实际收到的投资者投入的注册资本金

D. 在生产经营中取得的收益不得直接增加实收资本

（4）企业接受投资者投入资本的核算可能要涉及的资产账户有（　　）。

A. 银行存款　　B. 原材料　　C. 固定资产　　D. 无形资产

（5）下列各项属于企业经营资金来源的是（　　）。

A. 所有者的投资　　B. 赊购原材料　　C. 企业取得利润　　D. 从银行借款

4.3 学习情境实训

【实训目的】训练企业资金筹集业务的账务处理能力。

【情境资料】星辰公司20××年1月发生下列经济业务：

（1）收到星华公司投入现金200 000元，款项存入银行。

（2）收到环宇公司投入生产流水线一条，价值120 000元，生产流水线已验收使用。

（3）支付本期短期借款利息4 500元。

（4）从银行借入一年期借款70 000元，年利率6%。

（5）归还银行已到期的半年期借款100 000元，同时支付利息120元。

【实训要求】根据上述经济业务进行会计确认、计量和编制会计分录。根据教学安排，可在课堂上进行也可在课外进行，可分组进行也可个体进行。要列出工作步骤和内容，完成后，教师安排适当规模的学生在课堂上汇报实训成果，并进行点评。

任务2　供应过程业务的核算

1. 任务描述

在供应过程中，企业从供货单位采购各种原材料和相关物资为生产产品做准备。供应过程的主要业务活动是材料采购活动。在材料采购过程中，采购部门负责采购事务，仓库负责验收材料物资，财务部门负责支付货款，会计部门负责进行会计核算。对供应过程业务进行会计核算时，会计人员一是对相关原始凭证进行审核；二是进行会计确认；三是进行会计计量，计算材料采购成本；四是根据审核无误的原始凭证和确认、计量的结果编制会计分录。

2. 综合知识

2.1　供应过程基本知识

企业为了生产产品，必须准备一定种类和数量的材料物资，作为生产储备。供应过程就是指工业企业从采购材料物资开始到材料物资验收入库，为生产做准备的业务活动过程。供应过程是企业生产经营过程的第一个阶段，所发生的主要业务是材料采购业务。在材料采购过程中，一方面是企业从供应单位购进各种材料物资，另一方面是企业要支付材料物资的货款，与购货单位发生货款结算关系。

企业支付材料物资货款，有当时支付、延期支付（赊购）、预付等几种情况，常见的是当时支付和延期支付。支付货款的方式有支票、托收承付、商业汇票、银行汇票、银行本票、委托收款等。企业采购材料物资，不论采用什么方式和在什么时间支付货款，都要恪守结算制度和纪律，维护正常的经济秩序。

企业材料物资采购的主要经济业务包括支付货款、验收材料物资和计算材料物资的采购成本等。相关部门办理这些经济业务时取得或填制的原始凭证主要有供货单位销售发票、支付货款的票据存根及银行结算凭证、仓库的材料物资验收单等，这些原始凭证是会计人员进行材料物资采购业务核算的原始依据。

2.2　材料采购成本的构成

企业采购的材料物资要计算每种材料物资的采购成本。材料采购成本是指为采购材料物资所发生的各项支出，包括买价和采购费用。

（1）材料物资的买价。买价指供货发票上记载的销售价格。

（2）材料物资的采购费用。采购费用指各种材料物资在采购过程中所发生的各项支出，具体包括：

① 运杂费，指材料物资在运输过程中发生的运输费、装卸费、保险费、包装费、仓储费等。

② 合理损耗，指材料在采购过程中发生的、在合理损耗范围内的损毁和短缺等。

③ 挑选整理费，指需要经过挑选才能使用的材料物资，在入库前进行挑选整理所发生的工资及相关支出。

④ 其他费用，指其他可直接归属于材料采购成本的费用，如进口材料的关税等。

2.3 材料采购成本的计算方法

计算材料采购成本是指将各种材料物资的买价和采购费用归集给各种材料物资，计算出各种材料物资的总采购成本和单位采购成本。在材料采购成本的构成内容中，每种材料物资的买价是明确具体归属对象的，而采购费用则不一定。当一次只采购一种材料物资时，发生的采购费用是明确具体归属对象的；当一次同时采购多种材料物资时，共同发生的采购费用就可能分不清具体的归属对象。因此，材料物资的采购费用，凡是能分清采购费用由某种材料负担的，直接计入该材料物资的采购成本；不能分清的，应按材料物资的重量、体积或买价等标准分配计入各种材料物资的采购成本。按材料物资重量比例分配时，计算步骤及方法如下：

（1）计算费用分配率。

$$采购费用分配率=\frac{采购费用总额}{各种材料的总重量}$$

（2）计算每种材料应负担的采购费用。

某种材料应负担的采购费用＝该种材料的重量×采购费用分配率

（3）计算每种材料的总采购成本。

某种材料总采购成本＝该种材料的买价＋该种材料应负担的采购费用

（4）计算每种材料的单位采购成本。

$$某种材料单位采购成本=\frac{该种材料总采购成本}{该种材料的重量}$$

动脑动手 哪一种采购费用按材料的重量比例分配比较合理？

2.4 材料采购的增值税相关知识

增值税是国家对我国境内销售、进口货物，或者提供加工、修理修配劳务的增值额征收的一种流转税。按税法的规定，凡在我国境内销售、进口货物，或者提供加工、修理修配劳务的单位和个人为增值税的纳税义务人，应依法缴纳增值税。按照纳税人的经营规模及会计核算的健全程度不同，国家将增值税纳税人分为一般纳税人和小规模纳税人两类，对其应纳增值税额分别采取两种不同的计算征收办法：对一般纳税人采取抵扣办法，其应纳增值税额根据当期销项税额抵扣当期进项税额后的差额确定；对小规模纳税人采取简易征收办法，其应纳增值税额根据销售额和规定的征收率计算确定。本教材主要介绍一般纳税人企业应纳增值税的计算与核算方法。

按照税法规定，一般纳税人企业的应纳增值税额计算公式如下：

当期应纳税额＝当期销项税额－当期进项税额

销项税额是企业销售货物时向购货方收取的增值税税额，计算公式如下：

销项税额 = 销售收入 × 增值税税率

一般纳税人企业的增值税税率为17%。

进项税额是企业购进货物时向销货方支付的增值税税额。进项税额按销货方开具的增值税专用发票上的税额确定，不由购货企业自己计算。

增值税一般纳税人企业购进材料物资所支付的增值税进项税额，在符合税法规定的条件下，不计入采购成本，而是通过“应交税费”账户下的“应交增值税”明细账户进行抵扣核算。

提示 由于小规模纳税人企业适用简易征收办法，故其购进材料物资所支付的增值税应计入采购成本。

2.5 供应过程业务核算的账户

（1）“在途物资”账户。该账户是资产账户，核算企业已经支付货款但尚在运输途中的材料物资的实际采购成本，借方登记已经支付的实际采购成本，贷方登记验收入库后转出的实际采购成本，余额在借方，表示在途材料物资的实际采购成本。该账户按采购材料物资的种类设置明细账户，进行明细核算。

（2）“原材料”账户。该账户是资产账户，核算企业库存的各种原材料，包括原料和主要材料、辅助材料、外购半成品、修理用备件、包装材料、燃料等。其借方登记验收入库材料的实际采购成本，贷方登记发出材料的实际采购成本，余额在借方，表示库存原材料的实际采购成本。该账户按材料的类别、品种及规格设置明细账户，进行明细核算。

提示 企业库存的低值易耗品及周转使用的包装物设置“周转材料”账户核算，该账户的类别与结构等，与“原材料”账户基本相同。

（3）“应付账款”账户。该账户是负债账户，核算企业因购买商品和接受劳务等应付而尚未支付的货款，贷方登记应付而尚未支付的货款，借方登记偿还的货款，余额在贷方，表示应付而尚未支付的货款。该账户按供货单位名称设置明细账户，进行明细核算。

提示 在企业预付货款业务不多，不单独设置“预付账款”账户而在“应付账款”账户核算的情况下，“应付账款”账户的某些明细账户有时会出现借方余额，表示预付的货款。

（4）“应付票据”账户。该账户是负债账户，核算企业因购买商品和接受劳务而开出、承兑的商业汇票，贷方登记企业开出、承兑的汇票票面金额，借方登记兑付的汇票票面金额，余额在贷方，表示尚未到期兑付的汇票票面金额。该账户按供货单位名称设置明细账户，进行明细核算。企业还应设置“应付票据备查簿”进行详细记录。

知识与能力拓展

票据作为现代商业社会最重要的结算工具，起源于古希腊与古罗马，当时称为自笔证书。它由债务人出具交给债权人，当债务得到清偿后，债权人将其退还给债务人。这就是票据的雏形。现行的《中华人民共和国票据法》于1995年5月10日由第八届全国人大常委会第十三次会议通过，并于1996年1月1日正式实施。该票据法规定了支票、本票和汇票三种票据形式，其中汇票包括银行汇票和商业汇票。其中，支票、本票和银行汇票都属于即期票据，而商业汇票则属于远期票据，在承兑后至到期兑付之前是企业的一项负债。

（5）“预付账款”账户。该账户是资产账户，核算企业按购货合同的规定预付给供货单位的货款，借方登记企业预付及补付的货款，贷方登记收到所购货物后冲销的预付货款，余额一般在借方，表示企业预付货款的现有数额。若为贷方余额，表示企业收货后尚未补付的款项，属于负债。该账户按供货单位名称设置明细账户，进行明细核算。

提示 在预付货款业务发生不多的情况下，企业可不设置“预付账款”账户而通过“应付账款”账户核算预付货款业务。

（6）“应交税费”账户。该账户是负债账户，核算企业应缴纳的各种税金及教育费附加款项，如增值税、消费税、营业税、所得税等。其贷方登记应缴纳的税款，借方登记实际缴纳的税款，余额一般在贷方，表示企业尚未缴纳的各种税款。若为借方余额，表示企业多交的税款或尚未抵扣的进项税额。该账户按税种设置明细账户，进行明细核算。

在材料采购业务中，一般纳税人支付的增值税进项税额在“应交增值税”明细账户的借方（“进项税额”专栏）登记，用以与贷方（“销项税额”专栏）登记的销项税额进行抵减。“应交增值税”明细账户的贷方余额表示抵扣后应交的增值税额，如为借方余额，表示尚未抵扣完需要以后继续进行抵扣的进项税额。

知识与能力拓展

按规定，一般纳税人企业增值税的明细核算应在“应交税费”账户下设置“应交增值税”和“未交增值税”两个明细账户，前者主要用来核算抵扣情况，后者主要用来核算缴纳情况。月末时，“应交增值税”明细账户的贷方余额应结转到“未交增值税”明细账户，次月缴纳时在“未交增值税”明细账户核算。

3. 任务设计

【例3-2】中川实业有限公司为增值税一般纳税人，20××年12月发生下列有关材料采购的经济业务：

（1）8日，从中天公司购进甲材料2 000千克，单价50元，计价款100 000元，增值税进项税额17 000元，款项以银行存款支付，材料如数验收入库。

（2）11日，从华天公司购进乙材料3 000千克，单价8元，计价款24 000元，增值税进项税额4 080元，运杂费500元，材料如数验收入库，款项尚未支付。

（3）15日，从威海公司购进甲材料800千克，单价50元，计价款40 000元，增值税进项税额6 800元，材料如数验收入库，全部款项向对方开出并承兑为期6个月的商业汇票一张予以支付。

（4）19日，从长安公司购进丙材料30吨，单价800元，计价款24 000元，丁材料20吨，单价1 300元，计价款26 000元；增值税进项税额8 500元。两种材料共同发生运杂费1 500元。全部款项以银行存款支付，材料尚未到达。运杂费按材料的重量比例分配。

（5）20日，以银行存款支付前欠华天公司的款项28 580元。

（6）25日，以银行存款20 000元向长江公司预付购买A材料的货款。

（7）28 日，19 日从长安公司购进的丙材料和丁材料运到，仓库如数验收。

要求：根据上述经济业务进行会计确认、计量和编制会计分录。

⟹工作过程

12 月 8 日

步骤 1：进行会计确认。

这项经济业务的发生，引起了资产要素中的原材料发生增加及银行存款发生减少和负债要素中的应交税费发生减少的变化，应在“原材料”账户中登记增加金额，在“应交税费”和“银行存款”账户中登记减少金额。

提示 增值税进项税额增加，是对销项税额的抵减，因此是负债的减少。

步骤 2：进行会计计量。

该项经济业务应按实际成本计量，“原材料”账户借方应记金额为 100 000 元，“应交税费——应交增值税（进项税额）”账户借方应记金额为 17 000 元，“银行存款”账户贷方应记金额为 117 000 元。

步骤 3：根据银行付款凭证、增值税专用发票和收料单等原始凭证，编制会计分录如下：

借：原材料——甲材料	100 000	
应交税费——应交增值税（进项税额）	17 000	
贷：银行存款		117 000

请注意 一般纳税人企业增值税进项税额的抵扣须凭增值税专用发票（抵扣联）经国家税务机关审查，不能提供增值税专用发票（抵扣联）的不能进行抵扣。企业应当按规定对增值税专用发票（抵扣联）进行管理。

12 月 11 日

步骤 1：进行会计确认。

这项经济业务的发生，引起了资产要素中的原材料发生增加和负债要素中的应付账款发生增加及应交税费发生减少的变化，应在“原材料”账户中登记增加金额，在“应交税费”账户中登记减少金额，在“应付账款”账户中登记增加金额。

步骤 2：进行会计计量。

该项经济业务应按实际成本计量，“原材料”账户借方应记金额为 24 500 元（采购总成本为 24 000 + 500），“应交税费——应交增值税（进项税额）”账户借方应记金额为 4 080 元，“应付账款”账户贷方应记金额为 28 580 元。

提示 按税法规定，一般纳税人企业外购货物所支付的与搬运装卸等杂费分列的运输费用存在进项税额的抵扣问题。考虑到会计基础课程的特质，本任务不考虑运费进项税额的抵扣问题，故以“运杂费”来表示不能进行抵扣。这项内容将在后续专业课程中进行学习。

步骤 3：根据增值税专用发票和收料单等原始凭证，编制会计分录如下：

借：原材料——乙材料　　24 500

应交税费——应交增值税（进项税额） 4 080

贷：应付账款——华天公司 28 580

12 月 15 日

步骤 1：进行会计确认。

这项经济业务与 12 月 11 日购进乙材料业务相似，不同点有二，一是没有运杂费，二是货款以商业汇票延期支付，应在"原材料"、"应交税费"和"应付票据"三个账户中进行相应登记。

步骤 2：进行会计计量。

该项经济业务应按实际成本计量，"原材料"账户借方应记金额为 40 000 元，"应交税费——应交增值税（进项税额）"账户借方应记金额为 6 800 元，"应付票据"账户贷方应记金额为 46 800 元。

步骤 3：根据商业汇票存根、增值税专用发票和收料单等原始凭证，编制会计分录如下：

借：原材料——甲材料 40 000

应交税费——应交增值税（进项税额） 6 800

贷：应付票据——威海公司 46 800

12 月 19 日

步骤 1：进行会计确认。

这项经济业务的发生，引起了资产要素中的在途物资增加及银行存款的减少和负债要素中的应交税费发生减少的变化，应在"在途物资"账户中登记增加金额，在"应交税费"和"银行存款"账户中登记减少金额。

步骤 2：进行会计计量。

该项经济业务应按实际成本计量，"在途物资"总分类账户借方应记金额为 51 500 元（采购总成本为 24 000 + 26 000 + 1 500），明细账户借方应记金额按下列采购成本计算结果确定：

丙材料和丁材料的采购成本计算如下：

$$运杂费分配率 = \frac{1\ 500}{30 + 20} = 30$$

丙材料应负担的运杂费 = 30 × 30 = 900（元）

丁材料应负担的运杂费 = 20 × 30 = 600（元）

丙材料总采购成本 = 24 000 + 900 = 24 900（元）

丙材料单位采购成本 = 24 900 ÷ 30 = 830（元）

丁材料总采购成本 = 26 000 + 600 = 26 600（元）

丁材料单位采购成本 = 26 600 ÷ 20 = 1 330（元）

"应交税费——应交增值税（进项税额）"账户借方应记金额为 8 500 元，"银行存款"账户贷方应记金额为 60 000 元。

步骤 3：根据银行付款凭证、运杂费发票和采购成本计算表等原始凭证，编制会计分录如下：

借：在途物资——丙材料 24 900

——丁材料 26 600

应交税费——应交增值税（进项税额） 8 500

贷：银行存款 60 000

12月20日

步骤1：进行会计确认。

这项经济业务的发生，引起了资产要素中的银行存款和负债要素中的应付账款同时发生减少变化，应分别在“银行存款”和“应付账款”账户中登记减少金额。

步骤2：进行会计计量。

该项经济业务应按实际成本计量，金额为28 580元。

步骤3：根据银行付款凭证编制会计分录如下：

借：应付账款——华天公司 28 580

贷：银行存款 28 580

12月25日

步骤1：进行会计确认。

这项经济业务的发生，引起了资产要素中的预付账款和银行存款之间发生一增一减的变化，应在“预付账款”账户中登记增加金额和在“银行存款”账户中登记减少金额。

步骤2：进行会计计量。

该项经济业务应按实际成本计量，金额为20 000元。

步骤3：根据银行付款凭证编制会计分录如下：

借：预付账款——长江公司 20 000

贷：银行存款 20 000

12月28日

步骤1：进行会计确认。

这项经济业务的发生，引起了资产要素中的原材料和在途物资之间发生一增一减的变化，应在“原材料”账户中登记增加金额和在“在途物资”账户中登记减少金额。

步骤2：进行会计计量。

按本月19日支付货款时计量并记入“在途物资”账户的金额确定。

步骤3：根据收料单编制会计分录如下：

借：原材料——丙材料 24 900

——丁材料 26 600

贷：在途物资——丙材料 24 900

——乙材料 26 600

4. 职业能力训练

4.1 判断（正确的在括号里打“√”，错误的打“×”。）

（1）采购费用属于直接费用，凡能按各种材料物资分清的，应当直接计入采购成本，分不清的则可以不计入材料成本。 （ ）

（2）企业采购材料所支付的增值税不得计入材料成本。 （ ）

（3）采购材料、商品所发生的国内运输费均作为期间费用处理。（　　）

（4）“预付账款”账户的贷方登记企业收到所购货物时应结转的预付款项。（　　）

（5）企业用支票支付购货款时，应通过“应付票据”账户进行核算。（　　）

4.2 选择（下列答案中有一项或多项是正确的，将正确答案前的英文字母填入括号内。）

（1）下列内容应在“在途物资”账户借方登记的是（　　）。

A. 材料买价　　B. 材料的增值税

C. 材料的运费　　D. 仓库保管人员的工资

（2）某企业为一般纳税人，本期外购原材料一批，专用发票注明买价为 20 000 元，增值税为 3 400 元，入库前的挑选整理费为 1 000 元，则该批原材料的入账价值为（　　）。

A. 20 000 元　　B. 23 400 元

C. 21 000 元　　D. 24 400 元

（3）下列内容不列入材料采购成本而是列作管理费用的是（　　）。

A. 采购人员差旅费　　B. 专设采购机构的经费

C. 保险费　　D. 市内采购材料的运杂费

（4）下列业务借记“预付账款”账户的是（　　）。

A. 预收购买单位的货款　　B. 向供应单位预付货款

C. 收到供应单位预付货款　　D. 用商品或劳务抵偿预收货款

（5）下列账户中可能与“在途物资”账户借方相对应的有（　　）。

A. 应付账款　　B. 应付票据　　C. 应收账款　　D. 预付账款

4.3 学习情境实训

【实训目的】训练供应过程业务的会计处理能力。

【情境资料】星辰公司 20××年 2 月发生下列经济业务：

（1）购进甲材料 2 吨，单价 1 200 元，计 2 400 元；乙材料 3 吨，单价 1 000 元，计 3 000元。增值税专用发票上注明的增值税额为 918 元。甲、乙材料同车运回，运杂费 500 元，款项已通过银行付讫，材料尚未验收入库（运杂费按重量比例分摊）。

（2）收到仓库收料单通知联，上列甲材料和乙材料均已验收入库。

（3）从光明公司购进甲材料 5 吨，单价 1 200 元，计 6 000 元，增值税专用发票上注明的增值税额为 1 020 元。光明公司代垫运杂费 300 元。材料已验收入库，款项暂欠。

（4）开出转账支票支付前欠光明公司款项。

（5）以银行存款 4 000 元预付中环公司乙材料款。

（6）从中环公司购进乙材料 5 吨，单价 1 000 元，计 5 000 元，增值税专用发票上注明的增值税额为 850 元，以原预付款项抵扣，余款尚未支付，乙材料尚未运到。

【实训要求】根据上述经济业务编制会计分录。根据教学安排，可在课堂上进行也可在课外进行，可分组进行也可个体进行。要列出工作步骤和内容，完成后，教师安排适当规模的学生在课堂上汇报实训成果，并进行点评。

任务3　生产过程业务的核算

1. 任务描述

在生产过程中，企业投入原材料，在生产车间里，生产工人利用机器设备对原材料进行加工生产出新的产品。对生产过程业务进行会计核算时，会计人员一是对相关原始凭证进行审核；二是进行初始会计确认；三是进行初始会计计量；四是根据审核无误的原始凭证和初始确认、计量的结果，按照归集生产费用的原则、方法和程序，编制归集生产费用的会计分录；五是进行再计量，计算产品生产成本，并根据计算结果编制相关费用分配计算表；六是根据审核无误的费用分配计算表反映的再计量结果，编制结转成本的会计分录。

提示　(1) 上述第五项的再计量工作，是根据第四项的会计分录登记成本账户后依据账户记录的结果进行的，并且第六项工作之后还有登记账户的工作，但登记账户的程序与方法不是本项目要具体学习的内容，故在后面的任务执行中只展示账户登记结果的样本或做必要的衔接性提示。(2) 第五项和第六项以及后续登记账户的工作之间具有紧密的环节联系和紧凑的时间关系，在操作上还存在来回往复和交叉，有很多具体的操作，学习时需要特别注意理清头绪。

2. 综合知识

2.1　生产过程基本知识

工业企业的生产经营活动主要是生产和销售符合社会需要的商品。生产过程是工业企业生产经营过程的第二阶段，一般以生产车间从仓库领用原材料开始到产成品验收入库为止。企业生产过程既是物质产品的生产过程，生产出新的产品，同时，又是物质资料和劳动力的消耗过程。企业在生产过程中会发生各种耗费，如原材料耗费、人工耗费以及固定资产耗费等，这些耗费形成生产费用，包括材料费用、人工费用、固定资产折旧费用及其他生产费用等。企业的生产费用是为生产产品所发生的，归集给各种产品就构成了产品的生产成本。随着完工产品验收入库等待销售，产品的生产成本随之形成库存商品成本。企业在生产过程中发生的经济业务主要包括领用原材料、计提和支付职工工资及其他薪酬、计提固定资产折旧、发生其他生产费用、产品生产成本的计算与完工产品成本的结转等。

2.2　生产费用的概念与内容

生产费用是指企业在产品生产过程中所发生的各种耗费的货币表现。

生产费用按经济内容分类，可以分为材料费用、人工费用、固定资产折旧费用和其他生产费用等；按与产品生产之间的关系分类，可以分为直接生产费用和间接生产费用等；按经济用途分类，可以分为直接材料费用、直接人工费用和制造费用等。

直接生产费用简称直接费用，是指与产品生产有直接关系的各种生产费用，如材料费用、直接生产产品的生产工人的人工费用、机器设备的折旧费用等。间接生产费用简称间接费用，是指与产品生产有间接关系的各种生产费用，如生产车间管理人员的人工费用、车间厂房及建筑物的折旧费用、车间管理部门的办公费用、差旅费用等。直接材料费用简称直接材料，是指企业在生产产品过程中消耗的、直接用于产品生产、构成产品实体的原料及主要材料、辅助材料和其他直接材料。直接人工费用简称直接人工，是指企业支付给直接从事产品生产的生产工人的各种薪酬所形成的人工费用。制造费用，是指企业生产车间为组织和管理产品生产所发生的各种间接费用及一些固定性直接费用，包括车间管理人员的各种薪酬、车间固定资产的折旧费、周转材料摊销费、办公费、水电费、机物料消耗、劳动保护费等。

在企业发生的各项费用中，固定资产折旧费与原材料等物质资料耗费形成的费用具有不同的情况。原材料等物质资料耗费是随着其实物形态的一次性改变其价值全部一次性形成费用，而固定资产则不同。固定资产可以在较长期限内连续使用，并且在使用过程中保持其原有的实物形态不变，其价值却随着固定资产的损耗逐渐地减少并转移到所生产的产品或所提供的劳务成本中去。固定资产随着损耗而逐渐减少的价值叫做固定资产折旧，简称折旧。固定资产折旧转移到生产费用或经营管理费用中，就是固定资产折旧费，简称折旧费。

知识与能力拓展

企业的生产费用按与产品产量之间的关系分类，可以分为变动费用和固定费用。所谓变动费用是指费用总额会随着产量的变化而相应发生变化的费用，如直接材料费用、计件工资制下的直接人工费用等。所谓固定费用是指费用总额在一定范围内不会随着产量的变化而相应发生变化的费用，如车间固定资产折旧费、公共照明费以及生产车间为组织和管理生产所发生的各种间接费用等。制造费用大部分内容属于间接费用，但包括部分具有固定费用性质的直接费用，如机器设备的折旧费、小型生产工具的摊销费等。将具有固定费用性质的直接费用作为制造费用可以简化归集和分配生产费用以及计算产品成本的核算工作。

2.3 产品成本与成本项目

产品成本也叫生产成本，是产品生产成本或产品制造成本的简称，指工业企业为制造一定种类和数量的产品所发生的生产费用。产品成本和生产费用既有密切联系又有重要区别。生产费用是产品成本的经济内涵，没有生产费用的发生就无所谓产品成本；产品成本则是生产费用的对象化，是归集到具体产品上的生产费用，是生产费用向具体产品进行归集的结果。生产费用要与具体的产品相联系才具有管理上的意义。例如，企业某车间本月份发生了500 000 元生产费用，这个信息也就只能让人知道“某车间本月份发生了 500 000 元生产费用”这个事实，但没有多大的意义。但是，如果增加“是为生产 1 000 件完工的甲产品发生的”这个信息，情况就不同了。这时，500 000 元就是 1 000 件甲产品的总成本，由此可以计算出每件甲产品的单位成本是 500 元。据此，可以制定甲产品的销售价格，可以与企业以前生产的甲产品的单位成本以及与其他企业生产的甲产品的单位成本进行对比分析，以便找出差距，改进工作，降低产品成本，等等。

为了正确核算产品成本，充分发挥产品成本在管理上的重要作用，还需要按生产费用的经济用途，将产品成本进一步划分为若干项目，这就是产品生产成本项目，简称产品成本项目或成本项目。通过成本项目，可以详细反映产品成本的经济构成及产品在生产过程中不同的资产耗费情况。成本项目主要包括直接材料、直接人工和制造费用。

直接材料是指直接用于产品生产、构成产品实体或者有助于产品形成的原料、主要材料及辅助材料等。

直接人工是指支付给直接从事产品生产的生产工人的各种薪酬。

制造费用是指生产车间为组织和管理产品生产所发生的各种间接费用及一些固定性直接费用。

动脑动手 采购成本的计算对象与生产成本的计算对象有什么异同？

2.4 生产成本的核算账户

（1）“生产成本”账户。该账户是成本账户，用来归集生产过程中发生的生产费用，核算产品成本，借方登记应计入产品成本的各项生产费用，贷方登记完工入库产品转出的生产成本，余额在借方，表示尚未完工的在产品成本。该账户按生产的产品名称设置明细账户，并按成本项目设置专栏进行明细核算。产品成本明细账的一般格式如表 3－5 所示。

（2）“制造费用”账户。该账户是成本账户，用来归集和分配生产车间所发生的各项制造费用，借方登记实际发生的各种制造费用，贷方登记期末分配转入“生产成本”账户、由各种产品负担的制造费用，平时余额在借方，期末分配结转后一般无余额。该账户按车间名称设置明细账，并按费用项目设置专栏，进行明细核算。制造费用明细账的一般格式如表 3－3 所示。

2.5 归集生产费用的原则

归集生产费用是指将所发生的各项生产费用在各种产品之间进行划分并归集给各种产品，使之汇集成产品成本。生产费用的归集过程，就是产品成本的核算过程。生产费用的归集应遵循的一般原则是：直接材料费用和直接人工费用直接计入产品成本，制造费用先行归集后再分配计入产品成本。具体情况如下：

（1）直接材料费用的归集。直接材料费用于发生时直接记入“生产成本”总分类账户及相关的产品成本明细账户的“直接材料”成本项目内。但在记入相关的产品成本明细账户时需要区分两种情况：一是在领用材料时能分清具体产品的，按领用金额直接记入；二是多种产品共同耗用的，应按一定的标准分配后直接记入。多种产品共同耗用材料费用的分配标准可以采用产品的产量、重量、体积、材料定额消耗量、材料定额费用等。

（2）直接人工费用的归集。直接人工费用于发生时直接记入“生产成本”总分类账户及相关的产品成本明细账户的“直接人工”成本项目内。但在记入相关的产品成本明细账户时需要区分两种情况：一是计件工资制下或者计时工资制下一个车间只生产一种产品的直接记入；二是计时工资制下一个车间同时生产多种产品的，按一定的标准分配后直接记入。多种产品共同耗用直接人工费用的分配标准一般是生产工时。

提示 分配共同性生产费用的生产工时可以是实际工时，也可以是定额工时。

（3）制造费用的归集。企业发生的各项制造费用，发生时在“制造费用”账户进行归集，月末时分配结转到“生产成本”总分类账户及相关的产品成本明细账户的“制造费用”成本项目内。在转入相关的产品成本明细账户时也需要区分两种情况：一是一个车间只生产一种产品的，按总金额全部转入；二是一个车间同时生产多种产品的，按一定的标准分配后转入。制造费用的分配标准可以是生产工人工资、生产工时、机器工时等。

2.6 共同性生产费用的分配方法

在生产费用的归集过程中，对于不能直接确定由某种具体产品承担的共同性生产费用，应分配计入各种产品成本。需要在各种产品之间进行分配的共同性生产费用，主要包括多种产品共同耗用一种原材料、生产工人薪酬、制造费用等。共同性生产费用的分配标准虽然多种多样，但分配原理和基本方法是相同的。分配共同性生产费用的基本步骤和公式如下：

(1) 计算费用分配率。

$$费用分配率=\frac{应分配的费用总额}{各种产品的分配标准数额之和}$$

(2) 计算各种产品应负担的费用。

某种产品应负担的费用 = 该种产品的分配标准数额 × 费用分配率

提示 在会计核算中会遇到很多将共同性费用分配给多个承担对象的问题，如前面已经学习过的共同性采购费用的分配、这里的共同性生产费用的分配，以后还有完工产品与在产品之间的费用分配，等等。其原理和基本方法都是一样的，只是分配的标准不同而已。只要做到融会贯通就能获得举一反三之效。

动脑动手 共同性生产费用采用什么分配标准进行分配更为合适？

2.7 产品成本计算的基本知识

生产费用通过上述的原则、方法和会计核算程序进行归集和分配后，都归集到了各种产品上，记入了“生产成本”账户及其相关的产品成本明细账户中。接下来的工作是，月末时，在各种产品的本月完工产品与月末在产品之间分配所归集的各项生产费用，计算本月完工产品成本与月末在产品成本。这时，如果某种产品全部完工，没有月末在产品，则该种产品成本明细账上所归集的全部生产费用都是该种产品的完工产品成本；如果某种产品全部没有完工，则该种产品成本明细账上所归集的全部生产费用都是该种产品的月末在产品成本；如果某种产品部分完工部分没有完工，则该种产品成本明细账上所归集的全部生产费用，就要采用一定的分配方法在完工产品和月末在产品之间进行分配，计算出本月完工产品成本和月末在产品成本。月末时，在完工产品与月末在产品之间分配生产费用、计算本月完工产品成本和月末在产品成本的方法很多，将在后续专业课程中进行学习。其基本程序和方法一般是先计算出月末在产品成本，然后按下面的公式计算本月完工产品成本：本月完工产品成本 = 月初在产品成本 + 本月发生的生产费用 - 月末在产品成本。本月完工产品成本计算出来以后，从“生产成本”账户结转到“库存商品”账户，生产过程业务的核算工作即告结束。

2.8 生产过程业务核算的相关账户

(1) “应付职工薪酬”账户。该账户是负债账户，核算企业根据有关规定应支付给职工的各种薪酬，贷方登记应付职工的薪酬，借方登记实际支付给职工的薪酬，余额在贷方，表示企业应付未付的职工薪酬。该账户可按“工资”、“职工福利”、“住房公积金”、“社会保险费”、“工会经费”、“职工教育经费”、“非货币性福利”、“辞退福利”、“股份支付”等应付薪酬类别设置明细账户，进行明细核算。

提示 “应付职工薪酬”账户核算的内容在《企业会计准则1992》和《小企业会计制度》中，是分别在“应付工资”、“应付福利费”和“其他应付款”等账户中分别进行核算的。

（2）“累计折旧”账户。该账户是资产账户，是“固定资产”账户的备抵调整账户，用来核算固定资产的折旧情况，贷方登记固定资产折旧的提取额，借方登记因固定资产退出使用而冲减的折旧额，余额在贷方，表示企业现有固定资产的累计折旧额。

请注意 “累计折旧”账户是专门用来核算固定资产折旧情况的，固定资产折旧额不在“固定资产”账户的贷方登记而在这个专用账户的贷方登记，可以使“固定资产”账户的账面余额始终按原始价值即实际成本计量，反映固定资产的原始投资规模。该账户是依附于“固定资产”账户的，故其类别归属于资产类，但其使用情况类似于负债类账户。

知识与能力拓展

在会计核算中，为了使账户体系能够从更多的角度提供更多方面的经济信息，设置了一些以某一个或者某几个同类型账户为主账户的从属性账户，用来提供辅助性信息。这些从属性账户称为调整账户，主账户称为被调整账户。除货币资产账户以外，资产类账户几乎都设置有调整账户。例如，“坏账准备”是“应收账款”等债权账户共同的调整账户，“存货跌价准备”是“原材料”等存货账户共同的调整账户，“累计折旧”和“固定资产减值准备”是“固定资产”账户的两个调整账户，等等。被调整账户提供的信息与调整账户提供的信息相组合，可以产生出新的指标信息。例如，“固定资产”账户的借方余额提供现有固定资产的原始投资信息，“累计折旧”账户的贷方余额提供现有固定资产的累计已提折旧信息，“固定资产减值准备”账户的贷方余额提供现有固定资产的已提减值准备金信息；而“固定资产”账户的借方余额减去“累计折旧”账户的贷方余额后的差额是“现有固定资产净值”的新指标信息，等等。调整账户对被调整账户的调整有抵减和附加两种调整方式。当调整账户与被调整账户的余额方向相反时采用抵减方式，当调整账户与被调整账户的余额方向一致时采用附加方式。采用抵减方式的调整账户称为备抵调整账户，简称备抵账户；采用附加方式的调整账户称为附加调整账户，简称附加账户。现行会计准则所设置的调整账户大都是备抵账户。

（3）“库存商品”账户。该账户是资产账户，核算企业库存待售的各种商品的实际成本，借方登记完工入库产成品转入的实际成本，贷方登记出库产品转出的实际成本，余额在借方，表示现有库存商品的实际成本。该账户按库存商品的种类、品种和规格设置明细账户，进行明细核算。

2.9 生产过程业务核算的账务处理过程

生产过程业务的核算包括对各种生产费用的归集和分配，其账务处理比较复杂，为了对生产过程业务的核算有一个整体性的把握，现将生产过程业务核算的账务处理的基本过程整理如图3-1所示。

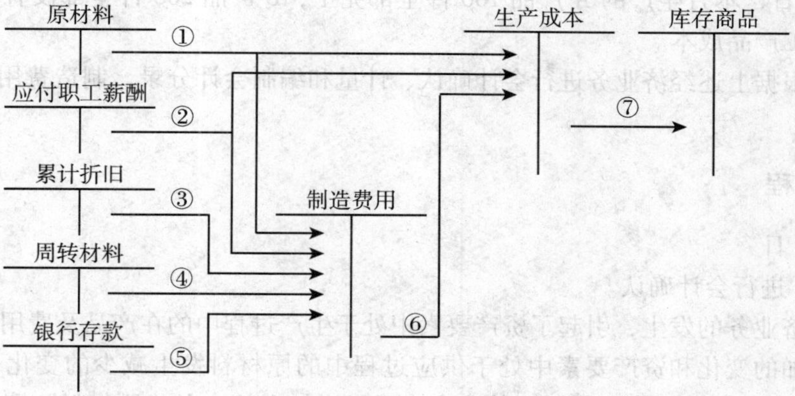

图 3-1 生产过程业务核算的账务处理基本过程

注：①领用原材料，其中，直接材料费用记入“生产成本”账户，车间间接材料费用记入“制造费用”账户；②分配薪酬费用，其中，直接生产工人的部分记入“生产成本”账户，车间管理人员的部分记入“制造费用”账户；③计提固定资产折旧费；④领用低值易耗品等周转材料；⑤以银行存款支付车间间接费用；⑥分配结转制造费用；⑦结转完工产品成本。

3. 任务设计

【例 3-3】 中川实业有限公司 20××年 12 月发生下列有关产品生产的经济业务：

（1）20 日，仓库发出材料汇总如表 3-1 所示。

（2）25 日，分配本月应付职工工资，其中：生产 A 产品工人工资 24 000 元，生产 B 产品工人工资 18 000 元，车间管理人员工资 2 000 元，公司管理部门人员工资 16 000 元。

（3）26 日，按工资总额的 1.5% 计提职工教育经费。

表 3-1　　材料耗用汇总表　　单位：元

项　目	甲材料	乙材料	丙材料	合　计
生产产品耗用	40 000	20 000	12 000	72 000
其中：A 产品	26 000	13 000	8 000	47 000
B 产品	14 000	7 000	4 000	25 000
车间一般耗用			600	600
行政管理部门耗用		300	100	400
合　计	40 000	20 300	12 700	73 000

（4）28 日，计提本月固定资产折旧，其中：车间固定资产折旧 5 920 元，公司管理部门固定资产折旧 5 800 元。

（5）29 日，以银行存款支付车间水电费 8 000 元。

（6）30 日，委托银行代发工资 60 000 元。

（7）31 日，本月共发生的制造费用 16 800 元，按生产工人的工资比例进行分配。

（8）31 日，本月生产的 A 产品 100 件全部完工，B 产品 200 件全部没有完工，计算和结转本月完工产品成本。

要求：根据上述经济业务进行会计确认、计量和编制会计分录。制造费用分配率保留 4 位小数。

⟹工作过程

12 月 20 日

步骤 1：进行会计确认。

这项经济业务的发生，引起了资产要素中处于生产过程中的在产品及费用要素中的管理费用发生增加的变化和资产要素中处于供应过程中的原材料发生减少的变化，应在“生产成本”、“制造费用”、“管理费用”等账户中登记增加金额，在“原材料”账户中登记减少金额。

提示 （1）发生的生产费用归集为产品成本，生产过程中正在生产的产品即在产品是企业的资产，在产品成本虽然专门设置成本账户核算，但其经济内容属于资产要素，所以，生产费用增加实质上是处于生产过程中的资产增加。（2）公司管理部门发生的费用是费用要素中的管理费用，不属于生产费用，不是生产业务核算的范围，但在实际工作中，管理费用中的很多项目是与生产费用连在一起同时发生的，例如，生产车间去仓库领料时公司管理部门也同时去领用一些消耗性材料物品或维修材料、所有职工一起发工资、全公司的水电费一起支付，等等。因此，核算上也就连在一起进行，只是分别记入不同的账户。这里的任务设计与执行就是基于适应实际工作的需要来考虑和安排的。

步骤 2：进行会计计量。

该项经济业务应按实际成本计量，“生产成本”账户借方应记金额为 72 000 元，“制造费用”账户借方应记金额为 600 元，“管理费用”账户借方应记金额为 400 元，“原材料”账户贷方应记金额为 73 000 元。

步骤 3：根据材料耗用汇总表编制会计分录如下：

借：生产成本——A 产品	47 000	
——B 产品	25 000	
制造费用	600	
管理费用	400	
贷：原材料——甲材料		40 000
——乙材料		20 300
——丙材料		12 700

提示 材料耗用汇总表是根据领料单汇总编制的汇总原始凭证，如果领料单不多，应附在材料耗用汇总表后面一起流转与保存，如果领料单很多，可以单独装订成册进行保存。

12 月 25 日

步骤 1：进行会计确认。

这项经济业务的发生，引起了资产要素中的在产品及费用要素中的管理费用和负债要素中的应付职工薪酬同时发生增加的变化，应分别在“生产成本”、“制造费用”、“管理费用”和“应付职工薪酬”四个账户中登记增加金额。

步骤 2： 进行会计计量。

该项经济业务应按实际成本计量，“生产成本”账户借方应记金额为 42 000 元，“制造费用”账户借方应记金额为 2 000 元，“管理费用”账户借方应记金额为 16 000 元，“应付职工薪酬”账户贷方应记金额为 60 000 元。

步骤 3： 根据工资费用分配表编制会计分录如下：

借：生产成本——A 产品　　24 000
　　　　　　——B 产品　　18 000
　　制造费用　　2 000
　　管理费用　　16 000
　　贷：应付职工薪酬——工资　　60 000

12 月 26 日

步骤 1： 进行会计确认。

这项经济业务的发生，与分配工资业务相类似，应在“生产成本”、“制造费用”、“管理费用”和“应付职工薪酬”四个账户中进行相应记录。

步骤 2： 进行会计计量。

该项经济业务应按实际成本计量，“生产成本”账户借方应记金额为 630 元（其中，A 产品 360 元，B 产品 270 元），“制造费用”账户借方应记金额为 30 元，“管理费用”账户借方应记金额为 240 元，“应付职工薪酬”账户贷方应记金额为 900 元。

步骤 3： 根据职工教育经费计提分配表编制会计分录如下：

借：生产成本——A 产品　　360
　　　　　　——B 产品　　270
　　制造费用　　30
　　管理费用　　240
　　贷：应付职工薪酬——职工教育经费　　900

12 月 28 日

步骤 1： 进行会计确认。

这项经济业务的发生，引起了资产要素中的在产品及费用要素中的管理费用发生增加的变化和资产要素中的固定资产发生价值减少（折旧额增加）的变化，应分别在“制造费用”、“管理费用”和“累计折旧”三个账户登记增加金额。

步骤 2： 进行会计计量。

该项经济业务应按实际成本计量，“制造费用”账户借方应记金额为 5 920 元，“管理费用”账户借方应记金额为 5 800 元，“累计折旧”账户贷方应记金额为 11 720 元。

步骤 3： 根据固定资产折旧计算表编制会计分录如下：

借：制造费用　　5 920
　　管理费用　　5 800
　　贷：累计折旧　　11 720

12 月 29 日

步骤 1： 进行会计确认。

这项经济业务的发生，引起了资产要素中的在产品和银行存款发生一增一减的变化，应在“制造费用”账户中登记增加金额，在“银行存款”账户中登记减少金额。

步骤2：进行会计计量。

该项经济业务应按实际成本计量，金额为8 000元。

步骤3：根据电费发票和支票存根等原始凭证，编制会计分录如下：

借：制造费用　　8 000

　　贷：银行存款　　8 000

提示　企业生产车间发生的水电费，如果安装有度量表，能够划分清楚产品生产动力耗用和车间一般性耗用的，产品生产动力耗用部分应当直接计入产品成本，借记“生产成本”账户。

12月30日

步骤1：进行会计确认。

这项经济业务的发生，引起了负债要素中的应付职工薪酬和资产要素中的银行存款同时发生减少的变化，应分别在“应付职工薪酬”和“银行存款”两个账户中登记减少金额。

步骤2：进行会计计量。

该项经济业务应按实际成本计量，金额为60 000元。

步骤3：根据支票存根和工资结算单等原始凭证，编制会计分录如下：

借：应付职工薪酬——工资　　60 000

　　贷：银行存款　　60 000

12月31日

提示　这是月末进行本月制造费用的分配与结转业务，属于会计再计量的工作，需要分配的金额是“制造费用”账户分配前的借方余额（本例为16 550元）。这项工作是在将本月发生的制造费用全部登记到“制造费用”账户的基础上进行的，这里省略了根据会计分录登记账户的操作，登记结果见表3－3制造费用明细账所示。

步骤1：进行会计确认。

制造费用的结转业务会引起资产要素中的在产品发生此增彼减的变化，应在“生产成本”账户中登记增加金额，在“制造费用”账户中登记减少金额。

提示　制造费用的结转使在产品的一部分成本由生产费用形式转变成成本形式，总成本并没有发生变化。

步骤2：进行会计计量。

按实际成本计量，首先进行分配计算：

$$分配率=\frac{16\ 550}{24\ 000+18\ 000}=0.3940$$

A产品应负担制造费用＝24 000×0.3940＝9 456（元）

B产品应负担制造费用＝16 550－9 456＝7 094（元）

请注意 在分配共同性费用时，如果费用分配率有四舍五入的情况，会发生分配尾差，其简捷的解决办法是对最后一个分配对象采用扣除法计算，即将待分配的共同性费用总额减去前面的分配对象已分配金额后的金额作为最后一个分配对象应负担的费用，将尾差分配给最后一个分配对象。

其次，根据分配结果编制制造费用分配表如表3－2所示。

表3－2 **制造费用分配表**

20××年12月 单位：元

受益对象	工资总额	分配率	金额
A产品	24 000		9 456
B产品	18 000		7 094
合计	42 000	0.3940	16 550

步骤3：根据制造费用分配表编制会计分录如下：

借：生产成本——A产品 9 456

——B产品 7 094

贷：制造费用 16 550

提示 这种由会计人员根据账户记录在账户之间进行结转的会计事项比较多，是由会计人员根据已有的账户记录数据编制分配计算表等作为原始凭证进行结转的。

根据以上全部会计分录登记的制造费用明细账如表3－3所示。

表3－3 **制造费用明细账**

××年		凭证号数	摘要	借方							贷方	借或贷	余额
月	日			材料费	工资	教育经费	折旧费	水电费	其他	合计			
12	20	略	分配材料费	600						600		借	600
12	25	略	分配工资		2 000					2 000		借	2 600
12	26	略	计提教育经费			30				30		借	2 630
12	28	略	计提折旧费				5 920			5 920		借	8 550
12	29	略	支付水电费					8 000		8 000		借	16 550
12	31	略	分配转出								16 550	平	0
12	31		本月合计	600	2 000	30	5 920	8 000		16 550	16 550	平	0

12月31日

提示 制造费用分配结转并记入“生产成本”账户后，各种产品本月所发生的生产费用全部都记入到了各种产品的成本明细账中，紧接着就是将本月发生的生产费用与月初在产品成本加在一起，在同一种产品的完工产品与在产品之间进行分配，计算本月完工产品成本与月末在产品成本，并对本月完工产品成本进行结转。这里省略了登记“生产成本”账户和回避了比较复杂的成本计算的操作，只展示两种产品成本明细账的登记结果样本和进行很简单的成本计算。

步骤1：进行会计确认。

这项经济业务的发生，引起了资产要素中的库存商品和在产品发生一增一减的变化，应在“库存商品”账户中登记增加金额，在“生产成本”账户中登记减少金额。

步骤2：进行会计计量。

该项经济业务应按实际成本计量，根据A、B两种产品的完工情况和产品成本明细账中归集成本数据，A产品成本明细账中归集的全部生产费用都是完工产品成本，金额为80 816元，B产品成本明细账中归集的全部生产费用都是月末在产品成本，没有完工产品成本。

提示 在实际工作中，这个步骤的工作有两个基本环节和若干具体的操作，基本环节包括：按产品编制完工产品与在产品生产费用分配表、根据每种产品的完工产品与在产品生产费用分配表汇总编制产品成本汇总表。具体方法将在后续专业课中学习，这里仅提供编制完成的产品成本汇总表样本，见表3－4。

表3－4　产品成本汇总表

20××年12月　　单位：元

产品名称	产　量	生产费用累计	月末在产品成本	完工产品成本	
				总成本	单位成本
A产品	100	80 816		80 816	808.16
B产品		50 364	50 364		
合　计	—	131 180	50 364	80 816	—

步骤3：根据产品成本汇总表编制会计分录如下：

借：库存商品——A产品　　80 816

　　贷：生产成本——A产品　　80 816

提示 本月的完工产品已经先行入库并在“库存商品”明细账中做了数量登记，这里是将其生产成本转入“库存商品”账户。

根据上述全部会计分录登记的产品成本明细账如表3－5和表3－6所示。

表 3－5　　　　生产成本明细账

产品名称：A 产品

××年		凭证号数	摘要	借方				贷方	借或贷	余额
月	日			直接材料	直接人工	制造费用	合计			
12	20	略	领用材料	47 000			47 000		借	47 000
12	25	略	分配工资		24 000		24 000		借	71 000
12	26	略	计提职工教育经费		360		360		借	71 360
12	31	略	分配制造费用			9 456	9 456		借	80 816
12	31	略	结转完工产品成本					80 816	平	0
12	31		本月生产费用合计	47 000	24 360	9 456	80 816	80 816	平	0

表 3－6　　　　生产成本明细账

产品名称：B 产品

××年		凭证号数	摘要	借方				贷方	借或贷	余额
月	日			直接材料	直接人工	制造费用	合计			
12	20	略	领用材料	25 000			25 000		借	25 000
12	25	略	分配工资		18 000		18 000		借	43 000
12	26	略	计提职工教育经费		270		270		借	43 270
12	31	略	分配制造费用			7 094	7 094		借	50 364
12	31		本月生产费用合计	25 000	18 270	7 094	50 364		借	50 364

动脑动手　企业发生的耗费哪些应记入“生产成本”账户，哪些应记入“制造费用”账户，哪些应记入“管理费用”账户？

4. 职业能力训练

4.1　判断（正确的在括号里打“√”，错误的打“×”。）

（1）企业发生的各项费用最终构成产品的制造成本。（　）

（2）生产车间管理人员的工资及福利费不属于直接费用。（　）

（3）“制造费用”账户期末分配结转后一般无余额。（　）

（4）“累计折旧”账户贷方登记折旧的增加额，借方登记折旧的减少额，因此它是负债类账户。（　）

（5）制造费用与管理费用不同，本期发生的管理费用直接影响本期损益，而本期发生的制造费用不一定影响本期的损益。（　）

4.2 选择（下列答案中有一项或多项是正确的，将正确答案前的英文字母填入括号内。）

（1）下列各项中属于计入生产成本的直接工资的是（　　）。

A. 车间管理人员工资　　B. 厂部管理人员工资

C. 生产工人工资　　D. 销售人员工资

（2）某企业某年12月份发生制造费用5 000元，该企业生产A、B、C三种产品，A产品耗用工时1 000小时，B产品耗用工时1 000小时，C产品耗用工时500小时。制造费用分配率是（　　）。

A. 2　　B. 0.5　　C. 2.5　　D. 5

（3）“固定资产”账户的借方余额反映的是现有固定资产的（　　）。

A. 原始价值　　B. 折余价值　　C. 重置价值　　D. 净值

（4）某公司5月初在产品余额500元，库存商品余额1 000元。当月发生生产费用共计4 500元，当月产品完工成本4 000元，发出库存商品3 800元，则5月末库存商品的余额是（　　）。

A. 1 000元　　B. 1 200元　　C. 1 400元　　D. 2 200元

（5）下列项目中应通过“制造费用”账户进行归集的是（　　）。

A. 产品生产工人薪酬　　B. 车间管理人员薪酬

C. 车间维修厂房领用的原材料　　D. 企业管理部门的办公费

4.3 学习情境实训

【实训目的】训练生产过程业务的会计处理能力。

【情境资料】星辰公司20××年5月发生下列经济业务：

（1）根据仓库领料单汇总，本月材料耗用情况如表3－7所示。

表3－7　　星辰公司20××年5月材料耗用情况　　单位：元

项　目	甲材料	乙材料	丙材料	合　计
生产产品耗用	15 000		15 500	30 500
其中：A产品	10 000		9 300	19 300
B产品	5 000		6 200	11 200
车间一般耗用	1 250		4 650	5 900
行政管理部门耗用		800		800
合　计	16 250	800	20 150	37 200

（2）分配本月职工工资65 000元，其中，生产A产品工人工资30 000元，生产B产品工人工资15 000元，车间管理人员工资7 000元，厂部管理人员工资8 000元，专设销售机构人员工资5 000元。

（3）以银行存款支付电费8 700元，按用途分配如下：生产A产品用3 000元，生产B产品用4 100元，车间照明用1 000元，厂部照明用600元。

(4) 车间购买办公用品1 100元，以现金支付，办公用品直接交付使用。

(5) 通过银行转账支付职工工资，金额见前列第（2）项。

(6) 本月应计提固定资产折旧18 400元，其中，车间固定资产应计提12 000元，厂部固定资产应计提6 400元。

(7) 以银行存款支付水费2 400元，其中，车间一般耗用1 400元，厂部耗用1 000元。

(8) 车间生产工人领用工作服8 400元，全厂清洁工人领用工作服670元。

(9) 按生产工人工时比例分配结转本月发生的制造费用，生产A产品耗用1 200工时，生产B产品耗用800工时。

(10) 本月生产的A产品40件全部完工验收入库，B产品完工20件，还有部分没有完工，B产品月末在产品成本4 500元。结转本月完工产品成本。

【实训要求】

(1) 根据上述经济业务编制会计分录。

(2) 登记生产成本明细账和制造费用明细账。

根据教学安排，可在课堂上进行也可在课外进行，可分组进行也可个体进行。实训所需分配表和明细账请教师准备。可不列出工作步骤和内容，完成后，教师安排适当规模的学生在课堂上汇报实训成果，并进行点评。

任务4 销售过程业务的核算

1. 任务描述

在销售过程中，企业向购货单位销售所生产的产品，收回货款，取得销售收入。在这个过程中，销售部门负责开具销售发票，仓库负责发出商品，财务部门负责结算货款，会计部门负责进行会计核算。对销售过程业务进行会计核算时，会计人员一是对相关原始凭证进行审核；二是进行会计确认；三是进行会计计量；四是根据审核无误的原始凭证和确认、计量的结果编制会计分录。

2. 综合知识

2.1 销售过程基本知识

企业所生产的产品必须销售出去，收回销货款，生产经营活动才能继续下去。销售过程是指企业从仓库发出商品开始，到从购货方收回货款止的业务活动过程。销售过程是工业企业生产经营过程的第三个阶段，是产品价值的实现过程。在这个过程中，企业将产品销售给购货单位，与购货单位进行货款结算收回销货款，取得销售收入，发生相应的销售费用，向国家缴纳营业税金及附加费。销售过程的经济业务主要包括取得销售收入、收取销货款、计算和结转销售成本、发生销售费用、计算和缴纳营业税金及附加等。

2.2 销售过程业务的核算账户

(1)“主营业务收入”账户。该账户是损益类收入账户，核算企业从销售商品、提供劳务等主营业务活动中所取得的收入，贷方登记取得的主营业务收入，借方登记期末转入

"本年利润"账户的主营业务收入，平时余额在贷方，期末结转后无余额。该账户按主营业务的种类设置明细账户，进行明细核算。

知识与能力拓展

企业销售商品的收入在满足以下条件时才能予以确认：

① 企业已将商品所有权上的主要风险和报酬转移给购货方；

② 企业既没有保留通常与所有权相联系的继续管理权，也没有对已售出商品实施控制；

③ 与交易相关的经济利益能够流入企业；

④ 相关的收入和成本能够可靠地计量。

对于符合收入确认条件的应当确认为本期实现的销售收入，按企业与购货方签订的合同或协议金额或双方接受的金额入账。

（2）"其他业务收入"账户。该账户是损益类收入账户，核算企业除主营业务收入以外取得的收入，如销售材料、出租资产等取得的收入。其贷方登记取得的其他业务收入，借方登记期末转入"本年利润"账户的其他业务收入，平时余额在贷方，期末结转后无余额。该账户按其他业务收入的种类设置明细账户，进行明细核算。

（3）"应收账款"账户。该账户是资产账户，核算企业因销售商品、提供劳务等应向购货单位或接受劳务单位收取的款项，借方登记应收的账款，贷方登记收回的账款，余额在借方，表示尚未收回的应收账款。该账户按债务人设置明细账户，进行明细核算。

（4）"应收票据"账户。该账户是资产账户，核算企业因销售商品、提供劳务等收到的商业汇票，借方登记企业应收的商业汇票款项，贷方登记到期收回的商业汇票款项，余额在借方，表示企业应收的商业汇票款项。该账户按开出、承兑商业汇票的单位设置明细账户，进行明细核算。企业还应设置"应收票据备查簿"，逐笔登记商业汇票的种类、号数和出票日期、票面金额、票面利率、交易合同号等资料，应收票据到期结清票款或退票后，应当在备查簿内逐笔注销。

请注意 商业汇票销售与赊销都会在商品交易中形成应收债权。但是收到的商业汇票已由付款方或银行承兑，付款期限最长不超过6个月，比较有保证在票据到期时收回款项；而赊销主要是靠购货单位或接受劳务单位的信誉收款，有可能很长时间收不回款项，影响资金周转，还有可能付款方因为种种原因无法付款，形成坏账。因此，企业在销售商品时应谨慎选择收款方式。

（5）"预收账款"账户。该账户是负债账户，核算企业按合同规定向购货单位预收的货款，贷方登记预收的货款以及销售实现时购货方补付的货款，借方登记商品销售应收的货款，余额一般在贷方，表示企业预收的货款。若为借方余额，表示企业应向购货单位补收的货款。该账户按购货单位设置明细账户，进行明细核算。

（6）"主营业务成本"账户。该账户是损益类费用账户，核算企业销售商品、提供劳务等取得主营业务收入时结转的成本，借方登记转入主营业务成本，贷方登记期末转入"本年利润"账户的主营业务成本，平时余额在借方，期末结转后无余额。该账户按主营业务的种类设置明细账户，进行明细核算。

（7）"其他业务成本"账户。该账户是损益类费用账户，核算企业因取得其他业务收入所发生的支出，如销售材料的成本、出租固定资产的折旧额、出租无形资产的摊销额、出租包装物的成本等。其借方登记发生的其他业务成本，贷方登记期末转入"本年利润"账户的其他业务成本，平时余额在借方，期末结转后无余额。该账户按其他业务成本的种类设置明细账户，进行明细核算。

（8）“营业税金及附加”账户。该账户是损益类费用账户，核算企业因缴纳营业税、消费税、城市维护建设税、资源税和教育费附加等相关税费所形成的费用。其借方登记应负担的营业税金及附加，贷方登记期末转入“本年利润”账户的营业税金及附加，平时余额在借方，期末结转后无余额。

请注意 一般纳税人企业缴纳的增值税是价外税，采购材料物资所支付的增值税进项税额和抵扣后实际缴纳的增值税，都不属于“营业税金及附加”账户核算的范围。

（9）“销售费用”账户。该账户是损益类费用账户，核算企业在销售商品、提供劳务过程中发生的各种费用，包括保险费、包装费、展览费和广告费、商品维修费用、预计产品质量保障损失、由销货单位负担的商品运输费、装卸费等，以及专设销售机构的职工薪酬、业务费、折旧费等经营费用。其借方登记企业在销售过程中发生的各项销售费用，贷方登记期末转入“本年利润”账户的销售费用，平时余额在借方，期末结转后无余额。该账户按费用项目设置明细账户，进行明细核算。

提示 一般纳税人企业销售商品收取的增值税款记入“应交税费——应交增值税”账户贷方的“销项税额”专栏。

3. 任务设计

【例 3－4】中川实业有限公司 20××年 12 月发生下列有关产品销售的经济业务：

（1）9 日，向中海公司销售 A 产品 50 件，每件售价 1 500 元，价款 75 000 元，增值税款 12 750 元，全部款项已收存银行。

（2）12 日，向威海公司销售 B 产品 30 件，每件售价 700 元，价款 21 000 元，增值税款 3 570 元，全部款项尚未收回。

（3）16 日，收到红光公司预付 B 产品货款 10 000 元存入银行。

（4）19 日，收到威海公司前欠 B 产品的价税款存入银行。

（5）22 日，向红光公司发出 B 产品 70 件，每件售价 700 元，价款 49 000 元，增值税款 8 330 元。（注：16 日已预收货款 10 000 元）

（6）24 日，收到红光公司补付 22 日购买 B 产品的不足款项 47 330 元，存入银行。

（7）25 日，销售 W 材料 200 公斤，单价 50 元，增值税款 1 700 元，款项已收存银行。

（8）26 日，以银行存款支付产品广告费 15 000 元。

（9）31 日，计提本月应交城市维护建设税 3 600 元，应交教育费附加 1 543 元。

（10）31 日，结转本月产品销售成本：销售 A 产品 50 件，单位成本 839.60 元；B 产品 100 件，单位成本 270 元。

（11）31 日，结转本月 W 材料销售成本 6 000 元。

要求：根据上述经济业务编制会计分录。

⟹工作过程

12 月 9 日

步骤 1：进行会计确认。

这项经济业务的发生，引起了资产要素中的银行存款、负债要素中的应交税费和收入要素中的主营业务收入同时发生增加的变化，应分别在“银行存款”、“主营业务收入”和“应交税费——应交增值税（销项税额）”三个账户中登记增加金额。

步骤 2：进行会计计量。

该项经济业务应按实际成本计量，“银行存款”账户借方应记金额为 87 750 元，“主营业务收入”账户贷方应记金额为 75 000 元，“应交税费——应交增值税（销项税额）”账户贷方应记金额为 12 750 元。

步骤 3：根据增值税专用发票、银行进账单收账通知等原始凭证，编制会计分录如下：

借：银行存款	87 750	
贷：主营业务收入——A 产品		75 000
应交税费——应交增值税（销项税额）		12 750

12 月 12 日

步骤 1：进行会计确认。

这项经济业务的发生，与上述销售 A 产品相类似，只是货款没有收到，应分别在“应收账款”、“主营业务收入”和“应交税费——应交增值税（销项税额）”三个账户中登记增加金额。

步骤 2：进行会计计量。

该项经济业务应按实际成本计量，“应收账款”账户借方应记金额为 24 570 元，“主营业务收入”账户贷方应记金额为 21 000 元，“应交税费——应交增值税（销项税额）”账户贷方应记金额为 3 570 元。

步骤 3：根据增值税专用发票等原始凭证，编制会计分录如下：

借：应收账款——威海公司	24 570	
贷：主营业务收入——B 产品		21 000
应交税费——应交增值税（销项税额）		3 570

提示 如果销售商品时收到了购买方开出、承兑的商业汇票，将上述分录中的“应收账款”改为“应收票据”即可。

12 月 16 日

步骤 1：进行会计确认。

这项经济业务的发生，引起了资产要素中的银行存款和负债要素中的预收账款同时发生增加的变化，应分别在“银行存款”和“预收账款”两个账户登记增加金额。

步骤 2：进行会计计量。

该项经济业务应按实际成本计量，金额为 10 000 元。

步骤 3：根据银行进账单收账通知等原始凭证，编制会计分录如下：

借：银行存款	10 000	

贷：预收账款——红光公司 10 000

12 月 19 日

步骤 1：进行会计确认。

这项经济业务的发生，引起了资产要素中的银行存款和应收账款发生一增一减的变化，应在“银行存款”账户登记增加金额，在“应收账款”账户登记减少金额。

步骤 2：进行会计计量。

该项经济业务应按实际成本计量，金额为 24 570 元。

步骤 3：根据银行进账单收账通知等原始凭证，编制会计分录如下：

借：银行存款 24 570

贷：应收账款——威海公司 24 570

12 月 22 日

步骤 1：进行会计确认。

这项经济业务的发生，引起了收入要素中的主营业务收入发生增加和负债要素中的应交税费发生增加及预收账款发生减少的变化，应在“预收账款”账户中登记减少金额，在“主营业务收入”和“应交税费——应交增值税（销项税额）”两个账户中登记增加金额。

步骤 2：进行会计计量。

该项经济业务应按实际成本计量，“预收账款”账户借方应记金额为 57 330 元，“主营业务收入”账户贷方应记金额为 49 000 元，“应交税费——应交增值税（销项税额）”账户贷方应记金额为 8 330 元。

步骤 3：根据增值税专用发票等原始凭证，编制会计分录如下：

借：预收账款——红光公司 57 330

贷：主营业务收入——A 产品 49 000

应交税费——应交增值税（销项税额） 8 330

12 月 24 日

步骤 1：进行会计确认。

这项经济业务的发生，与前述 19 日收到预收货款的情形相同，不再赘述。

步骤 2：进行会计计量。

该项经济业务应按实际成本计量，金额为 47 330 元。

步骤 3：根据银行进账单收账通知等原始凭证，编制会计分录如下：

借：银行存款 47 330

贷：预收账款——红光公司 47 330

12 月 25 日

步骤 1：进行会计确认。

这项经济业务的发生，与销售产品的业务相类似，只是收入属于其他业务收入，应分别在“银行存款”、“其他业务收入”和“应交税费——应交增值税（销项税额）”三个账户中登记增加金额。

步骤 2：进行会计计量。

该项经济业务应按实际成本计量，“银行存款”账户借方应记金额为 11 700 元，“其他业务收入”账户贷方应记金额为10 000元，“应交税费——应交增值税（销项税额）”账户贷方应记金额为1 700元。

步骤3：根据增值税专用发票、银行进账单等原始凭证，编制会计分录如下：

借：银行存款　　11 700

　　贷：其他业务收入——材料销售　　10 000

　　　　应交税费——应交增值税（销项税额）　　1 700

12月26日

步骤1：进行会计确认。

这项经济业务的发生，引起了资产要素中的银行存款和费用要素中的销售费用发生一增一减的变化，应在“销售费用”账户中登记增加金额，在“银行存款”账户中登记减少金额。

步骤2：进行会计计量。

该项经济业务应按实际成本计量，金额为15 000元。

步骤3：根据银行付款凭证、发票等原始凭证，编制会计分录如下：

借：销售费用——广告费　　15 000

　　贷：银行存款　　15 000

12月31日（第9项业务）

步骤1：进行会计确认。

这项经济业务的发生，引起了费用要素中的营业税金及附加和负债要素中的应交税费同时发生增加的变化，应分别在“营业税金及附加”和“应交税费”两个账户中登记增加金额。

步骤2：进行会计计量。

该项经济业务应按实际成本计量，金额为5 143元。

步骤3：根据纳税申报表等原始凭证，编制会计分录如下：

借：营业税金及附加　　5 143

　　贷：应交税费——应交城市维护建设税　　3 600

　　　　　　　　——应交教育费附加　　1 543

提示　企业的营业税金及附加不是在实际缴纳税款时确认为费用的，而是在当月确认费用次月10日前缴纳税款，当月确认费用时形成应交税费负债。所得税费用也是这样处理的。

12月31日（第10项业务）

步骤1：进行会计确认。

这项经济业务的发生，引起了资产要素中的库存商品和费用要素中的主营业务成本发生一增一减的变化，应在“主营业务成本”账户中登记增加金额，在“库存商品”账户中登记减少金额。

步骤2：进行会计计量。

该项经济业务应按实际成本计量，金额计算如下：

产品销售成本＝销售数量×单位生产成本

A产品销售成本＝50×839.60＝41 980（元）

B产品销售成本＝100×270＝27 000（元）

步骤3：根据销售成本计算表等原始凭证，编制会计分录如下：

借：主营业务成本——A产品　　41 980
　　　　　　　　——B产品　　27 000
　贷：库存商品——A产品　　41 980
　　　　　　　——B产品　　27 000

12月31日（第11项业务）

步骤1：进行会计确认。

这项经济业务的发生，与结转产品销售成本业务相类似，只是属于其他业务成本，应在“其他业务成本”账户中登记增加金额，在“原材料”账户中登记减少金额。

步骤2：进行会计计量。

该项经济业务应按实际成本计量，金额为6 000元。

步骤3：根据销售成本计算表等原始凭证，编制会计分录如下：

借：其他业务成本——材料销售　　6 000
　贷：原材料——W材料　　6 000

4. 职业能力训练

4.1　判断（正确的在括号里打“√”，错误的打“×”。）

（1）结转产品销售成本应借记“主营业务成本”账户，贷记“生产成本”账户。（　　）

（2）“主营业务收入”账户期末为贷方余额。（　　）

（3）销售产品所支付的运杂费应计入销售费用。（　　）

（4）销售材料收入属于其他业务收入。（　　）

（5）核算损益的账户期末都没有余额。（　　）

4.2　选择（下列答案中有一项或多项是正确的，将正确答案前的英文字母填入括号内。）

（1）在对企业购销活动的核算中，表示企业负债减少的记录有（　　）。

A. “应付账款”账户的借方　　B. “应付票据”账户的借方
C. “预收账款”账户的借方　　D. “预付账款”账户的借方

（2）下列各项中，属于工业企业其他业务成本的有（　　）。

A. 销售材料成本
B. 投资损失和营业外支出
C. 出租包装物的成本、费用和税金
D. 转让商标使用权的成本、费用和税金

（3）下列各项中，需要用产品或劳务抵偿的债务是（　　）。

A. 应付账款　B. 预付账款　C. 短期借款　D. 预收账款

（4）我国企业会计准则和会计制度所指的收入包括（　　）。

A. 主营业务收入　B. 其他业务收入　C. 投资收益　D. 营业外收入

(5) 下列各项中，应记入“营业税金及附加”账户的有（　　）。

A. 增值税　　B. 消费税

C. 城市维护建设税　　D. 教育费附加

4.3 学习情境实训

【实训目的】训练企业销售业务的会计处理能力。

【情境资料】星辰公司20××年7月发生下列经济业务：

(1) 销售给振海公司A产品16件，单价2 500元，计40 000元，增值税税率17%，增值税专用发票已开出，购货单位送来面额为35 000元的转账支票一张，余款暂欠。

(2) 销售B产品10件，每件售价1 300元，增值税税率17%，增值税专用发票已开出，收到面额为10 000元的商业汇票一张，其余款项存入银行。

(3) 收到振海公司前欠的货税款11 800元存入银行。

(4) 收到中兴公司送来16 000元的转账支票一张，作为购买A产品80件的预付款，当即送存银行。

(5) 以银行存款支付广告费4 500元。

(6) 销售给中港公司A产品10件，单价2 500元，另以现金代垫运杂费500元，增值税税率17%，增值税专用发票已开出，款项尚未收到。

(7) 以银行存款支付销售B产品的运输费1 500元。

(8) 结转本月产品销售成本，其中A产品48 800元，B产品4 500元。

(9) 按已销售A、B两种产品销售收入的15%计算并结转应纳消费税。

(10) 出售积压原材料一批，实际采购成本9 400元，收回金额8 500元，已存入银行。

【实训要求】根据上述经济业务编制会计分录。根据教学安排，可在课堂上进行也可在课外进行，可分组进行也可个体进行。可不列出工作步骤和内容，完成后，教师安排适当规模的学生在课堂上汇报实训成果，并进行点评。

任务5　相关费用与营业外收支业务的核算

1. 任务描述

工业企业的生产经营过程主要包括供应过程、生产过程和销售过程三个基本阶段，但是，工业企业的经济活动和经济业务却不仅仅发生在这三个阶段当中。除了前面任务1中的筹资业务以外，还有一些带全局性或者偶然性的经济活动和经济业务发生，例如，企业高层管理部门为组织和管理这三个阶段的活动所发生的活动、缴纳所得税的活动、发生直接计入利润的利得和损失的活动，等等。本任务就是要解决怎样对这些经济活动进行会计核算的问题。相关费用与营业外收支业务主要包括发生管理费用、资产减值损失、所得税费用、投资收益、营业外收入和营业外支出等经济业务。对这些经济业务进行会计核算时，会计人员一是对相关原始凭证进行审核；二是进行会计确认；三是进行会计计量；四是根据审核无误的原始凭证和确认、计量的结果编制会计分录。

2. 综合知识

2.1 管理费用及其核算账户

每一个企业都需要设置企业一级的高层管理部门并配置相应的管理人员来协调、组织和管理整个企业的生产经营活动。管理费用就是指企业为组织和管理生产经营所发生的各项费用，包括企业在筹建期间发生的开办费、董事会费，行政管理部门在企业的经营管理中发生的或由企业统一负担的公司经费（包括行政管理部门职工的各种薪酬、修理费、物料消耗、低值易耗品摊销、办公费、差旅费等）、工会经费、聘请中介机构费、咨询费、诉讼费、业务招待费、房产税、车船税、土地使用税、印花税、技术转让费、矿产资源补偿费、研究费用、排污费等。

企业发生的各种管理费用设置“管理费用”账户进行核算。该账户是损益类费用账户，借方登记发生的各项管理费用，贷方登记期末转入“本年利润”账户的管理费用，平时余额在借方，期末结转后无余额。该账户按费用项目设置明细账户，进行明细核算。

2.2 资产减值损失及其核算账户

资产减值损失是企业依据谨慎性原则，对资产在未来可能发生减值所预计的减值损失。预计资产减值损失就是采用适当的方法预计资产在未来可能发生的减值损失金额，将其确认为当期费用，在当期通过抵减收入形成相应的资产减值准备金。企业所建立的资产减值准备金就是用来弥补未来实际发生的资产减值损失。因此，会计上的资产减值损失并不是企业在当期实际发生了的资产减值损失，而是指企业计提各项资产减值准备所形成的损失。

企业的资产减值损失设置“资产减值损失”账户进行核算。该账户是损益类费用账户，借方登记计提资产减值准备时确认的金额，贷方登记期末转入“本年利润”账户的金额，平时余额在借方，期末结转后无余额。

提示 为了核算企业提取的各项资产减值准备金，需要设置相应的账户，如“坏账准备”、“存货跌价准备”以及“固定资产减值准备”等各项非流动资产的减值准备账户。资产减值准备的计提及弥补实际发生的减值损失的核算很复杂，需留待后续专业课程中学习，本任务仅奠定前述基本知识基础。

2.3 营业外收支及其核算账户

这里的营业外收支是指企业在日常生产经营活动以外所发生的直接计入当期利润的利得和损失，主要包括投资收益、营业外收入、营业外支出等内容。

（1）投资收益。投资收益是指企业将资产投到企业之外的经济实体去运营所取得的利得和发生的损失相抵减后的净收益或净损失，主要包括出售或持有交易性金融资产、持有至到期投资、可供出售金融资产、长期股权投资等取得的利得和发生的损失。例如，企业将属于交易性金融资产的股票、债券出售获得的利得或发生的损失、持有长期股权投资分得的利润或承担的亏损等。

企业的投资收益设置“投资收益”账户进行核算。该账户是损益类利得账户，贷方登记取得的投资利得，借方登记发生的投资损失及期末转入“本年利润”账户的净收益，平时余额一般在贷方，期末结转后无余额。如果期末结转前是借方余额，则表示净损失，这时，应从贷方结转“本年利润”账户。

（2）营业外收入。营业外收入是指企业发生的与其生产经营活动无直接联系的各项直接计入当期利润的利得，包括处置非流动资产利得、罚没利得、政府补助利得、捐赠利得、非货币性资产交易利得、债务重组利得、无法支付的应付款项利得等。

企业取得的营业外收入设置“营业外收入”账户进行核算。该账户是损益类利得账户，贷方登记实际发生的营业外收入，借方登记期末转入“本年利润”账户的营业外收入，平时余额在贷方，期末结转后无余额。该账户按利得项目设置明细账户，进行明细核算。

（3）营业外支出。营业外支出是指企业发生的与其生产经营活动没有直接联系的各项损失与支出，包括处置非流动资产损失、固定资产盘亏损失、非常损失、公益性捐赠支出、罚款支出、非货币性资产交易损失、债务重组损失等。

企业发生的营业外支出设置“营业外支出”账户进行核算。该账户是损益类损失账户，借方登记实际发生的营业外支出，贷方登记期末转入“本年利润”账户的营业外支出，平时余额在借方，期末结转后无余额。该账户按支出项目设置明细账户，进行明细核算。

2.4 所得税费用及其核算账户

2.4.1 所得税与所得税费用

企业所得税是国家以企业取得的生产经营所得和其他所得为征税对象所征收的一种税。从会计角度说，企业所得税是国家就企业获得的利润征收的税。企业实现利润后应按税法规定计算缴纳所得税。企业缴纳所得税所形成的费用就是所得税费用。

企业的所得税费用不是在企业日常活动中发生的，而是企业从事日常活动获得利润以后发生的。这是所得税费用与费用要素中的其他费用项目相比所具有的一个重要特点。

请注意 由于计算口径与计算方法存在差异，因此，在一个确定的会计期间内，企业的所得税费用金额与企业的应交所得税金额不一定是相同的。简单地说，所得税费用以会计上的利润总额作为计算依据，应交所得税以税法上的应纳税所得额作为计算依据。利润总额按会计理论与政策计算，应纳税所得额按税法规定计算，二者存在着差异。比如，会计上确认为收入的，税法上不一定确认为收入；会计上确认为费用和损失的，税法上不一定确认为费用和损失；会计上在这个期间确认为收入、费用和损失的，税法上不一定在这个期间确认为收入、费用和损失。当这些差异所涉及的交易或事项（通常叫做涉税调整事项）发生了的情况下，企业的所得税费用金额与应交所得税金额也就会出现差异。在实际工作中，二者通常都存在差异。这种差异包括因为计算口径不同所产生的永久性差异和因为采用的计算方法不同所产生的暂时性差异两种。有关差异的具体情况及企业会计核算上的调整方法，将在后续专业课程中进行学习。在本课程的学习中，我们都假定企业没有发生涉税调整事项，企业的利润总额与应纳税所得额是相同的。

2.4.2 所得税费用的计算方法

企业的所得税费用按当期的利润总额和税法规定的所得税税率计算，现行企业所得税税率为25%。计算公式如下：

所得税费用 = 利润总额 × 所得税税率

利润总额是企业在计算扣除所得税费用之前的利润总金额，不是会计要素中定义的利润的总金额。可以用公式概括地表示如下：

利润总额 = 收入 − 所得税费用之外的各项费用 ± 直接计入当期利润的利得和损失

2.4.3 所得税费用的核算账户

企业的所得税费用设置“所得税费用”账户进行核算。该账户是损益类费用账户，借方登记本期发生的所得税费用，贷方登记期末转入“本年利润”账户的所得税费用，期末结转后无余额。

提示 企业本期的所得税费用只有到了期末时计算出利润总额之后才能据以进行计算和进行账务处理，所以，“所得税费用”账户平时一般也没有余额。

3. 任务设计

【例3-5】中川实业有限公司20××年12月发生下列有关管理费用、营业外收支及所得税费用的经济业务：

（1）3日，出售作为短期投资的股票一批，价款97 200元存入银行，经查该批股票的账面成本为86 000元。

（2）6日，以库存现金支付公司业务招待费1 900元。

（3）10日，处理出售一组机器设备的清理工作结束，结转清理后净收益9 400元。

（4）17日，总经理办公室主任张显出差回来，报销差旅费2 800元，出差时预借了差旅费款3 000元，现退回余款现金200元。

（5）20日，以银行存款2 180元支付公司电话费。

（6）26日，以银行存款向某希望小学捐款55 000元。

（7）31日，本期实现利润总额为50 000元，假定没有发生涉税调整事项，按25%计提本期应交所得税。

要求：根据上述经济业务编制会计分录。

⟹工作过程

12月3日

步骤1：进行会计确认。

这项经济业务的发生，引起了资产要素中的银行存款发生增加的变化及交易性金融资产发生减少的变化和利润要素中的投资利得发生增加的变化，应分别在“银行存款”和“投资收益”账户中登记增加金额，在“交易性金融资产”账户中登记减少金额。

步骤2：进行会计计量。

该项经济业务应按实际成本计量，“银行存款”账户借方应记金额为97 200元，“交易性金融资产”账户贷方应记金额为86 000元，“投资收益”账户贷方应记金额为11 200元（97 200－86 000）。

步骤3：根据银行进账单、股票交易交割单等原始凭证，编制会计分录如下：

借：银行存款	97 200	
贷：交易性金融资产		86 000
投资收益		11 200

12月6日

步骤1：进行会计确认。

这项经济业务的发生，引起了费用要素中的管理费用和资产要素中的库存现金发生一增一减的变化，应在“管理费用”账户中登记增加金额，在“库存现金”账户中登记减少金额。

步骤2：进行会计计量。

该项经济业务应按实际成本计量，金额为1 900元。

步骤3：根据费用报销单编制会计分录如下：

借：管理费用——业务招待费　　1 900

　　贷：库存现金　　1 900

12月10日

步骤1：进行会计确认。

知识与能力拓展

企业固定资产处理出售和报废的清理事项是设置“固定资产清理”账户核算的，该账户是资产账户，清理工作结束后，净收益表现为该账户贷方余额。这里需要注意的是，这个账户的核算内容虽然与固定资产有关，账户归属于资产类，但其核算内容的实质是营业外利得或损失。所以，这项经济业务实质上只涉及利润要素而不涉及资产要素。

这是一项结转营业外利得的会计事项，引起了利润要素中的利得发生此增彼减的变化，应在“固定资产清理”账户中登记利得转出金额，在“营业外收入”账户登记转入（增加）金额。

步骤2：进行会计计量。

该项经济业务应按固定资产清理过程中计量后的结果确定，即金额为9 400元。

步骤3：根据固定资产清理损益计算表编制会计分录如下：

借：固定资产清理　　9 400

　　贷：营业外收入　　9 400

12月17日

步骤1：进行会计确认。

提示　职工在出差前向企业预借（预支）的差旅费（款项）是企业的一种暂付款项，在“其他应收款”账户核算。该账户是资产账户，核算企业除了业务收入款项以外的各种暂付款项和其他应收款项。职工预借差旅费时借记该账户，出差归来报账清算时贷记该账户。

这项经济业务的发生，引起了资产要素中的库存现金发生增加的变化及其他应收款发生减少的变化和费用要素中的管理费用发生增加的变化，应分别在“库存现金”和“管理费用”账户中登记增加金额，在“其他应收款”账户中登记减少金额。

步骤2：进行会计计量。

该项经济业务应按实际成本计量，“库存现金”账户借方应记金额为200元，“管理费用”账户借方应记金额为2 800元，“其他应收款”账户贷方应记金额为3 000元。

步骤3：根据现金收据和差旅费报销单等原始凭证，编制会计分录如下：

借：库存现金　　200

　　管理费用——公司经费　　2 800

贷：其他应收款——张显 3 000

12 月 20 日

步骤 1：进行会计确认。

这项经济业务的发生，引起了费用要素中的管理费用和资产要素中的银行存款发生一增一减的变化，应在“管理费用”账户中登记增加金额，在“银行存款”账户中登记减少金额。

步骤 2：进行会计计量。

该项经济业务应按实际成本计量，金额为 2 180 元。

步骤 3：根据银行付款凭证和发票等原始凭证，编制会计分录如下：

借：管理费用——公司经费 2 180

贷：银行存款 2 180

12 月 26 日

步骤 1：进行会计确认。

这项经济业务的发生，引起了利润要素中的营业外支出和资产要素中的银行存款发生一增一减的变化，应在“营业外支出”账户中登记增加金额，在“银行存款”账户中登记减少金额。

步骤 2：进行会计计量。

该项经济业务应按实际成本计量，金额为 55 000 元。

步骤 3：根据银行付款凭证和受赠方的收据等原始凭证，编制会计分录如下：

借：营业外支出 55 000

贷：银行存款 55 000

12 月 31 日

步骤 1：进行会计确认。

这项经济业务的发生，引起了费用要素中的所得税费用和负债要素中的应交税费同时发生增加的变化，应分别在“所得税费用”和“应交税费”两个账户中登记增加金额。

步骤 2：进行会计计量。

按实际成本计量，本期所得税费用 = 50 000 × 25% = 12 500 元。因为没有发生涉税调整事项，所以，本期应交所得税也是 12 500 元。

步骤 3：根据纳税申报表等原始凭证，编制会计分录如下：

借：所得税费用 12 500

贷：应交税费——应交所得税 12 500

4. 职业能力训练

4.1 判断（正确的在括号里打“√”，错误的打“×”。）

（1）营业外支出是企业为取得营业外收入所发生的费用。（ ）

（2）缴纳所得税形成一项费用，而不是对利润进行分配。（ ）

（3）资产减值损失属于企业的营业外损失。（ ）

（4）如果应交所得税与所得税费用不相等，一定是发生了差错。（ ）

（5）“所得税费用”账户的借方应在缴纳税款时进行登记。（ ）

4.2 选择（下列答案中有一项或多项是正确的，将正确答案前的英文字母填入括号内。）

（1）下列事项应计入营业外支出的是（　）。

A. 批准转销的无法收回的应收账款　　B. 缴纳的罚款支出

C. 处理固定资产的净损失　　D. 各项资产的减值损失

（2）企业确实无法支付的应付账款，应转入的账户是（　）。

A. 银行存款　B. 营业外收入　C. 资本公积　D. 盈余公积

（3）下列项目属于营业外收入的是（　）。

A. 银行存款利息收入　　B. 接受捐赠

C. 对外提供劳务的收入　　D. 投资收益

（4）期末计提所得税费用所涉及的账户是（　）。

A. 应交税费　B. 所得税费用　C. 本年利润　D. 银行存款

（5）下列表述正确的是（　）。

A. 会计上的资产减值损失不是实际发生的损失

B. “投资收益”账户有时可能会出现借方余额

C. 管理费用不包括生产车间管理生产发生的费用

D. 企业的应交所得税额与所得税费用额可能不相同

4.3 学习情境实训

【实训目的】训练营业外收支及所得税费用的会计处理能力。

【情境资料】星辰公司20××年9月发生下列经济业务：

（1）经批准将长期无法支付的应付账款3 550元转作营业外收入。

（2）以银行存款向希望工程捐赠8 000元。

（3）收到罚款收入50 000元存入银行。

（4）以银行存款支付违章罚款1 500元。

（5）本月利润总额80 000元，按25%计提本月应交所得税。

【实训要求】根据上述经济业务编制会计分录。根据教学安排，可在课堂上进行也可在课外进行。可不列出工作步骤和内容。完成后，教师可安排适当规模的学生在课堂上汇报实训成果，并进行点评。

任务6　净利润及其分配业务的核算

1. 任务描述

核算经营成果是企业会计核算工作的重要任务之一，企业经营成果包括利润或亏损。净利润及其分配业务的核算一般在期末进行，首先是进行净利润汇总的核算，将各损益账户的当前余额结转到“本年利润”账户。这项工作可以在中期期末分次进行，也可以在年末一次进行。其次是进行净利润分配的核算，包括计算分配金额和在“利润分配”账户记录分配情况。同净利润汇总的核算一样，这项工作既可以在中期期末分次进行，也可以在年末一次进行。最后是年末对本年度的全年净利润及其分配数额进行转销的处理。

提示 该任务所处理的经济业务与前面几个任务所处理的经济业务有所不同，该任务所处理的经济业务基本上不是在经济活动中直接发生的经济业务，而是对经济活动中直接发生的经济业务进行了会计确认、计量和记录的基础上，根据已经形成的账户记录结果进行结转和相关处理的事项。编制会计分录的依据基本上不是来自于实际经济活动中的原始凭证，而是会计人员根据已有账户记录编制的相关计算表格。

2. 综合知识

企业从事生产经营活动的目的是为了获得尽可能多的利润，最大限度地实现资本增值。但由于各种各样的原因，企业也可能发生亏损。不论是利润还是亏损，都是企业的经营结果。企业获得利润后，要按照规定对利润进行分配，一部分要留存企业作为发展资金，另一部分要分配给所有者，作为所有者的投资回报。如果企业发生亏损，则需要进行弥补，企业弥补亏损的资金来源主要是以后年度所获得的利润。本任务主要是对企业获得利润进行核算，企业发生亏损的核算将在后续专业课程中学习。

2.1 净利润的概念

这里的净利润是会计要素中的利润要素在操作层面上的应用。为了便于评价企业经营活动的各个环节与利润形成之间的效益关系，更好地为经营管理和决策服务，在实际工作中形成了营业利润、利润总额等一系列的利润相关概念，这些概念反映了利润的形成过程，以及利润与经营活动之间的密切关系。营业利润是指企业从日常营业活动中所获得的经营成果，是收入减去费用后的余额，它反映企业日常经营活动的业绩。利润总额是指企业从日常的和非日常的全部业务活动中所获得的成果，是营业利润加上或减去直接计入当期利润的利得与损失相抵减后的差额所构成的，它反映企业全部业务活动的业绩。利润总额是企业计算所得税费用的依据，利润总额扣除所得税费用即为企业的净利润，因此，在实际工作中，利润总额又叫做税前利润，净利润又叫做税后利润。

2.2 净利润的形成与计算

企业的利润形成于企业平时的经济活动过程当中，但计算通常在期末进行。按照会计要素中利润的定义，净利润等于收入减去费用加上直接计入当期利润的利得再减去直接计入当期利润的损失。这个计算公式可以叫做利润的理论计算公式。由于构成利润的各个项目的数据都设置了相应的损益账户进行记录，根据损益账户记录，结合提供相关利润信息需要，净利润的应用型、分步式计算公式如下：

净利润 = 利润总额 − 所得税费用

利润总额 = 营业利润 + 营业外收入 − 营业外支出

营业利润 = 营业收入 − 营业成本 − 营业税金及附加 − 销售费用 − 管理费用 − 财务费用 − 资产减值损失 ± 公允价值变动收益 ± 投资收益

提示 公允价值变动收益是在企业采用了公允价值计量的情况下，因公允价值变动所发生的收益，是利润的加项，设置“公允价值变动损益”账户核算。在上式中，如果该账户和“投资收益”账户在结转“本年利润”之前为借方余额，则表示损失，是利润的减项。

2.3 净利润的分配顺序

企业取得的净利润，按照如下顺序进行分配：

（1）按净利润的10%提取法定盈余公积金。

提示 盈余公积金达到注册资本50%时可以不再提取。盈余公积主要用于弥补亏损和转增资本。但弥补亏损、转增资本后的余额不得低于注册资本的25%。

（2）向投资者分配利润。企业可以用来向投资者进行分配的利润包括本年度提取盈余公积金后的利润和以前年度留存的未分配利润，提取比例和计算基数由投资者决定。

其中，股份制企业向投资者分配利润时，按以下顺序进行：

① 支付优先股股利；

② 提取任意盈余公积金；

提示 任意盈余公积金根据股东大会决议提取。

③ 支付普通股股利。

2.4 未分配利润的计算

未分配利润是指企业实现的净利润减去已分配利润后的剩余利润，包括企业上年度结存的未分配利润。未分配利润也叫留存利润，可以留待以后年度进行分配。企业期末未分配利润的计算公式如下：

期末未分配利润＝年初未分配利润＋本年实现的净利润－本年已分配的利润

提示 在年度内的中期期末计算未分配利润时，上式中的“本年实现的净利润”和“本年已分配的利润”均指本年度内截至本期的累计数。年末时，在对全年净利润及其分配数进行转销以后，“利润分配”账户及下设“未分配利润”明细账户的贷方余额就是年末未分配利润。

2.5 净利润及其分配核算的账户

（1）“本年利润”账户。该账户是所有者权益账户，核算企业本年度的净利润及其构成情况，贷方登记期末转入的各项收入及利得，借方登记期末转入的各项费用及损失，平时月份的贷方余额表示本年度已实现的累计净利润，借方余额表示本年度已发生的累计净亏损。年末，该账户的余额需转入“利润分配”账户，年末结转后无余额。

（2）“利润分配”账户。该账户是所有者权益账户，核算企业利润的分配（或亏损的弥补）情况及累计未分配利润（或累计未弥补亏损）的情况，借方登记利润的分配数（或年末转入的本年度亏损数），贷方登记年末转入的本年度净利润（或亏损的弥补数），年末贷方余额表示企业累计未分配利润，如为借方余额则表示企业累计未弥补亏损。在盈利企业，该账户主要设置“提取法定盈余公积”、“提取任意盈余公积”、“应付利润（或股利）”、“未分配利润”等明细账户，进行明细核算。

(3)“盈余公积”账户。该账户是所有者权益账户，核算企业从净利润中提取的盈余公积，包括法定盈余公积和任意盈余公积，贷方登记盈余公积的提取数，借方登记盈余公积的使用数，余额在贷方，表示盈余公积的结存数。该账户可按“法定盈余公积”、“任意盈余公积”设置明细账户，进行明细核算。

(4)“应付利润（或股利）”账户。该账户是负债账户，核算企业向投资者分配的利润或股利，贷方登记应付的利润或股利，借方登记实际支付的利润或股利，余额在贷方，表示应付而尚未支付给投资者的利润或股利。该账户按投资者设置明细账户，进行明细核算。

3. 任务设计

【例3－6】中川实业有限公司采取每月进行净利润的汇总核算、年末一次进行利润分配的办法，以本年度利润作为向投资者分配利润的计算基数，比例为80%。20××年12月31日该公司进行净利润及其分配业务的核算如下：

（1）进行本月净利润的汇总核算：

① 应结转本月发生的收入和利得计200 000元，其中，主营业务收入135 000元，其他业务收入10 000元，营业外收入55 000元。

② 应结转本月发生的费用和损失计162 500元，其中，主营业务成本68 980元，其他业务成本6 000元，营业税金及附加3 600元，销售费用15 000元，管理费用29 420元，财务费用15 000元，营业外支出12 000元，所得税费用12 500元。

（2）对全年净利润进行分配：法定盈余公积提取比例10%。经查，“本年利润”账户11月末贷方余额为391 500元。

（3）转销本年度全年利润及其分配数。

要求：根据上述经济业务编制会计分录。

⟹工作过程

（1）进行本月净利润的汇总核算。

步骤1：结转本月发生的收入和利得。

根据相关账户记录，编制会计分录如下：

借：主营业务收入	135 000	
其他业务收入	10 000	
营业外收入	55 000	
贷：本年利润		200 000

步骤2：结转本月发生的费用和损失。

根据相关账户记录，编制会计分录如下：

借：本年利润	162 500	
贷：主营业务成本		68 980
其他业务成本		6 000

营业税金及附加 3 600
销售费用 15 000
管理费用 29 420
财务费用 15 000
营业外支出 12 000
所得税费用 12 500

（2）对全年净利润进行分配。

将上述两笔结转分录登记入账以后，“本年利润”账户的当前贷方余额 429 000 元（391 500 + 200 000 − 162 500），就是本年度全年实现的净利润。其中，1～11 月 391 500 元，本月 37 500 元（200 000 − 162 500）。

步骤 1：计算分配数。

全年应提取法定盈余公积 = 429 000 × 10% = 42 900（元）

全年应向投资者分配利润 = 429 000 × 80% = 343 200（元）

步骤 2：根据计算结果，编制会计分录如下：

借：利润分配——提取法定盈余公积 42 900
　　　　　　——应付利润 343 200
　贷：盈余公积 42 900
　　　应付利润 343 200

（3）转销本年度全年利润及其分配数。

步骤 1：结转本年度全年利润。

根据“本年利润”账户当前贷方余额，编制会计分录如下：

借：本年利润 429 000
　贷：利润分配——未分配利润 429 000

步骤 2：根据“利润分配”账户下核算本年度利润分配数的明细账户的当前借方余额，编制会计分录如下：

借：利润分配——未分配利润 386 100
　贷：利润分配——提取法定盈余公积 42 900
　　　　　　　——应付利润 343 200

提示 上述转销分录记入账户以后，“本年利润”账户和“利润分配”账户下核算本年度利润分配数的明细账户均已无余额，企业本年度实现的利润和对本年度利润的分配数在“未分配利润”明细账户中进行了抵销，企业截至本年末的累计未分配利润表现为“利润分配”账户和下设“未分配利润”明细账户的贷方余额。

动脑动手 本年利润”和“利润分配”账户有什么关系？

4. 职业能力训练

4.1 判断（正确的在括号里打“√”，错误的打“×”。）

（1）企业的利润总额是指企业一定时期所实现的全部净利润。 （ ）

（2）利润总额减去所得税费用后即为净利润，它是企业的净收益。（　　）

（3）“利润分配——未分配利润”账户的贷方余额表示本年度的未分配利润。（　　）

（4）“本年利润”账户的贷方余额表示企业的利润总额。（　　）

（5）年末，“本年利润”账户可能出现借方余额。（　　）

4.2 选择（下列答案中有一项或多项是正确的，将正确答案前的英文字母填入括号内。）

（1）“利润分配”账户借方应登记（　　）。

A. 发生的亏损　　B. 期末转入的费用和损失

C. 已经分配的利润　　D. 年末结转记入的全年净利润

（2）下列中不属于营业利润计算项目的是（　　）。

A. 主营业务成本　B. 管理费用　C. 主营业务收入　D. 所得税费用

（3）下列中不应计入当期损益的是（　　）。

A. 管理费用　B. 财务费用　C. 所得税费用　D. 制造费用

（4）下列中属于企业利润分配内容的是（　　）。

A. 缴纳所得税　　B. 提取盈余公积金

C. 向投资者分配利润　　D. 向债权人支付利息

（5）下列账户中，期末余额应转入“本年利润”账户的是（　　）。

A. 主营业务收入　B. 管理费用　C. 财务费用　D. 预收账款

4.3 学习情境实训

【实训目的】训练利润及相关业务的会计处理能力。

【情境资料】星辰公司20××年12月末需要处理的事项如下：

（1）汇总核算本月利润。构成本月利润的项目与数据如下：主营业务收入78 000元，其他业务收入9 000元，营业外收入5 000元，主营业务成本45 330元，其他业务成本1 400元，营业税金及附加2 500元，销售费用800元，管理费用9 070元，财务费用2 000元，营业外支出900元。

（2）按本月利润总额的25%计算所得税费用。

（3）将所得税费用结转到“本年利润”账户。

（4）1～11月份实现的利润总额为350 000元，按全年税后利润的10%提取盈余公积金。

（5）向投资者分配利润100 000元。

（6）将本年实现的净利润转入“利润分配”账户。

（7）将“利润分配”账户的其他明细账户的余额转入“未分配利润”明细账户。

【实训要求】

（1）计算12月份营业利润、利润总额和净利润。

（2）计算本年应提取的盈余公积。

（3）编制相关会计分录。

根据教学安排，可在课堂上进行也可在课外进行，可分组进行也可个体进行。要列出工作步骤和内容，完成后，教师安排适当规模的学生在课堂上汇报实训成果，并进行点评。

【重要名词】

采购成本　生产费用　产品成本　制造费用　管理费用　销售费用　财务费用　营业利润　利润总额　所得税费用　净利润

【阅读篇目】

[1]《企业会计准则——应用指南（2006)》附录（会计科目和主要账务处理）
[2]《小企业会计制度》
[3]《企业会计准则（1992)》

项目四

会计凭证的填制与审核

学习目标

- 理解会计凭证的意义、作用
- 熟悉会计凭证的概念、分类
- 熟悉原始凭证和记账凭证的基本内容
- 能按照要求填制和审核原始凭证
- 能按照要求填制和审核记账凭证
- 了解会计凭证的归档与管理

项目导航

企业在生产经营活动中所发生的经济业务都要记录在原始凭证上，这些记录经济业务发生或完成情况的原始凭证都要按照一定的程序传递到会计部门，会计人员审核无误后，进行会计确认和计量，据以填制记账凭证，再根据记账凭证登记账户。这是进行会计确认、计量和记录的基本程序。原始凭证和记账凭证统称为会计凭证。所谓会计凭证，是指记录经济业务，明确经济责任，作为登记会计账簿依据的书面证明。填制和审核会计凭证是会计的一项基本工作，也是会计核算的专门方法之一。原始凭证和记账凭证分别具有特定的基本内容、填制要求和方法。无论是原始凭证还是记账凭证，取得和填制以后，必须要经过审核，只有审核无误的会计凭证才是登记账簿的依据。会计凭证是单位重要的经济档案，应按规定妥善保管。那么，什么是原始凭证和记账凭证？实际工作中有哪些原始凭证和记账凭证？怎样填制和审核？这些就是本项目要解决的基本问题。

本项目主要引导学生认知原始凭证和记账凭证，掌握原始凭证的填制与审核、记账凭证的填制与审核两项任务的工作步骤和方法，也为“项目五——会计账簿的设置与登记”的学习奠定基础。

学习时，要注意理解原始凭证在会计核算中的重要性，体会记账凭证的必要性，体会原始凭证和记账凭证的关系，理解对原始凭证、记账凭证填制要求的规定以及为何必须按几个要点进行审核，体会“会计凭证的填制与审核”和其他会计核算环节的关系，并将会计凭证与前面已经学习的经济业务、会计分录等内容有机地结合起来，融会贯通。

任务1　原始凭证的填制与审核

1. 任务描述

会计主体在发生经济业务时，业务经办人员要根据业务发生的情况以及会计法律法规规定的要求填制或取得原始凭证。无论是自行填制还是从外部取得的原始凭证，业务经办人员都要提交会计部门，由负责审核的会计人员进行合法性和合规性审核。审核无误的原始凭证，方可作为记账的依据，交由填制记账凭证的会计人员据以填制记账凭证。

2. 综合知识

2.1　什么是原始凭证

原始凭证是在经济业务发生或完成时，由业务经办人员直接取得或填制的，用来记录经济业务的发生或完成情况，明确经济责任并具有法律效力的书面证明，是进行会计核算的原始依据。如发票、收据、车票、费用报销单等。

通过填制和审核原始凭证，可以正确、及时地反映各项经济业务的发生、执行和完成情况，可以监督各项经济活动的合理性和合法性，可以划分清经济责任，强化经营管理上的责任制。原始凭证既是进行会计核算的原始依据，也是进行会计监督和其他各项管理工作的原始资料，还是相关利益主体之间处理经济利益关系的重要凭证，任何单位办理业务都必须填制或取得真实可靠的原始凭证。

2.2 原始凭证的基本要素

原始凭证一般应具备以下基本要素：

（1）原始凭证的名称，如表4－1中的“增值税专用发票——发票联”；

（2）填制凭证的日期，如表4－1中的“20××年9月5日”；

（3）凭证编号，如表4－1中的“00485459”；

（4）填制单位名称，如表4－1中的“通达电机厂”；

（5）接受单位名称，如表4－1中的“金碟物资供应公司”；

（6）经济业务的基本内容，如表4－1中的“65千瓦电机、15台（数量）、3 800元（单价）、57 000元（价款金额）、9 690元（税额）、66 690元（金额总计）”等；

（7）填制单位及有关人员的签章，如表4－1中的“罗瑞、赵明、赵小兰及通达电机厂发票专用章”。

请注意 记录单位与单位、单位与个人之间交易及资金结算业务的原始凭证必须具有填制单位的发票专用章或财务专用章，否则不具有法律效力。

增值税专用发票的基本内容如表4－1所示。

表4－1

增值税专用发票

发票联

№ 00485459

开票日期：20××年9月5日

购货单位	名　　称：金碟物资供应公司 纳税人识别号：140104863004321 地 址 电 话：太原市平阳路32号 开户行及账号：中国工商银行平阳路支行239860003					密码区	（略）
货物或应税劳务名称	规格型号	单位	数量	单价	金额	税率	税额
电机	65千瓦	台	15	3 800	57 000.00	17%	9 690.00
合　计					¥57 000.00		¥9 690.00
价税合计（大写）	⊗佰⊗拾陆万陆仟陆佰玖拾零元零角零分				（小写）¥66 690.00		
销货单位	名　　称：通达电机厂 纳税人识别号：140104347652110 地 址 电 话：太原市迎新街80号 开户行及账号：中国工商银行迎新街支行2469370085				备注	通达电机厂 140104347652110 发票专用章	

第三联：发票联 购货方记账凭证

收款人：赵小兰　　复核：赵　明　　开票人：罗　瑞　　销货单位：

2.3 原始凭证的种类

原始凭证可以按照不同的标志进行分类，常见的分类标志有来源渠道和填制方式等。

（1）原始凭证按取得的来源渠道不同划分为外来原始凭证和自制原始凭证。

外来原始凭证是指同外部发生经济往来时，从外部单位或个人取得的原始凭证。如购买货物时从销货单位取得的发货票，出差乘车取得的车票等。

自制原始凭证是指本单位内部经办业务的部门和人员，在执行或完成某项经济业务时所填制的原始凭证。如材料入库时，由仓库保管人员填制的收料单、出差人员填制的差旅费报销单、会计人员填制的各种费用分配表等。

（2）原始凭证按填制方式不同划分为一次凭证、累计凭证和汇总凭证。

一次凭证是指凭证的填制手续一次完成，用以记录一项或若干项同类经济业务的原始凭证。外来原始凭证和大部分自制原始凭证都是一次凭证，如收料单、领料单、购货发票、收据、费用报销单等。

累计凭证是一定时期内在一张凭证中，连续记录同类经济业务，期末按其累计数作为记账依据的自制原始凭证。使用累计凭证可以简化核算手续，主要适用于大量重复发生的经济业务。常见的有限额领料单，如表 4－2 所示。

表 4－2　　国美机械厂限额领料单

20××年 12 月

领料单位：生产车间　　编　号：

产品名称：A 产品　　发料仓库：1 号库

计划产品：2 000 台　　单耗定额：0.5 公斤/台

材料名称	材料编号	计量单位	单位成本	领料限额	全月实用	
					数量（公斤）	金额（元）
型钢 13m/m	1726	公斤	4	1 000	950	3 800
领用日期	请领数量	实发数量	累计数量	限额结余	发料人	领料人
12.5	300	300	300	700	刘科伟	张　欣
12.10	50	50	350	650	刘科伟	张国华
12.16	250	205	600	400	刘科伟	王　鹏
12.22	100	100	700	300	刘科伟	张国华
12.24	200	200	900	100	刘科伟	王　鹏
12.28	50	50	950	50	刘科伟	张　欣
累计实发金额（大写）叁仟捌佰元整					（小写）¥3 800.00	

供应部门负责人：张荣升　　生产计划部门负责人：刘建平　　仓库管理员：常　欢

汇总凭证是将一定时期内若干记录同类经济业务的原始凭证汇总编制而成的原始凭证。如发料凭证汇总表、收料凭证汇总表、工资结算汇总表等。编制汇总原始凭证是为了集中反映某项经济业务的总括情况，并简化记账凭证的填制工作。发料凭证汇总表如表 4－3 所示。

2.4　原始凭证的填制要求

（1）真实可靠。填制在原始凭证上的内容和数字，必须符合有关经济业务的实际情况，不得弄虚作假。

表4-3 发料凭证汇总表

年 月

材料类别 领用部门	原料及主要材料	辅助材料	燃料	……	合计
合计					

（2）内容完整。填制原始凭证，必须做到内容完整、要素齐全，手续完备，并特别注意以下几点：

① 凡填有大写和小写金额的原始凭证，大写与小写金额必须相符。

② 购买实物的原始凭证，必须有验收证明。

③ 支付款项的原始凭证，必须有收款单位和收款人的收款证明。

④ 一式多联的原始凭证，应当注明各联的用途，只能以一联作为报销凭证。

⑤ 从外单位取得的原始凭证，必须盖有填制单位的公章；从个人取得的原始凭证，必须有填制人员的签名或者盖章。自制原始凭证必须有经办部门领导人或者其他指定人员的签名或者盖章。对外开出的原始凭证，必须加盖本单位公章。

⑥ 职工公出填制的借款借据，必须附在记账凭证之后。收回借款时，应当另开收据或者退还借据副本，不得退还原借款借据。

⑦ 经上级有关部门批准的经济业务，应当将批准文件作为原始凭证附件。如果批准文件需要单独归档的，应当在凭证上注明批准机关名称、批准日期和文件字号。

（3）填制及时。经济业务一经发生或完成，应立即填制凭证，并按规定程序进行传递，不积压、不拖延、不事后补制。

（4）书写清楚，格式规范。

① 原始凭证要用蓝色或黑色钢笔或碳素笔填写。

② 阿拉伯数字应当一个一个地写，不得连笔写。阿拉伯金额数字前面应当书写货币币种符号或者货币名称简写和币种符号。币种符号与阿拉伯金额数字之间不得留有空白。凡阿拉伯数字前写有币种符号的，数字后面不再写货币单位。

③ 所有以元为单位的阿拉伯数字，除表示单价等情况外，一律填写到角分；无角分的，角位和分位可写“00”，或者符号“—”；有角无分的，分位应当写“0”，不得用符号“—”代替。

④ 汉字大写数字金额如壹、贰、叁、肆、伍、陆、柒、捌、玖、拾、佰、仟、万、亿、元、角、分、零、整等，一律用正楷或者行书体书写，不得用〇、一、二、三、四、五、六、七、八、九、十等字代替。大写金额数字到元或者角为止的，在“元”或者“角”字之后应当写“整”字或者“正”字；大写金额数字有分的，分字后面不写“整”或者“正”字。

⑤ 阿拉伯金额数字中间有“0”时，汉字大写金额要写“零”字；阿拉伯数字金额中间连续有几个“0”时，汉字大写金额中可以只写一个“零”字；阿拉伯金额数字元位是“0”，或者数字中间连续有几个“0”、元位也是“0”但角位不是“0”时，汉字大写金额可以只写一个“零”字，也可以不写“零”字。

但是，如果原始凭证上印有大写金额万、仟、佰、拾、元、角、分位置，书写大写金额时，金额前面如有空位，可划“⊗”或“×”注销，阿拉伯金额数字中间有几个“0”（含分位），汉字大写金额就写几个“零”字。

⑥ 大写金额数字前未印有货币名称的，应当加填货币名称，货币名称与金额数字之间不得留有空白。

（5）顺序填写。各种凭证必须连续编号，以便查考。如果凭证已有预先编号，填制时应按照编号的次序使用，跳号的凭证或写错作废的凭证，应加盖“作废”的戳记，并连同存根一并保管，不得撕毁。

（6）改错规范。原始凭证不得涂改、挖补、刮擦。填制时发现填制有误的单证，应将其作废并重新填制，连号的作废单证要标明“作废”标记并由填制人员签章，各联要与存根连在一起完整地保存于存根册中。填制完成后发现填制有误的或不完整的，应按会计法规、制度的有关规定办理。

2.5 原始凭证的审核要点

原始凭证取得或填制以后，为了保证其内容的真实、正确、合法、完整，除经办业务的部门和人员以及其他相关部门和人员要对其进行审核外，会计人员还必须对其进行严格的审核。只有审核无误后的原始凭证，才能作为进行下一步会计处理的依据。会计人员对原始凭证进行审核的要点主要包括以下四个方面：

（1）真实性审核。审核原始凭证中所记录的内容是否同实际情况相符。

（2）合法性审核。审核原始凭证所反映的经济业务是否符合国家有关政策、法令、制度和单位编制的计划、预算、合同等。

（3）完整性审核。审核原始凭证各项基本要素是否齐全，凭证联次是否正确，主管人员是否审批同意等。

（4）正确性审核。审核原始凭证各项数字、金额的计算及填写是否正确，大小写金额是否相符等。

会计人员对审核不合格的原始凭证，应按照《会计法》的规定，视具体情况分别处理。

① 对不真实、不合法的原始凭证，会计人员有权拒绝接受，并向单位负责人报告。

② 对不正确、不完整的原始凭证，应退回有关经办人员，由经办人员本人或由其退回开具凭证的单位或个人，进行更正或重新填制。如果原始凭证金额填写错误，不得进行更正，必须由原开具单位重新开具，并将原错误凭证加盖“作废”戳记，同存根一起保存；如果原始凭证不是金额错误，应由原开具单位重新开具或更正，更正的凭证应在更正处加盖更正单位公章及经办人员签章。但是，由单位自行填制的提交银行的各种结算凭证，其填制错误一律不得更改，应加盖“作废”戳记同存根一起保存，并重新填写正确的结算凭证。

学习资源查阅

银行转账结算方式以及结算凭证的格式、内容、联次和用途等。

2.6 原始凭证的归档与管理

（1）原始凭证应粘贴在据以编制的记账凭证后面，按照记账凭证的归档与管理办法进行归档和管理。

（2）对于数量过多的原始凭证，如收料单、发料单，以及各种随时需要查阅的原始凭证，如工资单、收据等，可以单独装订保管，在其封面上注明所属记账凭证的日期、编号和种类，同时在有关记账凭证上注明“附件另订”和原始凭证的名称及编号。

（3）对于一些重要文件如各种经济合同和涉外文件等，应另编目录，单独装订保存，同时在记账凭证上注明“附件另订”。

（4）原始凭证不得外借，其他单位如有特殊原因确实需要借阅时，必须经本单位会计机构负责人批准，必要时可以提供复印件，但要在专设的登记簿上登记。

（5）从外单位取得的原始凭证遗失时，应取得原签发单位盖有公章的证明，并注明原始凭证的号码、金额、内容等，由本单位会计机构负责人、会计主管人员和单位负责人批准后，才能代作原始凭证。若确实无法取得证明的，如车票、船票、飞机票等，则应由当事人写明详细情况，由本单位会计机构负责人或会计主管人员和单位负责人批准后，代作原始凭证。

（6）除少数原始凭证，如涉外凭证，需要长期保存外，其余都应按规定保管期限保管，并于保管期满时进行销毁，其销毁的程序与方法同记账凭证。

3. 任务设计

3.1 原始凭证的填制

【例4－1】华川公司20××年12月发生下列经济业务：

（1）3日，上月购入的甲材料到达，数量1 100公斤，单位成本5.10元，经检验合格后办理入库。

（2）10日，基本生产车间李小强领用甲材料800公斤，单位成本5.10元，用于A产品生产。

（3）13日，向华宇综合市场销售A产品1 000件，每件销售单价12元。

（4）20日，供应科业务员赵飞报销业务招待费352元，以现金支付。

（5）25日，公司出纳员张丽开出工商银行转账支票一张，支付公司电费15 000元。

要求：根据上述经济业务填制普通销售发票、支票、费用报销单、收料单和领料单。

⟹ 工作过程

12月3日

步骤1：仓库收料人员根据收到的经验收人员检验合格的原材料、采购人员提供的购货发票等，按照原始凭证的填制要求填写一式三联的收料单，如表4－4所示。

步骤2：收料单填写完成后，收料人员签名或盖章，并交由验收人员、采购人员、供应部门负责人分别签名或盖章。

步骤3：按照收料单各联次的用途分别传递到相应的部门和岗位，一联留存仓库，一联送交供应部门，一联送交财会部门。

表4－4

收　料　单

供应单位：（略）　　　　材料类别（略）仓库：（略）

发票号码（略）　　20××年12月3日　　单位：元　　字第×号

材料编号	名称	规格及型号	计量单位	数量		实际成本				
				应收	实收	买价		运杂费	其他	合计
						单价	金额			
	甲材料		公斤	1 100	1 100	5.10	5 610.00			5 610.00
合计				1 100	1 100		5 610.00			5 610.00

第三联　财会记账

收料人：高翠梅　　验收：段小虎　　采购：李　飞　　供应部门负责人：王　强

12月10日

步骤1：领料人员根据车间负责人批准，按照原始凭证的填制要求填写一式三联领料单中的相关内容，包括领用部门、领用时间、材料名称、规格型号、计量单位、请领数量、用途，并由领料人员和车间负责人在领料单上签名或盖章。

步骤2：仓库发料人员根据实际发料情况补充填写“领料单”的其他内容，包括实发数量、单位成本、金额以及领料单编号，然后由发料人员、仓库负责人签名或盖章，如表4－5所示。

表4－5

领　料　单

领用部门：基本生产车间　　20××年12月10日　　字第×号

材料编号	材料名称	规格及型号	单位	请领数量	实发数量	总成本	
						单位成本	金额
	甲材料		公斤	800	800	5.10	4 080.00
合计				800	800		4 080.00
用途	生产A产品	领料部门			发料部门		
		负责人		领料人	核准人		发料人
		郭　凯		李小强	王永波		高翠梅

②此联经签收交材料核算员

步骤3：按领料单各联次的用途，传递到相应的部门和岗位，一联留存仓库，一联返领料车间，一联送交财会部门。

12 月 13 日

步骤 1：开票人员根据销货合同、发货单等，按照原始凭证的填制要求，开具一式三联普通销售发票，如表 4－6 所示。

表 4－6

××市商业普通发票

发票联

20××年 12 月 13 日 №111000550073

购货单位名称		华宇综合市场	纳税人识别号	140128378961001							
品名	规格	单位	数量	零售单位	金额						
					万	千	百	十	元	角	分
A 产品		件	1 000	12	1	2	0	0	0	0	0
金额合计		人民币壹万贰仟元整			1	2	0	0	0	0	0
销货单位名称		华川公司	纳税人识别号	4403001402345675							

第二联 发票

（印章：华川公司 4403001402345675 发票专用章）

销售单位（章） 收款人：刘小景 开票人：王平

步骤 2：开票人签名或盖章，出纳人员收取款项后签名或盖章，还需要加盖本单位专用公章。

步骤 3：将普通销售发票的发票联交给购货方，存根联留底，记账联交财会部门作为记账依据。

12 月 20 日

步骤 1：业务员赵飞根据垫付业务招待费的餐饮服务业发票，填写费用报销单，签章后将发票粘贴在报销单后面。

步骤 2：赵飞将费用报销单交单位负责人审批，同意后签章；再交由会计主管审核无误签章后，传递给制单会计填制记账凭证，并将费用报销单粘贴在记账凭证后面一并交稽核会计。

步骤 3：稽核会计审核凭单无误签章后，交出纳人员。

步骤 4：出纳人员复核凭单后将 352 元现金交付赵飞，在凭证上加盖“现金付讫”的戳记并签章。办完上述手续后的费用报销单如表 4－7 所示。

表 4－7 费用报销单

单位：供应科 20××年 12 月 20 日 编号：

开支内容	金额	结算方式
招待费	352.00	1. 冲借款 ____ 元
		2. 转账 ____ 元
		3. 汇款 ____ 元
合计：（大写）叁佰伍拾贰元整		4. 现金付讫 352.00 元

附单据 伍 张

（印章：华川公司 现金付讫）

单位负责人：赵晋平 会计主管：苏科峰 出纳：张丽 经办人：赵飞

12 月 25 日

步骤 1：出纳人员根据电力公司开具的增值税专用发票，签写一张转账支票，如表 4－8 所示。

表 4－8　　　　转账支票

中国工商银行 转账支票存根	中国工商银行　转账支票　　川　支票号码 20××1220
支票号码：20××1220	出票日期（大写）贰零××年壹拾贰月贰拾伍日　　付款行名称：
附加信息	收款人：电力公司　　出票人账号：
	本支票付款期限十天
	人民币（大写）壹万伍仟元整　　千 百 十 万 千 百 十 元 角 分：¥ 1 5 0 0 0 0 0
出票日期　20××年 12 月 25 日	用途：支付电费
收款人：电力公司	上列款项请从
金　额：15 000.00	我账户内支付
用　途：支付电费	出票人签章　　华川公司 财务专用章　　华李印新　　复核　　记账
单位主管：　　会计：	

步骤 2：在转账支票上加盖财务专用章、法人代表章等银行预留印鉴。

步骤 3：将支票沿虚线撕开，存根联交制单会计据以填制记账凭证，正联交给电力公司办理转账业务。

请注意　按照银行结算管理办法规定，填制银行结算票据时，日期数字必须大写。

3.2　原始凭证的审核

【例 4－2】 假设例 4－1 中华川公司 20××年 12 月 3 日收到的原材料，其对应的购货发票是 20××年 11 月 27 日收到的，如表 4－9 所示。

要求：对购货发票进行审核。

⟹ 工作过程

步骤 1：结合购货合同、发货单、运费单据等审核购货发票所记录的内容是否真实发生。

步骤 2：根据国家有关政策、法令以及本公司的采购计划、财务收支计划等审核购货发票所记录的业务是否合法。

步骤 3：审核发票的基本要素是否齐全，是否填写了凭证名称、日期、编号、销货单位名称、购货单位名称、业务基本内容；是否盖有销货单位公章及有关人员的签章。

步骤 4：审核购货发票记录的数量、单价和金额是否相符，大小写金额是否相符。

步骤 5：与同批材料的收料单进行核对，核实购货发票与收料单是否一致。

表 4－9

增值税专用发票

发票联

№ 0297483

开票日期：20××年11月27日

<table>
<tr><td rowspan="4">购货单位</td><td colspan="4">名　　称：华川公司</td><td rowspan="4">密码区</td><td colspan="3" rowspan="4">（略）</td></tr>
<tr><td colspan="4">纳税人识别号：略</td></tr>
<tr><td colspan="4">地 址 电 话：略</td></tr>
<tr><td colspan="4">开户行及账号：略</td></tr>
<tr><td>货物或应税劳务名称</td><td>规格型号</td><td>单位</td><td>数量</td><td>单价</td><td>金额</td><td>税率</td><td colspan="2">税额</td></tr>
<tr><td>甲材料</td><td></td><td>公斤</td><td>1 100</td><td>5.10</td><td>5 610.00</td><td>17%</td><td colspan="2">953.70</td></tr>
<tr><td>合　计</td><td></td><td></td><td></td><td></td><td>¥5 610.00</td><td></td><td colspan="2">¥953.70</td></tr>
<tr><td>价税合计（大写）</td><td colspan="6">⊗佰⊗拾⊗万陆仟伍佰陆拾叁元柒角零分</td><td colspan="2">（小写）¥6 563.70</td></tr>
<tr><td rowspan="4">销货单位</td><td colspan="4">名　　称：华晋公司</td><td rowspan="4">备注</td><td colspan="3" rowspan="4">华晋公司
142745689042679
发票专用章</td></tr>
<tr><td colspan="4">纳税人识别号：142745689042679</td></tr>
<tr><td colspan="4">地 址 电 话：太原市新建南路54号</td></tr>
<tr><td colspan="4">开户行及账号：工商山西省分行新建支行246300086</td></tr>
</table>

第二联：发票联　购货方记账凭证

收款人：王小平　　复核：李　义　　开票人：陆建国　　销货单位：

动脑动手　普通发票与增值税专用发票有哪些区别？

4. 职业能力训练

4.1 判断（正确的在括号里打“√”，错误的打“×”。）

（1）原始凭证是在经济业务发生或完成时由会计人员取得或填制的。（　　）

（2）原始凭证是进行会计核算的原始依据。（　　）

（3）如果支票填写错误，绝不允许在其上进行更正，只能按照规定手续报废，并重新填写一张支票。（　　）

（4）外来原始凭证都是一次性使用的凭证。（　　）

（5）原始凭证不得外借，但如其他单位因特殊原因确实需要借阅时，须经本单位会计机构负责人批准，方可外借。（　　）

4.2 选择（下列答案中有一项或多项是正确的，将正确答案前的英文字母填入括号内。）

（1）下列各项中，属于外来原始凭证的有（　　）。

A. 销售商品发票　B. 购进货物发票　C. 车票　D. 付款收据

（2）以下各项不能作为原始凭证的是（　　）。

A. 收料单　B. 领料单　C. 经济合同　D. 费用报销单

（3）原始凭证的基本内容包括（　　）。

A. 凭证的名称、日期、编号　B. 接受凭证单位或个人的名称

C. 经济业务内容　D. 会计分录

（4）关于汇总原始凭证，以下说法正确的是（　　）。

A. 可以将不同类型的经济业务进行汇总

B. 只能将同类经济业务进行汇总

C. 编制汇总原始凭证的目的是便于控制管理

D. 汇总原始凭证可以简化登账工作

（5）对于不真实、不合法的原始凭证，会计人员的正确处理是（　　）。

A. 不受理并向有关负责人报告

B. 退回补办手续后再按规定的会计手续办理

C. 不受理并退回原始凭证

D. 根据该原始凭证填制记账凭证

4.3　学习情境实训

【实训目的】训练原始凭证的填制方法。

【情境资料】晋华公司20××年12月发生下列经济业务：

（1）8日，购入A材料3 000公斤，单位成本6.50元，经检验合格后办理入库。

（2）12日，办公室领用A材料500公斤，单位成本6.50元。

（3）15日，销售给金虎超市乙产品1 000件，每件销售单价25元，增值税税率17%。

（4）18日，采购员王东升报销当月去杭州购买材料的差旅费，其具体情况及本公司有关规定如下：

① 车费：12月3日太原至杭州硬卧270元，12月8日杭州至太原硬卧272元；

② 住宿费：550元（5天，每天110元）；

③ 途中补助：90元（2天，每天45元）；

④ 住勤补助：200元（5天，每天40元）；

⑤ 列车餐费补助：30元/次；

⑥ 王东升预借款2 000元，余款以现金退回。

（5）23日，公司出纳员李英开出工商银行转账支票一张，支付蓝梦广告公司广告费80 000元。

【实训要求】将全班同学按每组11人分成若干小组，每组推选一名同学担任组长，在老师指导下共同制订工作方案。各组成员依划分的岗位角色，分别根据上述业务填制相关自制原始凭证，并要求列出工作步骤。实训所需原始凭证请教师准备。根据教学安排，全部在课堂上进行。30分钟后，老师根据各组完成的速度和质量，对各组工作方案实施结果进行点评，并给予相应的学业成绩评定。

任务2　记账凭证的填制与审核

1. 任务描述

会计主体的制单人员根据审核无误的原始凭证中记载的经济业务内容，运用借贷复式记账方法，确定应记入账户的名称、记账方向和金额，按照记账凭证的填制要求及时填制记账凭证。填制完成的记账凭证由专门的审核人员对其进行审核，审核无误后，据以登记账簿。

2. 综合知识

2.1 什么是记账凭证

记账凭证是会计人员根据审核无误的原始凭证填制的，用来确定会计分录，并作为登记账簿直接依据的会计凭证。

从不同来源取得的原始凭证种类繁多、格式不一，难以作为登记账簿的直接依据。在实际工作中，为了便于正确、规范地登记账户，还需要根据原始凭证填制记账凭证，确定会计分录，作为登记账簿的直接依据。填制记账凭证是会计核算工作的又一重要环节。

2.2 记账凭证的基本要素

（1）记账凭证的名称、填制日期、编号；

（2）经济业务的内容摘要；

（3）会计分录，即应记账户的名称、记账方向和金额；

（4）所附原始凭证张数和其他有关资料的数量；

（5）填制、稽核、记账、会计主管等相关责任人员签名或盖章，收、付款记账凭证还要有出纳人员的签名或盖章。

2.3 记账凭证的种类

记账凭证按编制的方式不同进行分类，可分为复式记账凭证和单式记账凭证。因为复式记账凭证被广泛运用，本书主要介绍复式记账凭证。复式记账凭证是将一项经济业务所涉及的全部会计科目都集中在一张凭证上，完整地反映经济业务来龙去脉的记账凭证。复式记账凭证按照适用的经济业务范围的不同，可分为通用式记账凭证和专用式记账凭证。

（1）通用式记账凭证是指对全部经济业务都使用同一格式的记账凭证。通用式记账凭证一般适用于业务比较简单、经营规模比较小的单位，一般格式如表 4－11 所示。

（2）专用式记账凭证是指对不同类别的经济业务分别使用不同格式的记账凭证。采用专用式记账凭证，要对经济业务进行分类，一类经济业务使用一种格式的记账凭证。专用式记账凭证包括收款凭证、付款凭证和转账凭证一套三式。

收款凭证是专门用来反映库存现金、银行存款收入业务的记账凭证。它是根据有关库存现金和银行存款收入业务的原始凭证填制的，是出纳人员收款的依据，一般格式如表 4－13 所示。

付款凭证是专门用来反映库存现金、银行存款支出业务的记账凭证。它是根据有关库存现金和银行存款支出业务的原始凭证填制的，是出纳人员付款的依据，一般格式如表 4－12 所示。

请注意 对于库存现金与银行存款之间的收付业务，为避免重复记账，在我国会计实务中，只需编制一张付款凭证，而不编制收款凭证。

转账凭证是专门用来反映不涉及库存现金和银行存款收付的转账业务的记账凭证。它是根据有关转账业务的原始凭证或账簿资料填制的，一般格式如表 4－14 所示。

专用式记账凭证一般适用于规模较大、经济业务较多的单位。

知识与能力拓展

单式记账凭证，是将一项经济业务所涉及的每个会计科目，分别编制记账凭证，每张记账凭证只填列一个会计科目的记账凭证。采用单式记账凭证，一笔经济业务涉及几个会计科目，就要填制几张记账凭证。其中，填列借方科目的凭证称为借项记账凭证，填列贷方科目的凭证称为贷项记账凭证。因为单式记账凭证制证工作量较大，而且也不能反映经济业务的全貌，不便于检查账目，所以，在实务中较少被采用。

请注意 一个单位只采用一种记账凭证，即要么是通用式记账凭证，要么是专用式记账凭证，要么是单式记账凭证。

2.4 记账凭证的填制方法及要求

记账凭证是登记账户的直接依据，填制记账凭证是经济业务进入会计核算系统的第一个关口，会计人员必须严格按照填制要求填制记账凭证。

（1）必须以审核无误的原始凭证为依据填制。对于期末结账业务和更正错账的业务，则可以根据有关的账簿记录进行填制。

（2）日期应填写填制日期，不一定是经济业务的发生日期。

（3）摘要应准确、简明填写，反映经济业务的核心与重点。

（4）正确填写会计分录。包括正确使用和填写总分类科目及明细科目、规范填写金额；按行从上到下逐行填写，不得跳行，借、贷方的金额必须相等；金额合计栏应在第一位数字前填写货币符号。

（5）空行划销。凭证中未填写内容的空行在金额栏划斜线或“s”线以示注销。

（6）连续编号。记账凭证的编号必须连续，一般是每月从第1号编起，顺序编至月末，中间不得重号、漏号、错号，最后一张记账凭证编号的后面应加注“全”字，以防丢失和舞弊。记账凭证的编号方法具体有以下三种：

① 一类编号法。每月将所有的记账凭证按照填制日期从1号开始顺序编号。

② 三类编号法。每月按照收款凭证、付款凭证和转账凭证三类分别从第1号开始顺序编号。

③ 五类编号法。每月按照现金收款凭证、现金付款凭证、银行存款收款凭证、银行存款付款凭证和转账凭证五类分别顺序编号。

如果一笔经济业务需要使用多张记账凭证才能填制完成，采用总号带分号的方式编号。如某经济业务需要使用两张记账凭证，这一业务的凭证顺序号为第9号，那么这两张凭证的编号就是9（1/2）、9（2/2）号。

（7）填写附件数量。记账凭证附件数量的填写应完整、规范，一般按所附原始凭证的自然张数填写。如果记账凭证中附有原始凭证汇总表，则应该把所附的原始凭证和原始凭证汇总表的张数一起计入附件的张数之内。但报销差旅费等的零散票券，可以粘贴在一张纸上，作为一张原始凭证。如果根据一张原始凭证填制两张或两张以上记账凭证，可以将该原始凭证附在一张主要的记账凭证后面，在其他记账凭证上注明该主要记账凭证的编号，如“附件××张，见第××号记账凭证”。如有重要资料或原始凭证过多，需要另行保管的，也应在记账凭证附件栏目内加以说明。

（8）签章。填制完成的记账凭证应按制单→审核→出纳（现金、银行存款收付业务）

→记账→会计主管的顺序传递，每一个经手人员都应在记账凭证的相关栏目中签名或盖章，以明确责任。

2.5 记账凭证的审核要点

记账凭证编制完成后，必须经过专门的稽核人员审核，才能据以登记账簿。

（1）审核记账凭证的内容是否真实。包括是否附有原始凭证，记录的内容与所附原始凭证内容是否一致，所附原始凭证的张数是否与记账凭证所列附件张数相符等。

（2）审核会计分录是否正确。包括应借、应贷会计科目、金额计算是否正确，借、贷双方的金额是否平衡等。

（3）审核记账凭证中的规定项目是否填写齐全，有关人员是否签章等。

审核中如发现差错，应及时查明原因，按规定处理和更正。如果记账之前发现记账凭证有错误，应当重新填制正确的记账凭证，并将错误记账凭证作废或撕毁。如果发现已经登记入账的记账凭证有错误，应区分情况按不同的方法进行更正，具体内容见本书项目五中更正错账的方法。

2.6 记账凭证的归档与管理

（1）记账凭证在据以记账以后，应定期进行分类整理，按照编号顺序排列，加具封面、封底装订成册，在装订线上加贴封签，在封签处加盖会计主管的骑缝图章。会计凭证封面的一般格式如表 4－10 所示。

表 4－10　　会计凭证封面

<table>
<tr><td rowspan="5">年

月
份
第

册</td><td rowspan="5">收款

付款

转账</td><td>（单位名称）</td></tr>
<tr><td>年　月份　共　册第　册</td></tr>
<tr><td>凭证第　号至第　号共　张</td></tr>
<tr><td>附：原始凭证共　张</td></tr>
<tr><td>会计主管（签章）　　保管（签章）</td></tr>
</table>

（2）装订成册的记账凭证应指定专人负责保管，年度终了，要移交会计机构档案室登记归档。按规定，会计机构可暂管一年，期满后应移交本单位档案机构统一保管，未设立档案机构的，应当在会计机构内部指定专人保管。

（3）记账凭证的保管期限和销毁手续，必须严格执行规定。保管期满需销毁的记账凭证，必须开列清单，编制销毁清册，并按规定的手续申报，经单位负责人和会计机构负责人批准后方可销毁，任何人无权自行随意销毁。

3. 任务设计

3.1 通用式记账凭证的填制与审核

【例 4－3】 沿用【例 4－1】华川公司 20××年 12 月 10 日发生的领料业务及相应填制的领料单。

要求：根据该领料单填制通用式记账凭证。

⟹ 工作过程

步骤1：复核领料单无误。

步骤2：填写记账凭证的日期、编号。通用式记账凭证适用一类编号法。

步骤3："摘要"栏填写"生产车间领料"。

步骤4：填写会计分录和金额合计栏。根据领料单记载的内容进行会计确认和计量，确定会计分录并填写在相应的栏目内。先填写总账科目再填写明细科目，然后填写应记入的金额。填写金额时，应记入账户借方的在"借方金额"栏填写，应记入贷方的在"贷方金额"栏填写。最后分别加计借方金额合计和贷方金额合计，填写在对应栏目的"合计"行，并在合计金额前的"万"位格中填写人民币符号。

步骤5：在"借方金额"栏和"贷方金额"栏将空行划销。

步骤6：填写附单据张数，并将领料单粘贴在记账凭证之后。

步骤7：制单人员签名。

步骤8：将记账凭证传给审核人员，审核人员按规定进行审核无误后签名。

请注意 在进行步骤4时，只在合计金额前面填写货币符号，各科目的分金额前不用填写货币符号；在进行步骤5时，空行是指科目和金额都没有填写的行次。另外，记账凭证右端的"记账"栏由记账人员记账后填写。

填制完成并经审核的通用式记账凭证如表4－11所示。

表4－11

记 账 凭 证

20××年12月10日

编号：2号

摘 要	总账科目	明细科目	借方金额											贷方金额											记账 √
			亿	千	百	十	万	千	百	十	元	角	分	亿	千	百	十	万	千	百	十	元	角	分	
生产车间领料	生产成本	A产品						4	0	8	0	0	0												
	原材料	甲材料																	4	0	8	0	0	0	
合 计							¥	4	0	8	0	0	0					¥	4	0	8	0	0	0	

附单据1张

会计主管： 记账： 审核：马小东 出纳： 制单：田 丽

请注意 在填制表格式原始凭证、填制记账凭证、登记账簿和编制会计报表及其他反映金额的表格时，金额的小数点后面为"零"的，在证、账、表的"角、分"分位格中要填写"0"占位，不能空位或用其他符号代替。

3.2 专用式记账凭证的填制与审核

【例4－4】 蓝光集团20××年12月1日上午发生的全部经济业务如下（原始凭证略）：

（1）1 日，出纳人员签发现金支票一张，从银行存款中提取现金 2 500 元备用。

（2）1 日，收到开户银行进账单的收账通知，通过银行收到环宇公司偿还的前欠货款 60 000 元。

（3）1 日，从川发公司购进 63 000 元甲材料，材料已经验收入库，货款暂欠。购货发票与收料单均已收到。

上述业务涉及的原始凭证均已审核无误（此略）。

要求：根据这些原始凭证填制专用式记账凭证。

⟹ 工作过程

12 月 1 日（1）

步骤 1：复核支票存根无误，并选定记账凭证类型为付款凭证。

步骤 2：填写记账凭证的日期、编号。采用三类编号法，本例为付字 1 号。

步骤 3："摘要"栏填写"提取现金"。

步骤 4：填写会计分录和金额合计栏。根据支票存根记载的内容进行会计确认和计量，确定会计分录并填写在相应的栏目内。贷记账户名称"银行存款"填写在表格外左上方"贷方科目"处，借记账户名称"库存现金"填写在表格内"借方总账科目"栏的第一行，金额填写在"金额"栏的第一行。加计、填写合计小写金额、人民币符号及大写金额。

步骤 5：在"金额"栏将空行划销。

步骤 6：填写附单据张数，并将支票存根粘贴在记账凭证后面。

步骤 7：制单人员签名。

步骤 8：将记账凭证传给审核人员，审核人员按规定进行审核无误后签名。

填制完成并经审核的付字 1 号凭证如表 4－12 所示。

表 4－12　　付 款 凭 证

贷方科目：银行存款　　20××年 12 月 1 日　　付字第 1 号

摘　要	借方总账科目	明细科目	记账符号	金额：千	百	十	万	千	百	十	元	角	分
提取现金	库存现金							2	5	0	0	0	0
合计（人民币大写）贰仟伍佰元整							¥	2	5	0	0	0	0

附单据 1 张

会计主管：　　记账：　　出纳：　　审核：王　宏　　制单：高雅倩

12 月 1 日（2）

步骤 1：复核存款进账单无误，并选定记账凭证类型为收款凭证。

步骤 2：填写记账凭证的日期、编号。采用三类编号法，本例为收字 1 号。

步骤 3："摘要"栏填写"收到前欠货款"。

步骤4：填写会计分录和金额合计栏。根据进账单记载的内容进行会计确认和计量，确定会计分录并填写在相应的栏目内。借记账户名称“银行存款”填写在表格外左上方“借方科目”处，贷记账户名称“应收账款”填写在表格内“贷方总账科目”栏的第一行，并相应填写明细账户名称、金额。合计的加计、填写与填制付款凭证的方法相同。

步骤5：在“金额”栏将空行划销。

步骤6：填写附单据张数，并将进账单的收账通知联粘贴在记账凭证之后。

步骤7：制单人员签名。

步骤8：将记账凭证传给审核人员，审核人员按规定进行审核无误后签名。

填制完成并经审核的收字1号凭证如表4－13所示。

表4－13 **收 款 凭 证**

借方科目：银行存款　　20××年12月1日　　收字第1号

摘　要	贷方总账科目	明细科目	记账符号	金额									
				千	百	十	万	千	百	十	元	角	分
收到前欠货款	应收账款	环宇公司					6	0	0	0	0	0	0
合计（人民币大写）陆万元整						¥	6	0	0	0	0	0	0

附单据1张

会计主管：　　记账：　　出纳：　　审核：王　宏　　制单：高雅倩

12月1日（3）

步骤1：复核发票和收料单无误，并选定记账凭证类型为转账凭证。

步骤2：填写记账凭证的日期、编号。采用三类编号法，本例为转字1号。

步骤3：“摘要”栏填写“购料并入库，货款暂欠”。

步骤4～步骤8：与通用式记账凭证的操作基本相同，不再赘述。

填制完成并经审核的转字1号凭证如表4－14所示。

表4－14 **转 账 凭 证**

20××年12月1日　　转字第1号

摘　要	总账科目	明细科目	借方金额											贷方金额											记账√
			亿	千	百	十	万	千	百	十	元	角	分	亿	千	百	十	万	千	百	十	元	角	分	
购料并入库	原材料	甲材料					6	3	0	0	0	0	0												
货款暂欠	应付账款	川发公司																6	3	0	0	0	0	0	
合　计						¥	6	3	0	0	0	0	0				¥	6	3	0	0	0	0	0	

附单据2张

会计主管：　　记账：　　审核：王　宏　　制单：高雅倩

4. 职业能力训练

4.1 判断（正确的在括号里打“√”，错误的打“×”。）

（1）转账凭证只反映与库存现金和银行存款收付无关的业务。（ ）

（2）记账凭证的填制日期应是经济业务发生或完成的日期。（ ）

（3）所有的记账凭证都是由会计人员根据审核无误的原始凭证填制的。（ ）

（4）出纳人员只需要根据收款、付款业务的原始凭证办理收、付款项。（ ）

（5）记账凭证保管期满后，保管人员可以自行销毁。（ ）

4.2 选择（下列答案中有一项或多项是正确的，将正确答案前的英文字母填入括号内。）

（1）下列各项中，属于记账凭证必须具备的基本内容是（ ）。

A. 记账凭证名称　　B. 填制凭证日期

C. 填制单位名称　　D. 会计分录

（2）结转完工入库产品实际成本，应填制的记账凭证是（ ）。

A. 收款凭证　　B. 付款凭证

C. 转账凭证　　D. 累计凭证

（3）记账凭证的作用在于（ ）。

A. 对经济业务进行归类　　B. 确定会计分录

C. 据以记账　　D. 反映经济业务执行情况

（4）下列人员应在收、付款凭证上签章的是（ ）。

A. 制证人员　　B. 出纳人员

C. 审核人员　　D. 单位负责人

（5）收款凭证左上角的借方科目可能是（ ）。

A. 应收账款　　B. 库存现金　　C. 银行存款　　D. 预收账款

4.3 学习情境实训

【实训目的】训练记账凭证的填制方法。

【情境资料】见本项目任务1“任务设计”中的“3.1 原始凭证的填制”中的经济业务以及相应的原始凭证。

【实训要求】根据上述经济业务以及相应的原始凭证，填制专用式记账凭证。

实训所需记账凭证请教师准备。根据教学安排，可在课堂上进行也可在课外进行。可不列出工作步骤和内容，完成后，教师安排适当规模的学生在课堂上汇报实训成果，并进行点评。

【重要名词】

会计凭证　原始凭证　记账凭证　通用式记账凭证　专用式记账凭证　收款凭证　付款凭证　转账凭证

【阅读篇目】

[1]《中华人民共和国会计法》
[2]《会计基础工作规范》
[3]《支付结算办法》附件一
[4]《会计档案管理办法》

项目五

会计账簿的设置与登记

学习目标

- 熟悉账簿的概念、分类及基本内容
- 熟知常用账页的格式
- 熟悉账簿的登记规则和要求
- 能正确登记各种账簿
- 理解总账和明细账平行登记的原理和要点
- 能按正确的方法核对和结算账目
- 能按正确的方法更正账簿的错误记录
- 了解账簿的归档与管理

项目导航

原始凭证提供了大量的原始经济信息，这些信息是零散的、不系统的。会计人员通过填制记账凭证，对这些信息进行了归类处理，确定了应记入的账户、在账户中应记的方向和金额，接下来的工作就是根据记账凭证登记会计账簿。任何单位都必须按规定设置和登记会计账簿。通过设置和登记账簿，不仅可以了解会计主体在一定时期的全部经济活动情况，取得经营管理上所需要的比较系统、完整的会计核算资料，而且可以连续反映各项财产物资的增减变动及其结存情况，保证财产物资的安全完整，还可以为会计分析和会计检查提供资料和依据。设置和登记账簿是会计核算的基本方法之一。

会计账簿简称账簿，是指由具有一定格式、相互联结的若干账页组成的，以会计凭证为依据，全面、连续、系统地记录各项经济业务的簿籍。

账簿是多种多样的，但可以按照一定的标志对其进行分类。账簿按用途分类，可分为序时账簿、分类账簿和备查账簿；按外表形式分类，可分为订本式账簿、活页式账簿和卡片式账簿。

本项目主要学习账簿的设置与登记、账簿的核对与结算、账簿的启用与更换以及错账更正等工作任务的操作步骤与方法。

学习时，要注意体会设置账簿的意义与作用，体会不同账簿之间的区别与联系，并融会贯通会计科目、会计账户和会计账簿之间的内在关系，把握审核原始凭证、填制记账凭证和登记会计账簿之间的工作程序和环节。

任务1　日记账簿的设置与登记

1. 任务描述

为了加强货币资金的管理，各单位必须按照会计法规的规定，设置库存现金日记账和银行存款日记账。库存现金日记账和银行存款日记账由出纳人员根据库存现金和银行存款的收、付款凭证为依据，按照账簿登记规则，逐日逐笔进行登记，每日结出余额。库存现金日记账余额要每天与库存现金实有数核对相符，银行存款日记账要定期与银行对账单核对相符。

2. 综合知识

2.1　什么是日记账簿

日记账簿也称序时账簿，简称日记账，是指按照经济业务发生时间的先后顺序，逐日逐笔进行登记的账簿。

2.2　日记账簿的种类与格式

2.2.1　日记账簿的种类

日记账按其记录内容的范围不同，可分为普通日记账和特种日记账两种。

普通日记账也称分录簿，是指用来登记全部经济业务的日记账。它是把每天发生的经济业务，根据原始凭证，按照时间先后顺序，在账簿中编制会计分录，并以此作为登记分类账的依据。在我国的会计实务中，因为采用了更加灵活方便的记账凭证，所以已经不再使用普通日记账。

特种日记账是指用来登记某一类经济业务的日记账。它可以反映某一特定项目经济业务的详细情况。按照我国会计制度规定，各单位必须设置库存现金日记账和银行存款日记账。这两种日记账就是专门提供库存现金和银行存款收付情况等详细资料的特种日记账。根据需要，其他项目也可以设置特种日记账，如购货日记账、销货日记账等。

2.2.2 日记账簿的格式

（1）库存现金日记账。库存现金日记账是用来逐日逐笔登记库存现金的增减变化及其结余情况的特种日记账。库存现金日记账必须采用订本式账簿，账页格式一般采用三栏式。三栏式库存现金日记账的账页分设“收入”、“支出”和“结余”（或“借方”、“贷方”和“余额”）三栏。为了清晰地反映现金收入的来源和支出的用途，还设有“对应科目”栏，用来对对应科目作备查记录。三栏式库存现金日记账账页的一般格式如表5－5所示。

在规模比较大、库存现金收付业务比较多的单位，为了简化记账手续，库存现金日记账的账页格式也可以采用多栏式。多栏式库存现金日记账将收入栏按与库存现金相对应的贷方科目设置出若干专栏，将支出栏按与库存现金相对应的借方科目设置出若干专栏，一般格式如表5－1所示。

表5－1　　　　库存现金日记账（多栏式）

年		凭证		摘要	收入						支出						结余
月	日	字	号		对应贷方科目				合计	过账	对应借方科目				合计	过账	

如果库存现金的对应科目较多，采用表5－1格式，会使账页过长，为避免这种情况，可以分别设置库存现金收入日记账和支出日记账，其一般格式如表5－2和表5－3所示。

表5－2　　　　库存现金收入日记账（多栏式）

年		凭证		摘　要	贷方科目					收入合计	支出合计	过账	结余
月	日	字	号										

表 5 - 3　　　　库存现金支出日记账（多栏式）

年		凭证		摘　要	借方科目					支出合计	过账
月	日	字	号								

动脑动手　账簿与账户是什么关系?

（2）银行存款日记账。银行存款日记账是用来逐日逐笔登记银行存款增减变化及其结余情况的特种日记账。银行存款日记账也必须采用订本式，账页格式也一般采用三栏式，基本格式与库存现金日记账基本相同。但为了便于与银行对账和反映银行存款收付所采用的结算方式，在银行存款日记账中增设了反映结算凭证种类和号数的专栏。三栏式银行存款日记账的一般格式如表 5 - 6 所示。

在规模比较大、银行存款收付业务比较多的单位，为了简化记账手续，银行存款日记账的账页格式也可以采用多栏式，其一般格式与“库存现金日记账”基本相同。

知识与能力拓展

订本式账簿是指在启用前，就将若干已顺序编号的账页固定装订成册的账簿。采用订本式账簿，可以防止账页的散失或抽换。但由于已经编定账页序号，账页数量是固定的，不能根据需要进行增减，所以，如果分类账簿也采用订本式账簿，就必须为每一个账户预留空白账页。这样，在使用中可能出现某些账户预留账页少了，而有些账户预留账页过多了，结果可能会影响账簿记录的连续性或者是造成浪费。另外，这种账簿在同一时间只能由一个人登账，不便于分工记账。订本式账簿主要适用于日记账，总分类账簿也可以采用。

2.3　日记账簿的登记方法

库存现金日记账和银行存款日记账由出纳人员根据审核无误的收、付款凭证逐日逐笔顺序登记。库存现金日记账的收入栏根据库存现金收款凭证和提取现金的银行存款付款凭证登记，支出栏根据库存现金付款凭证登记。银行存款日记账的收入栏根据银行存款收款凭证和送存现金的库存现金付款凭证登记，支出栏根据银行存款付款凭证登记。登记时，应根据收、付款凭证，逐行进行登记，一笔业务登记一行，依次填写日期、凭证号数、摘要、对应科目、收入金额或支出金额。登记账簿之后，要在记账凭证的“记账符号”栏中画“√”号，并在记账凭证上签章。每日终了，分别计算出收入、支出金额的合计数和本日余额，并登记在日记账中。库存现金的账面余额与库存现金实有数要每天核对相符，银行存款的账面余额与银行对账单余额要定期核对相符。

2.4　日记账簿的归档与管理

在每一新会计年度开始时，库存现金日记账和银行存款日记账应当启用新账，并把上年度的日记账归档保管。上、下年度的日记账应做好衔接工作，在上年度的日记账中按照结账方法办理年结，在下年度新的日记账中登记上年结转过来的余额。

日记账簿是重要的历史资料和会计档案，各单位必须按国家会计法规制度的规定，妥善保管。账簿的保管应由专人负责，以明确责任。在日常工作中，日记账簿应由出纳人员专门保管，未经单位负责人和会计部门负责人（会计主管人员）批准，不准非经管人员翻阅、查看、摘抄和复制，除非特殊需要或司法介入，一般不允许携带外出。在年度终了后，可暂由会计部门保管一年，期满之后，应当由会计部门编制移交清册，移交本单位档案管理部门统一保管，未设立档案机构的，应当在会计机构内部指定专人保管。其保管期限及销毁办法必须严格按会计档案管理办法执行。

请注意 按会计法律法规规定，出纳人员不得兼管会计档案，所以，除了本年度尚在使用中的日记账簿以外，以前年度的日记账簿不能由出纳人员保管。

3. 任务设计——日记账簿的登记

【例5-1】华商公司20××年12月1日库存现金日记账和银行存款日记账的月初余额分别为1 500元和890 000元，12月份库存现金和银行存款收付业务及经审核无误的记账凭证（简化格式，见表5-4）如下：

（1）12月1日，签发现金支票，从银行提取现金3 000元备用，支票号码为20093471。

（2）12月8日，从飞翔公司购入甲材料1 000千克，每千克12.30元，价款12 300元，增值税税额2 091元。材料已验收入库，开出一张转账支票支付货款，支票号码为20094783。

（3）12月10日，以库存现金购买办公用A4纸和打孔机，金额共计1 120元，由财务科和办公室直接领用。

（4）12月15日，供应科张华预借差旅费2 000元，以库存现金支付。

（5）12月17日，向海河公司销售A产品40公斤，每公斤售价1 000元，价款40 000元，增值税税额6 800元。对方以转账支票支付货款，支票号码为20092375。

表5-4 记账凭证（简化式）

20××年		凭证号数	摘要	账户名称		借方金额	贷方金额
月	日			总账账户	明细账户		
12	1	付1	提取现金	库存现金		3 000	
				银行存款			3 000
12	8	付2	购买材料当即付款	原材料	甲材料	12 300	
				应交税费	应交增值税	2 091	
				银行存款			14 391
12	10	付3	购买办公用品	管理费用	公司经费	1 120	
				库存现金			1 120

续表

20××年		凭证号数	摘要	账户名称		借方金额	贷方金额
月	日			总账账户	明细账户		
12	15	付4	采购员预借差旅费	其他应收款	张华	2 000	
				库存现金			2 000
12	17	收1	销售产品当即收款	银行存款		46 800	
				主营业务收入	A产品		40 000
				应交税费	应交增值税		6 800

要求：根据上列记账凭证及其所附原始凭证登记库存现金日记账和银行存款日记账。

⟹ 工作过程

12月1日

步骤1：在库存现金日记账和银行存款日记账的第一行登记期初余额。

提示 在实际工作中，每月的第一笔业务是在上月月末结账行的次行开始连续进行登记的，上月月末余额即为本月月初余额，故没有“步骤1”的操作。

步骤2：根据1号付款凭证逐栏登记库存现金日记账。

步骤3：在记账凭证上“库存现金”科目所在行的“过账”栏画“√”号，并在记账凭证上签章。

步骤4：根据1号付款凭证逐栏登记银行存款日记账。

步骤5：在记账凭证上“银行存款”科目所在行的“过账”栏画“√”号，并在记账凭证上签章。

步骤6：当日终了，加计库存现金本日收付合计和余额，在日记账当日最末一行记录的次行进行登记，在“摘要”栏填写“本日合计”，并填写当日日期。

步骤7：当日终了，加计银行存款本日收付合计和余额，在日记账当日最末一行记录的次行进行登记，在“摘要”栏填写“本日合计”，并填写当日日期。

提示 由于本例每天只列举了一笔业务，下面其他日期有关“本日合计”的操作省略，只在“余额”栏结出余额。

12月8日

步骤1：根据2号付款凭证逐栏登记银行存款日记账。

步骤2：在记账凭证上“银行存款”科目所在行的“过账”栏画“√”号，并在记账凭证上签章。

步骤3：结出当天银行存款账面余额。

12月10日

步骤1：根据3号付款凭证逐栏登记库存现金日记账。

步骤2：在记账凭证上“库存现金”科目所在行的“过账”栏画“√”号，并在记账凭证上签章。

步骤3：结出当天库存现金账面余额。

12月15日

步骤1：根据4号付款凭证逐栏登记库存现金日记账。

步骤2：在记账凭证上“库存现金”科目所在行的“过账”栏画“√”号，并在记账凭证上签章。

步骤3：结出当天库存现金账面余额。

12月17日

步骤1：根据1号收款凭证逐栏登记银行存款日记账。

步骤2：在记账凭证上“银行存款”科目所在行的“过账”栏画“√”号，并在记账凭证上签章。

步骤3：结出当天银行存款账面余额。

本例收付业务登记完毕后的库存现金日记账和银行存款日记账如表5-5和表5-6所示。

表5-5 库存现金日记账 第15页

20××年 月	日	记账凭证 字	号	摘要	对应科目	收入（亿千百十万千百十元角分）	√	支出（亿千百十万千百十元角分）	√	结余（亿千百十万千百十元角分）
12	01			期初余额						150000
	01	付	1	提取现金	银行存款	300000				
	01			本日合计		300000				450000
	10	付	3	购买办公用品	管理费用			112000		338000
	15	付	4	预付差旅费	其他应收款			200000		138000

表5-6 银行存款日记账 第23页

种类：结算户存款 开户行：工行南关南街支行 账号：653298701-328

20××年 月	日	记账凭证 字	号	摘要	结算凭证 种类	号数	对应科目	收入（亿千百十万千百十元角分）	√	支出（亿千百十万千百十元角分）	√	结余（亿千百十万千百十元角分）
12	01			期初余额								89000000
	01	付	1	提取现金	现支	20093471	库存现金			300000		
	01			本日合计						300000		88700000
	08	付	2	购买材料并付款	转支	20094783	原材料等			1439100		87250900
	17	收	1	销售产品并收款	转支	20092375	主营业务收入等	4680000				91940900

提示 日记账中的“√”栏是对账时使用的栏目，金额核对无误的就画“√”。

4. 职业能力训练

4.1 判断（正确的在括号里打“√”，错误的打“×”。）

（1）库存现金日记账和银行存款日记账必须采用订本式账簿。（ ）

（2）银行存款日记账是由出纳人员根据审核后的收款凭证、付款凭证逐日逐笔序时登记的账簿。（ ）

（3）每日经济业务登记完毕，应结计库存现金日记账的当日余额，并同库存现金的实存额进行核对，检查账实是否相符。（ ）

（4）日记账可以跨年度连续使用，不必每年更换新账。（ ）

（5）库存现金日记账和银行存款日记账可以由出纳长期保管。（ ）

4.2 选择（下列答案中有一项或多项是正确的，将正确答案前的英文字母填入括号内。）

（1）对于从银行提取现金和将现金存入银行的业务，登记库存现金日记账和银行存款日记账的依据是（ ）。

A. 现金收款凭证　　B. 现金付款凭证
C. 银行存款收款凭证　　D. 银行存款付款凭证

（2）库存现金日记账和银行存款日记账的账页格式可以选择采用（ ）。

A. 三栏式　　B. 数量金额式　　C. 多栏式　　D. 活页式

（3）特种日记账是（ ）。

A. 序时登记全部经济业务的日记账
B. 专门用来登记某一类经济业务的日记账
C. 专门用来登记库存现金的日记账
D. 专门用来登记银行存款的日记账

（4）设置和登记日记账提供的会计记录是（ ）。

A. 及时的　　B. 连续的　　C. 完整的　　D. 详细的

（5）库存现金日记账和银行存款日记账的登记日期必须是（ ）。

A. 库存现金收入的当天　　B. 库存现金支出的当天
C. 银行存款收入的当天　　D. 银行存款支出的当天

4.3 学习情境实训

【实训目的】训练库存现金日记账及银行存款日记账的登记方法。

【情境资料】凯凯公司20××年12月1日库存现金日记账和银行存款日记账的月初余额分别为3 000元和650 000元，12月份发生的有关库存现金和银行存款收付的经济业务（原始凭证略）以及相应填制的记账凭证（用分录簿形式代替，见表5-7）如下：

（1）2日，购入A材料500公斤，单价35元，价款17 500元，增值税税额2 975元。材料已验收入库，开出转账支票支付货款。

（2）3日，以现金购买办公用品320元，直接交付办公室使用。

（3）10日，罗小阳报销差旅费并交回现金500元，结清欠款。

（4）15日，向工商银行借入半年期借款50 000元，存入存款户。

（5）17日，销售给天龙百货大楼甲产品50件，每件售价200元，价款10 000元，增值税税额1 700元。款项收到存入存款户。

（6）20日，签发转账支票发放职工工资340 000元。

（7）30日，签发转账支票支付本月电话费2 500元。

表5－7　　记账凭证（简化式）

20××年 月	20××年 日	凭证号数	摘要	账户名称 总账账户	账户名称 明细账户	借方金额	贷方金额
12	2	付1	购买材料并付款	原材料	A材料	17 500	
				应交税费	应交增值税	2 975	
				银行存款			20 475
12	3	付2	购买办公用品	管理费用	公司经费	320	
				库存现金			320
12	10	收1	收回报销差旅费余款	库存现金		500	
				其他应收款	罗小阳		500
12	15	收2	取得短期借款	银行存款		50 000	
				短期借款			50 000
12	17	收3	销售产品并收款	银行存款		11 700	
				主营业务收入	甲产品		10 000
				应交税费	应交增值税		1 700
12	20	付3	发放职工工资	应付职工薪酬	工资	340 000	
				银行存款			34 000
12	30	付4	支付电话费	管理费用	公司经费	2 500	
				银行存款			2 500

【实训要求】根据上述记账凭证，登记凯凯公司12月份的库存现金日记账和银行存款日记账。根据教学安排，可在课堂上进行也可在课外进行，仅由个体进行。可不列出工作步骤和内容，完成后，教师安排适当规模的学生在课堂上汇报实训成果，并进行点评。

任务2　分类账簿的设置与登记

1. 任务描述

分类账簿包括总分类账簿和明细分类账簿两种。总分类账簿根据总分类科目设置，由总账会计根据记账凭证进行逐笔登记，或对记账凭证定期汇总后进行登记；明细分类账簿根据管理的需要，依据财产物资种类、单位名称或人名、成本费用项目等明细科目设置，由明细账会计根据记账凭证及所附原始凭证或原始凭证汇总表进行逐日逐笔登记。

2. 综合知识

2.1 什么是分类账簿

分类账簿简称分类账，是指对全部经济业务按照会计科目进行分类登记的账簿。

2.2 分类账簿的种类与格式

2.2.1 分类账簿的种类

分类账簿按照其反映内容的详细程度分类，可分为总分类账簿和明细分类账簿两种。

总分类账簿简称总分类账或总账，是指根据总分类科目设置，对全部经济业务进行总括分类记录的账簿。按照现行会计制度规定，各单位必须设置总分类账簿。

明细分类账簿，简称明细分类账或明细账，是指根据明细分类科目设置，对各类经济业务进行详细分类记录的账簿。各单位在设置总分类账簿的基础上，应根据会计核算和经营管理的需要设置明细分类账簿，进行明细分类核算。例如，为了详细记录各购货单位所欠本单位货款的增减变动及其结余情况，应按购货单位名称或者人名设置应收账款明细分类账簿。

2.2.2 总分类账簿的格式

总分类账簿一般应采用订本式，账页格式一般采用三栏式，即账页上分设为“借方”、“贷方”和“余额”三个金额栏。根据实际需要，又可分为不设对应科目的三栏式（见表5－8）和设对应科目的三栏式（见表5－14）两种。

表5－8　　**总分类账**　　第1页

会计科目：

年		凭证		摘要	借方											√	贷方											借或贷	余额										
月	日	字	号		亿	千	百	十	万	千	百	十	元	角	分		亿	千	百	十	万	千	百	十	元	角	分		亿	千	百	十	万	千	百	十	元	角	分

在总分类账户设置较少的单位，总分类账簿的账页格式也可以采用多栏式，即把全部总分类账户集中设置在一张账页上，按会计科目分设专栏，设置了多少个总分类科目就需要相应设置多少个专栏。在记账时，按照经济业务发生的先后顺序在总分类账簿中进行分类登记。这种账簿将日记账和分类账结合在一起，所以称为“联合账簿”，又叫“日记总账”，其一般格式如表5－9所示。

表 5-9 多栏式总分类账（日记总账）

年		凭证		摘要	发生额	科目 1		科目 2		科目 3		科目 4		（略）	
月	日	字	号			借	贷	借	贷	借	贷	借	贷	借	贷

2.2.3 明细分类账簿的格式

明细分类账簿一般采用活页式，个别采用卡片式，账页格式主要有三栏式、数量金额式和多栏式等几种。

三栏式明细账的账页格式与总账的账页格式基本相同，适用于只需要进行金额核算而不需要进行数量核算的明细账户，如“应收账款”、“应付账款”等债权债务结算账户的明细账户。在实际工作中称之为甲式账，其一般格式如表 5-17 所示。

数量金额式明细账的账页，在借方（收入栏）、贷方（发出栏）和余额（结存栏）三大栏内，分设了“数量”、“单价”、“金额”三个小栏，适用于既要进行金额核算，又要进行实物数量核算的各种财产物资明细账户，如“原材料”、“库存商品”等存货账户的明细账户。在实际工作中称之为乙式账，其一般格式如表 5-15 所示。

多栏式明细账的账页，在借、贷方金额栏内，按照某一总账科目所属的明细项目分设若干专栏，集中记录各明细项目的金额，适用于只进行金额核算，明细项目比较固定且数量比较少的成本、费用、收入、利润等明细账户。多栏式明细账按栏目设置方法的不同，可分为借方多栏式、贷方多栏式和借贷方多栏式三种具体的格式。

借方多栏式明细账在账页的借方设置若干专栏，贷方不分设专栏，适用于成本、费用类明细账，其一般格式如表 5-16 所示。

贷方多栏式明细账在账页的贷方设置若干专栏，借方不分设专栏，适用于收入类明细账，其一般格式如表 5-10 所示。

表 5-10 （科目）明细账

______级科目编号及名称______ 总第 页

______级科目编号及名称______ 分第 号第 页

年		凭证		摘要	借方	贷方					余额
月	日	字	号							合计	

借贷方多栏式明细账在账页的借方、贷方均设置若干专栏，适用于“本年利润”、“利润分配”、“应交增值税”等明细账，其一般格式如表5－11所示。

表5－11　　（科目）明细账

________级科目编号及名称________　　总第　页

________级科目编号及名称________　　分第　号第　页

年		凭证		摘　要	借　方				贷　方				借或贷	余额
月	日	字	号					合计				合计		

知识与能力拓展

活页式账簿是指将活动账页相对固定地装置在账夹内，可以根据需要添加和抽减账页的账簿。采用活页式账簿，可以根据实际需要随时增加空白账页，而且在同一时间可以由多人分工记账，但账页容易散失和被抽换。因此，空白账页在使用时必须顺序编号。一个会计年度结束更换新账时，要将使用过的账页装订成册。活页式账簿主要适用于各种明细账。卡片式账簿是利用分散的、印有专门格式的卡片进行登记的账簿。卡片式账簿是一种特殊的活页账，适用于明细项目比较多、记录内容比较复杂的财产物资明细账，如固定资产卡片等。

2.3　分类账簿的登记方法

总分类账由总账会计登记，其登记依据和登记方法取决于会计核算所采用的账务处理程序，可以是根据记账凭证进行逐日逐笔登记，也可以是定期对记账凭证进行汇总后根据汇总的结果进行登记。逐日逐笔登记时，具体操作步骤、方法与日记账的登记基本相同。汇总登记时，根据科目汇总表或汇总记账凭证进行登记，具体程序和方法将在项目八中进行学习。

明细分类账由明细账会计登记，如债权债务明细账由往来会计登记、原材料明细账由材料会计登记、成本费用明细账由成本核算会计登记等。其登记依据是记账凭证及其所附的原始凭证或原始凭证汇总表，登记方法一般是逐日逐笔登记，具体操作步骤、方法与日记账的登记基本相同。

2.4　总分类账与明细分类账的平行登记

总分类账和其所属的明细分类账核算的经济内容是相同的，只不过总分类账是总括核算，提供总括的会计信息，明细分类账是明细核算，提供详细的会计信息。一笔经济业务，既要在总分类账户中进行登记，又要在该总分类账户所属的相关明细账户中进行登记，即总分类账与明细分类账是平行登记的。

平行登记是指对一项经济业务，根据会计凭证一方面要在有关总分类账中进行登记，另一方面又要在该总分类账所属的有关明细账中进行登记。平行登记包括四个方面的要点：

（1）登记的依据相同。登记总分类账及其所属的明细分类账依据的是同一记账凭证及其所附的原始凭证。

（2）登记的期间一致。一笔经济业务，总分类账记在哪个会计期间，所属的明细账也记在哪个会计期间。

（3）登记的方向一致。一笔经济业务，总分类账户记在哪方，所属的明细账户也记在哪方。

（4）登记的金额相等。一笔经济业务，记入总分类账的金额与记入所属明细账的金额之和相等。

通过平行登记，使总分类账和其所属的明细账之间具有以下等量关系：

总分类账期末（期初）余额＝所属明细账期末（期初）余额之和

总分类账本期借方（贷方）发生额＝所属明细账本期借方（贷方）发生额之和

在会计实务中，可以利用上述等量关系检验账簿记录的正确性。检验时，一般方法是根据各总分类账户所属明细账户的记录，编制明细账户本期发生额及余额表，与各该总分类账的记录进行核对。如果核对不相符，表明账簿登记有差错，必须查明原因，及时更正。明细账户本期发生额及余额表通常是一个总分类账户编制一张，每月编制一次，一般格式如表5－12所示。该格式适用于进行金额的总、细核对，对原材料等财产物资账户进行总、细核对时，如有必要，可在表中借、贷方下再分为“数量”和“金额”两个小栏。

表5－12　××明细分类账本期发生额及余额表

年　月

明细分类账户名称	期初余额		本期发生额		期末余额	
	借方	贷方	借方	贷方	借方	贷方
合　计						

2.5　分类账簿的归档与管理

在每一新会计年度开始时，总分类账和多数明细分类账应当启用新账，并把上年度的分类账归档保管。但有些财产物资明细账和债权债务明细账，由于更换新账的工作量较大，可以跨年度使用，不必每年更换一次。如固定资产明细账、原材料明细账等。

在日常工作中，分类账簿应由其记账人员保管。年度终了时，应对更换下来的活页式和卡片式明细账装订成册，顺序编号，加具封面封底，存档保管。分类账簿的管理办法与日记账的管理相同。

知识与能力拓展

备查账簿也称辅助账簿，是对某些在日记账簿和分类账簿中未能反映和记录的事项进行补充登记的账簿。主要用来提供某些必要的、有用的参考资料或补充信息，如“受托代销商品登记簿”、“租入固定资产登记簿”等。各单位应根据实际需要设置备查账簿，如果没有备查事项，也可以不设。备查账簿只是对正式账簿记录的一种补充，没有固定的格式，由单位根据需要自行设计，它与其他账簿之间不存在严密的依存、勾稽关系。

3. 任务设计——分类账的登记

【例 5-2】华川公司的总账采取根据记账凭证逐笔登记的账务处理程序，总账与所属明细账之间采取先登记明细账后登记总账的流转程序，全部账户体系之间采取一个总账及其明细账登记完后再登记另一个总账及其明细账的程序。该公司 20××年 12 月份经审核无误的部分经济业务的记账凭证如表 5-13 所示（均以简略的分录簿形式表示，原始凭证略）。

表 5-13　　记账凭证（简化格式）

20××年		凭证号数	摘　要	账户名称		借方金额	贷方金额
月	日			总账账户	明细账户		
12	3	付 1	购料并入库	原材料	甲材料	50 000	
				应交税费	应交增值税	8 500	
				银行存款			58 500
12	10	转 4	生产产品领料	生产成本	A 产品	45 000	
				原材料	甲材料		45 000
12	15	转 13	销售产品款未收回	应收账款	晋华公司	23 400	
				主营业务收入	A 产品		20 000
				应交税费	应交增值税		3 400

详细资料：根据收料单记载，12 月 3 日入库甲材料的数量 1 000 千克，单位成本 50 元；根据领料单记载，12 月 10 日领用甲材料的数量 900 千克，单位成本 50 元。

要求：根据上列记账凭证登记原材料总分类账和原材料、生产成本、应收账款明细分类账（12 月 1 日登记月初余额的操作从略；其余账户的登记从略）。

⟹ 工作过程

12 月 3 日

步骤 1：登记原材料明细账。材料明细账会计根据 1 号付款凭证及其所附的收料单，在甲材料明细账中进行逐项登记，并计算登记本日结存数量和金额。

步骤 2：材料明细账会计在 1 号付款凭证的"甲材料"所在行"过账"栏画"√"号，并在凭证上签章，然后将 1 号付款凭证转材料总账会计。

步骤 3：登记原材料总账。总账会计根据 1 号付款凭证在"原材料"总账账户中进行逐项登记。

步骤 4：总账会计在 1 号付款凭证的"原材料"所在行"过账"栏画"√"号，并在凭证上签章，然后将 1 号付款凭证转其他岗位会计进行登记。

提示　总分类账不要求逐日逐笔结算余额。如果要结算余额，则：12 月 3 日"原材料"总账账户的借方余额＝210 000＋50 000＝260 000元，将该余额记入“余额”栏后，再在“借或贷”栏填写“借”字，以表明余额的方向和性质。

12月10日

步骤1：登记生产成本明细账。成本明细账会计根据4号转账凭证及其所附的领料单，在A产品成本明细账中进行逐项登记，并计算登记余额。

步骤2：成本明细账会计在4号转账凭证的“A产品”所在行“过账”栏画“√”号，并在凭证上签章，然后将4号转账凭证转总账会计。

提示 本例省略了成本总账的登记工作。总账会计登记完成后将4号转账凭证转材料明细账会计。

步骤3：登记原材料明细账。材料明细账会计根据4号转账凭证及其所附的领料单，在甲材料明细账中进行逐项登记，并计算登记本日结存数量和金额。

步骤4：材料明细账会计在4号转账凭证的“甲材料”所在行“过账”栏画“√”号，并在凭证上签章，然后将4号转账凭证转总账会计。

步骤5：登记原材料总账。总账会计根据4号转账凭证在“原材料”总账账户中进行逐项登记。

步骤6：总账会计在4号转账凭证的“原材料”所在行“过账”栏画“√”号，并在凭证上签章，然后将4号转账凭证交付记账凭证管理人员。

12月15日

步骤1：登记应收账款明细账。往来明细账会计根据13号转账凭证，在“应收账款”晋华公司明细账中进行逐项登记。

步骤2：往来明细账会计在13号转账凭证的“晋华公司”所在行“过账”栏画“√”号，并在凭证上签章，然后将13号转账凭证转总账会计。

提示 本例省略了应收账款总账的登记工作。总账会计登记完成后将13号转账凭证转其他岗位会计。

本例业务登记完毕后的有关总账和明细账如表5－14至表5－17所示。

表5－14 **总 分 类 账** 第31页

会计科目：原材料

20××年 月	日	凭证 字	号	摘要	对应科目	借方（亿千百十万千百十元角分）	√	贷方（亿千百十万千百十元角分）	√	借或贷	余额（亿千百十万千百十元角分）
12	1			期初余额						借	21000000
	3	付	1	购料并入库	银行存款	5000000					
	10	转	4	生产产品领料	生产成本			4500000			

提示 各账页中的波浪线表示省略。

表 5－15　　原材料　明细账（乙）

总第　页
分第　号第　页

类别：原料及主要材料　　　　存放地点：材料仓库
名称和规格：甲材料　　　　编号：　　　　计量单位：千克

20××年		凭证		摘要	收入													发出													结存												
					数量	单价	金额											数量	单价	金额											数量	单价	金额										
月	日	字	号				亿	千	百	十	万	千	百	十	元	角	分			亿	千	百	十	万	千	百	十	元	角	分			亿	千	百	十	万	千	百	十	元	角	分
12	1			期初结存																											2 500	50				1	2	5	0	0	0	0	0
	3	付	1	购料	1 000	50					5	0	0	0	0	0	0														3 500	50				1	7	5	0	0	0	0	0
	10	转	4	发料														900	50					4	5	0	0	0	0	0	600	50					3	0	0	0	0	0	0

表 5－16　　生产成本　明细账

一级科目编号及名称生产成本　　　　总第　页
二级科目编号及名称A产品　　　　分第　号第　页

20××年		凭证		摘要	借方				贷方	余额
月	日	字	号		直接材料	直接人工	制造费用	合计		
12	10	转	4	生产产品领料	45 000			45 000		131 435

提示　与日记账一样，产品成本明细账省略了“借或贷”栏目，是因为它们都是专用明细账户，在正常情况下不会出现贷方余额，借方余额的方向和性质是确定的。如果由于错误所致出现了反方向余额，就用红字或加负号的方式进行登记。

表 5－17　　应收账款　明细账（甲）

总第　页
分第　号第　页
子目晋华公司　　户名晋华公司

20××年		凭证		摘要	对应科目	借方											√	贷方											借或贷	余额										
月	日	字	号			亿	千	百	十	万	千	百	十	元	角	分		亿	千	百	十	万	千	百	十	元	角	分	√	亿	千	百	十	万	千	百	十	元	角	分
12	15	转	13	销售产品款项未收	主营业务收入等					2	3	4	0	0	0	0													借					2	8	0	7	0	0	0

4. 职业能力训练

4.1 判断（正确的在括号里打“√”，错误的打“×”。）

（1）总分类账簿可以直接根据各种记账凭证逐笔进行登记。（ ）

（2）为了便于核对现金，出纳人员应保管库存现金、登记库存现金日记账和库存现金总账。（ ）

（3）总分类账簿登记的日期必须是经济业务发生的当日。（ ）

（4）总分类账簿和其所属的明细分类账簿必须在同一时刻登记。（ ）

（5）总分类账簿和所有的明细分类账簿必须每年更换新账。（ ）

4.2 选择（下列答案中有一项或多项是正确的，将正确答案前的英文字母填入括号内。）

（1）明细分类账主要有三栏式、数量金额式和多栏式三种格式，其划分的依据是（ ）。

A. 用途　　B. 提供指标的详细程度

C. 外表形式　　D. 管理的要求和记录的经济内容

（2）数量金额式明细分类账的账页格式适用于（ ）。

A. 库存商品明细账　　B. 生产成本明细账

C. 应收账款明细账　　D. 原材料明细账

（3）下列各项中，可以据以登记明细分类账的是（ ）。

A. 原始凭证　　B. 汇总原始凭证

C. 记账凭证　　D. 累计凭证

（4）下列关于总分类账簿的表述正确的是（ ）。

A. 采用订本式账簿　　B. 一般采用三栏式账页

C. 采用逐笔登记方式　　D. 也可采用汇总登记方式

（5）多栏式明细分类账的账页格式适用于（ ）。

A. 库存商品明细账　　B. 生产成本明细账

C. 管理费用明细账　　D. 主营业务收入明细账

4.3 学习情境实训

【实训目的】训练总分类账和明细分类账的登记方法。

【情境资料】见本项目任务1“学习情境实训”中的【情境资料】。

【实训要求】将全班同学按每组6人分成若干小组，每组推选一名同学担任组长，在老师指导下共同制订工作方案。各组成员依划分的岗位角色，分别根据记账凭证及其原始凭证，登记银行存款总分类账和原材料、应交增值税、管理费用、主营业务收入、其他应收款、应付职工薪酬、短期借款明细分类账，并要求列出工作步骤。实训所需账簿资料请教师准备。全部在课堂上进行。15分钟后，老师根据各组完成的速度和质量，对各组工作方案实施结果进行点评，并给予相应的学业成绩评定。

任务3　对账与结账

1. 任务描述

为了保证会计账簿记录的正确性，要定期核对账目，将账簿记录与凭证、账簿记录与账簿记录以及账簿记录与结存实物进行核对，做到账证、账账和账实相符。为了总结账簿的记录结果，为编制财务会计报告提供依据，应在账簿记录核对无误的基础上进行期末结账，在账户中结出各账户的本期借方发生额、贷方发生额和期末余额，并作结账标记。

2. 综合知识

2.1　什么是对账

对账是指对各种账簿记录进行核对。对账是保证会计记录正确性和真实性的重要措施和工作环节。会计部门要通过定期和不定期地对账，做到账证相符、账账相符和账实相符。对账一般在月末、季末、年末结账之前进行。遇特殊情况，如有关人员办理调动或发生非常事件，应随时进行对账。

2.2　对账的内容

对账的内容包括账证核对、账账核对和账实核对。

(1) 账证核对。账证核对是指各种账簿记录与据以登记的记账凭证及其所附原始凭证进行核对。账证核对一般在日常登记账簿的过程中进行。期末，如果发现账账不符，就应对账簿记录与会计凭证进行详细的检查核对，保证二者相符。

(2) 账账核对。账账核对是指各种账簿之间的核对。包括所有总账之间的核对、总账与明细账之间的核对、总账与日记账之间的核对、会计部门的各种财产物资明细账与财产物资保管部门和使用部门的有关明细账之间的核对等。

(3) 账实核对。账实核对是指各种财产物资和债权债务的账面结存与实有数额之间的核对。包括库存现金日记账的账面余额与库存现金实际结存数之间的核对，银行存款日记账的账面余额与银行对账单之间的核对，各种材料物资明细账的账面结存数与实际结存数之间的核对，各种债权债务明细账的账面余额与债权人、债务人账目之间的核对等。账实核对需要进行财产清查，具体内容将在项目六中进行学习。

2.3　对账的方法

(1) 账证核对的方法。进行账证核对，通常是将账簿记录的各项内容，包括经济业务发生时间、凭证字号、内容摘要、记账方向、数量、金额等与会计凭证逐一进行核对。

(2) 账账核对的方法。

① 总账之间的核对。总账之间的核对是将全部总账账户的发生额和余额进行核对，通常在期末通过编制总分类账发生额及余额试算平衡表（见表5-18）来进行。

② 总账与明细账之间的核对。总账与明细账之间的核对是将各总账账户的发生额及余额与其所属的明细账户的发生额及余额进行核对，通常在期末通过编制明细分类账本期发生

额及余额表（见表5－19）来进行。

③ 总账与日记账之间的核对。总账与日记账之间的核对是将库存现金总账和银行存款总账的本期借、贷方发生额及期末余额，分别与库存现金日记账和银行存款日记账的本期借、贷方发生额及期末余额进行核对。该项核对通常由总账会计与出纳人员于期末时直接根据账簿记录进行。

④ 会计部门各种财产物资明细账与财产物资保管和使用部门有关明细账之间的核对。该项核对通常是由财产物资保管和使用部门定期编制财产物资收发结存汇总表报会计部门，与会计部门的财产物资明细账的收入、发出和结存数进行核对。

2.4 什么是结账

结账是指会计期末，在本会计期间内所发生的经济业务全部登记入账并核对相符的基础上，结算各账户的本期发生额和期末余额。会计部门应在每个会计期末做好结账工作，为编制财务会计报告提供依据。

2.5 结账的要求

（1）保证账簿记录完整、正确。结账前，应检查本期所发生的经济业务是否都已填制记账凭证，并据以记入相关账簿，有无漏记、重记和其他错误记录。如果发现账簿记录错误，应及时进行更正。

（2）按照权责发生制的要求及时调整需要在期末调整的账项，合理反映本期的财务状况、经营成果和现金流量。属于本期的应收收益和预收收益应确认记入本期收入，属于本期的应付费用和应分摊的费用应确认记入本期费用。

（3）正确计算各账户的本期发生额和期末余额，按照规范的结账方法结算账簿记录。

（4）年末结账前，要结清所有损益账户和“本年利润”账户。

（5）按时结账。结账日期为每个会计期的最后一天，不能提前或延后结账。

2.6 结账的方法

结账按照会计期间的不同，一般分为月度结账、季度结账和年度结账三种，不同会计期间的结账，在具体操作上有所不同。

（1）月度结账。月度结账简称月结。办理月结时，首先在各账户本月份最后一笔经济业务记录行，沿下线从摘要栏到余额栏，划一条通栏红线，表示本月经济业务记录的结束；然后，在次行结出本月借方发生额、贷方发生额和月末余额，在摘要栏注明“本月合计”字样；最后，在结账行沿下线划一条通栏红线，表示完成月结工作。如果本月只有一笔记录，可只在这笔记录下面划一条通栏红线，不用结计本月发生额。本月没有发生额的账户，不必进行月结。需要结计本年累计发生额的收入、费用、成本等账户，月结时，还需在“本月合计”行下结出自年初起至本月末止的累计发生额，登记在月份发生额下面，在摘要栏内注明“本年累计”字样，并在该行下面再划一条通栏单红线，与下月记录分开。

（2）季度结账。季度结账简称季结。办理季结时，在各账户本季度最后一个月月结（需按月结出本年累计发生额的，应在“本年累计”）的次行结出本季度借方发生额、贷方发生额和季末余额，在摘要栏注明“第×季度合计”字样，在季结行下面划一条通栏红线，表示完成季结工作。

(3) 年度结账。年度结账简称年结。办理年结时，在各账户第四季度季结的次行结出本年度借方发生额、贷方发生额和年末余额，在摘要栏注明“本年合计”字样，在年结行下面划两条通栏红线，表示完成年结工作。对于每月结计了本年累计发生额的损益类等账户，12月末的“本年累计”就是全年合计数，可直接在该行下划两条通栏红线表示年结。

3. 任务设计

3.1 总账之间的核对和总账与明细账之间的核对

【例5-3】根据华川公司20××年12月份全部总分类账户、应收账款明细账户的发生额和期初、期末余额（此略），编制总分类账户发生额及余额试算平衡表和应收账款明细分类账本期发生额及余额表。

⟹ 工作过程1——总账之间的核对

步骤1：填写“试算平衡表”的所属期间和金额单位。

步骤2：将有记录的所有总分类账户的名称填入试算平衡表“账户名称”栏。

步骤3：将各总分类账户的期初余额分别填入“期初余额”栏的借方或贷方、本期借方发生额和贷方发生额分别填入“本期发生额”栏的借方和贷方、期末余额分别填入“期末余额”栏的借方或贷方。

步骤4：计算“期初余额”栏的借方合计数、贷方合计数，并分别填入本栏合计行的借方和贷方；计算“本期发生额”栏的借方合计数、贷方合计数，并分别填入本栏合计行的借方和贷方；计算“期末余额”栏的借方合计数、贷方合计数，并分别填入本栏合计行的借方和贷方。

步骤5：分别核对三组合计数的借方和贷方，如果有一组不平衡，表示总账的登记有错误，应进一步查找。本例核对相符。

编制总分类账户发生额及余额试算平衡表如表5-18所示。

表5-18　　总分类账户发生额及余额试算平衡表

20××年12月　　单位：元

账户名称	期初余额		本期发生额		期末余额	
	借方	贷方	借方	贷方	借方	贷方
库存现金	1 250		65 400	66 455	195	
银行存款	307 500		355 100	80 850	581 750	
应收账款	2 500		64 350		66 850	
其他应收款	220		750	750	220	
坏账准备		400		6 685		7 085

续表

账户名称	期初余额		本期发生额		期末余额	
	借方	贷方	借方	贷方	借方	贷方
库存商品	105 000		193 100	125 625	172 475	
原材料	163 605		33 450	118 050	79 005	
存货跌价准备				30 000		30 000
固定资产	2 050 000		280 000		2 330 000	
累计折旧		250 000		20 500		270 500
固定资产减值准备				100 000		100 000
短期借款		87 038		25 000		112 038
应付账款		13 000		30 135		43 135
应交税费			5 610	49 058		43 448
应付职工薪酬		10 500	65 000	65 000		10 500
应付股利				101 840		101 840
实收资本		1 785 000		435 000		2 220 000
盈余公积		50 900		28 288		79 188
本年利润		374 372	579 372	205 000		
利润分配		60 000	130 128	282 889		212 761
生产成本	1 135		191 965	193 100		
制造费用			45 165	45 165		
主营业务收入			205 000	205 000		
主营业务成本			125 625	125 625		
营业税金及附加			2 924	2 924		
资产减值损失			136 685	136 685		
管理费用			18 790	18 790		
销售费用			1 175	1 175		
所得税费用			11 284	11 284		
合计	2 631 210	2 631 210	2 510 873	2 510 873	3 230 495	3 230 495

⇨ 工作过程2——应收账款总账与明细账之间的核对

步骤1： 填写“余额表”的所属期间和金额单位。

步骤2： 将“应收账款”所属有记录的各明细账户的名称填入“余额表”的“明细分类账户名称”栏。

步骤3： 将各明细账户的期初余额分别填入“期初余额”栏的借方、本期借方发生额和贷方发生额分别填入“本期发生额”栏的借方和贷方、期末余额分别填入“期末余额”栏的借方。

步骤4：计算“期初余额”栏的借方合计数，并填入本栏合计行的借方；计算“本期发生额”栏的借方合计数、贷方合计数，并分别填入本栏合计行的借方和贷方；计算“期末余额”栏的借方合计数，并填入本栏合计行的借方。

步骤5：将表中“合计行”的四个数据顺序与“应收账款”总分类账户的期初余额、本期借方发生额、本期贷方发生额、期末余额核对，只要有一个数据不相符，表示平行登记存在错误，应进一步查找。本例核对相符。

编制应收账款明细分类账本期发生额及余额表如表5－19所示。

表5－19　应收账款明细分类账本期发生额及余额表

20××年12月　　单位：元

明细分类账户名称	期初余额		本期发生额		期末余额	
	借 方	贷 方	借 方	贷 方	借 方	贷 方
华宇综合市场	1 500		62 000		63 500	
宏达物资贸易公司	1 000		2 350		3 350	
合　　计	2 500		64 350		66 850	

提示　在简化核算预收账款的情况下，有些应收账款明细账户可能出现贷方余额，表示预收账款，编制应收账款明细分类账本期发生额及余额表时，应填入“期初余额”或“期末余额”的贷方。与总账余额核对时，“余额表”“期初余额”栏的借、贷方合计数相抵减后的净额和“期末余额”栏的借、贷方合计数相抵减后的净额，分别与应收账款总账的期初、期末余额相符。

3.2　期末结账

【例5－4】瑞达公司20××年12月份库存现金总账的记录如表5－20（截至20日记录行）所示，第四季度库存现金收入合计16 730元、支出合计12 176元，本年度全年收入合计54 970元、支出合计40 009元。

要求：进行库存现金总账账户20××年12月的月度结账、第四季度的季度结账和年度结账。

⟹ 工作过程

步骤1：在12月20日业务记录行的下面划一条通栏红线。

步骤2：在红线的次行进行月结。计算12月份的收入合计、支出合计及月末结余（本例为提供的数据），填入对应栏次并填写相关栏目。

步骤3：在月结行下面划一条通栏红线。

步骤4：在月结行的次行进行季结。计算本季度收入合计、支出合计（本例为提供的数据），填入对应栏次，“余额栏”照抄上行的余额并填写相关栏目。

步骤5：在季结行下面划一条通栏红线。

步骤6：在季结行的次行进行年结。计算本年度收入合计、支出合计（本例为提供的数据），填入对应栏次，“余额栏”照抄上行的余额并填写相关栏目。

步骤7： 在年结行下面划两条通栏红线。结账结束。

结账后的库存现金总账如表5－20所示。

表5－20 **总 分 类 账** 第5页

会计科目：库存现金

20××年 月	日	凭证 字	号	摘要	对应科目	借方（亿千百十万千百十元角分）	√	贷方（亿千百十万千百十元角分）	√	借或贷	余额（亿千百十万千百十元角分）
12	01			期初余额						借	250000
	03	付	1	提取现金	银行存款	200000				借	450000
	15	付	10	采购员预借差旅费	其他应收款			300000		借	150000
	20	收	12	销售产品收取现金	主营业务收入等	90000				借	240000
	31			本月合计		290000		300000		借	240000
	31			本季合计		1673000		1217600		借	240000
	31			本年合计		5497000		4000900		借	240000

4. 职业能力训练

4.1 判断（正确的在括号里打"√"，错误的打"×"。）

（1）对账一般在会计期末进行，如遇特殊情况也可随时进行。（ ）

（2）进行总分类账簿之间的核对时，只要"试算平衡表"平衡了，就意味着总分类账簿的登记一定是正确的。（ ）

（3）为了合理反映各期的收入、费用，在结账前要按照权责发生制的要求对某些账项进行调整。（ ）

（4）结账就是结算、登记每个账户的期末余额。（ ）

（5）年结时，应在"本年合计"行下划单红线，表示借贷平衡和本年度记账结束，即封账。（ ）

4.2 选择（下列答案中有一项或多项是正确的，将正确答案前的英文字母填入括号内。）

（1）下列有关账项核对中，属于账账核对内容的是（ ）。

A. 银行存款日记账与收、付款凭证的核对

B. 银行存款日记账余额与其总账余额的核对

C. 总账账户借方发生额与其明细账借方发生额合计的核对

D. 总账账户贷方余额与其明细账贷方余额合计的核对

（2）下列事项中，属于账实核对的是（ ）。

A. 库存现金日记账与库存现金的核对 B. 总分类账与明细分类账的核对

C. 原始凭证与记账凭证的核对 D. 会计报表与会计账簿的核对

（3）银行存款日记账的账面余额与开户银行对账单的核对属于（ ）。

A. 账证核对　　　B. 账账核对　　　C. 账实核对　　　D. 账表核对

（4）结账按照时间的不同，可分为（　　）。

A. 旬结　　　B. 月结　　　C. 季结　　　D. 年结

（5）期末结账前的对账包括（　　）。

A. 账证核对　　　B. 账账核对　　　C. 账实核对　　　D. 账表核对

4.3　学习情境实训

【实训目的】训练结账方法。

【情境资料】华商公司20××年12月原材料总账的记录如表5－21所示。

另外，第四季度原材料收入合计667 250元、发出合计590 250元；全年收入合计2 585 375元、发出合计2 065 875元。

【实训要求】根据原材料账簿记录进行该账户20××年12月的月度结账、第四季度的季度结账和年度结账。在结账之前，补充完成该账户没有完成的操作。根据教学安排，可在课堂上进行也可在课外进行，由个体进行。要列出工作步骤和内容，完成后，教师安排适当规模的学生在课堂上汇报实训成果，并进行点评。

表5－21　　　　**总　分　类　账**　　　　第35页

会计科目：原材料

20××年		凭证		摘要	对应科目	借方											√	贷方											√	借或贷	余额										
月	日	字	号			亿	千	百	十	万	千	百	十	元	角	分		亿	千	百	十	万	千	百	十	元	角	分			亿	千	百	十	万	千	百	十	元	角	分
12	1			期初余额																														3	2	7	2	1	0	0	0
	3	付	1	购买材料	银行存款					1	5	3	0	0	0	0																									
	10	转	1	购买材料	应付账款					5	1	6	0	0	0	0																									
	28	转	5	领用材料	生产成本等																	2	3	6	1	0	0	0													

任务4　账簿启用与登记规则及错账更正

1. 任务描述

在单位成立或新的会计年度开始时，要按照账簿启用规则启用新账。将发生的经济业务在账簿上登记时，必须遵守一定的记账规则，保证账簿登记工作的正确性和规范性。如果发生记账错误应按规定的方法进行更正，不得随意刮擦、挖补、涂改或用退色药水更改。

2. 综合知识

2.1 账簿启用规则

账簿由封面、扉页和账页三部分构成。启用账簿时，应在封面上写明账簿名称和记账单位名称；在扉页上填写账簿使用登记表和账户目录。在账簿使用登记表上据实完整填写单位名称、账簿名称、启用日期、账簿册数、账簿编号、账簿页数、记账人员和会计机构负责人或会计主管人员姓名等，加盖法人代表名章和单位公章，粘贴印花税票并注销。记账人员或会计机构负责人（或会计主管人员）调动工作或因故离职时，在账簿使用登记表交接记录栏内，注明交接日期、接替人员和监交人员姓名，并由交接双方人员签名或盖章。账户目录由记账人员在账簿中开设账页户头后，按每个账户的名称和页码数顺序进行填写。活页式账簿和卡片式账簿应在使用完毕装订成册，标注账页总的连续页码后，再填写账户目录。

账簿使用登记表和账户目录的格式见表 5－22 和表 5－23。

表 5－22　　　　账簿使用登记表

<table>
<tr><td colspan="2">单位名称</td><td colspan="8"></td><td rowspan="5">印花粘贴处</td></tr>
<tr><td colspan="2">账簿名称</td><td colspan="8"></td></tr>
<tr><td colspan="2">账簿编号</td><td colspan="8">字第　号　第　册共　册</td></tr>
<tr><td colspan="2">账簿页数</td><td colspan="8">本账簿共计　页</td></tr>
<tr><td colspan="2">启用日期</td><td colspan="8">年　月　日　至　年　月　日</td></tr>
<tr><td colspan="2">经管人员</td><td colspan="3">接管</td><td colspan="3">移交</td><td colspan="2">会计负责人</td><td rowspan="4">单位公章</td></tr>
<tr><td>姓名</td><td>盖章</td><td>年</td><td>月</td><td>日</td><td>年</td><td>月</td><td>日</td><td>姓名</td><td>盖章</td></tr>
<tr><td></td><td></td><td></td><td></td><td></td><td></td><td></td><td></td><td></td><td></td></tr>
<tr><td></td><td></td><td></td><td></td><td></td><td></td><td></td><td></td><td></td><td></td></tr>
</table>

表 5－23　　　　账　户　目　录

账页起页	总账科目	明细科目	账页起页	总账科目	明细科目

2.2 年度更换新账的余额结转

会计年度终了时，除了明细账户比较多的原材料、固定资产等财产物资明细账户以外，其余账簿都要更换新账簿。在启用新账簿时，须将上年度旧账账户的年末余额转入下年度的新账账户中，作为下年度新账的年初余额。年度余额结转的一般方法如下：

在上年度旧账年结行的次行，“摘要”栏内注明“结转下年”字样，“借或贷”栏按上行填写“借”或“贷”，“余额”栏填写年末余额；在下年新账第一行，“摘要”栏内填写“上年结转”字样，“余额”栏内填写上年末转入的余额，“借或贷”栏填写“借”或“贷”，方向与上年一致。新年度经济业务，根据记账凭证从第二行开始逐行进行登记。

2.3 账簿登记规则

账簿是单位的重要历史资料，登记时应遵循以下规则：

（1）根据审核无误的会计凭证进行登记。

（2）做到数字准确、摘要清楚、内容完整、登记及时。

（3）登记账簿后，要在记账凭证上签名或者盖章，并在记账凭证的过账标记栏注明已经登账的符号，如画“√”等，以避免重记或漏记。

（4）必须使用蓝黑墨水或碳素墨水登记账簿，不得使用圆珠笔（银行的复写账簿除外）或铅笔，以防涂改并便于长期保存。但下列情况可以使用红色墨水：

① 按照红字冲账的记账凭证，冲销错误记录。

② 在不设“借方”或“贷方”栏的多栏式账页中，登记减少数。

③ 在未设置“借或贷”的三栏式账户余额栏登记反方向余额。

④ 会计制度中规定可以用红字登记的其他会计记录，如结账划线等。

（5）账簿中的文字和数字书写要符合规范，易于辨认。文字数字紧靠底线，一般占格距的1/2，上方留适当空距，便于更正错账。没有角分的整数，小数点后的两个“0”不得省略不写。

（6）各种账簿按页次顺序连续登记，不得跳行、隔页。如果发生跳行、隔页，应将空行、空页用红色墨水笔划对角线注销，或注明“此行空白”、“此页空白”字样，并由记账人员签章，以示证明。不得撕毁订本式账簿的账页和任意抽换活页式账簿的账页。

（7）每一账页登记完毕结转下页时，应结出本页发生额合计数及余额，写在本页最后一行和下页第一行有关栏内，并在本页的“摘要”栏内注明“过次页”字样，在次页的“摘要”栏内注明“承前页”字样（也可只在次页第一行做承前操作）。对需要结计本月发生额的账户，结计“过次页”的本页合计数应当为自本月初起至本页末止的发生额合计数；对需要结计本年累计发生额的账户，结计“过次页”的本页合计数应当为自年初起至本页末止的累计数；对既不需要结计本月发生额，也不需要结计本年累计发生额的账户，可以只将每页末的余额结转至次页。这样，就保证了相关账页之间记录的连续性。

（8）定期结算账簿记录。凡需要结出余额的账户，结出余额后，在标明余额方向的“借或贷”栏内写明“借”或“贷”字样。没有余额的账户，应在该栏内写“平”字，并在余额栏“元”位上用“0”表示。

（9）实行会计电算化的单位，总账和明细账应当定期打印。发生的收款和付款业务，在输入收款凭证和付款凭证的当天必须打印出库存现金日记账和银行存款日记账，并与库存现金核对无误。打印的会计账簿必须连续编号，经审核无误后装订成册，并由记账人员和会计机构负责人或会计主管人员签章，以防止账页的散失和被抽换，保证会计资料真实、完整。

（10）账簿记录发生错误时，不得刮擦、挖补、随意涂改或用退色药水更改字迹，不准重新抄写，应根据错误的具体情况，按规定的方法更正。

2.4 错账的更正

2.4.1 错账的主要类型

在记账过程中，可能发生各种各样的差错，产生错账，如重记、漏记、数字错位、科目使用错误等。错账按照发生的时间不同可以区分为前期错账和本期错账；按照发生的环节和影响的范围不同，可以划分为下列两种基本类型：

（1）记账凭证正确而账簿记录错误，俗称“记账笔误”。

（2）记账凭证错误导致账簿记录随之发生错误。这类错账主要有科目错误、借贷方向错误和金额错误三种情况。金额错误又包括多记和少记等。

不同类型的错账须采用不同的更正方法进行更正。

2.4.2 错账的更正方法

前期错账的更正方法将在后续专业课程中学习，这里仅介绍本期错账的更正方法。本期错账，应根据其发生的环节和影响的范围不同，分别采用划线更正法、红字冲销法和补充登记法进行更正。

（1）划线更正法。如果在结账前发现记账凭证正确而账簿记录有文字或数字错误，应采用划线更正法进行更正。更正的方法是：先在错误的文字或数字上划一条红线，表示注销；然后将正确的文字或数字用蓝字书写在注销文字或数字上方的空白处，并由记账人员（更正人员）和会计机构负责人（会计主管人员）在更正处盖章，以明确责任。

请注意 采用划线更正法，必须保证被划销的文字或数字仍应清晰可辨；更正时，对于文字错误可只划销更正错误的个别文字，数字错误则须划销更正整笔数字，不能仅就其中一个或几个写错的数码字进行划销更正。

（2）红字冲销法。如果发现账簿记录出现以下两种情况的错误，应采用红字冲销法更正：

提示 红字冲销法也叫红字冲账法、红字更正法。

一是记账凭证中使用的会计科目或借贷方向发生错误，并已按错误凭证登记入账。更正的方法是：首先用红字金额填制一张与原错误记账凭证内容完全一致的记账凭证，并据以用红字金额登记入账，冲销原错误的账簿记录；然后再用蓝字重新填制一张正确的记账凭证，并据以用蓝字登记入账，达到正确记录的目的。

二是记账凭证中使用的应借、应贷会计科目正确，只是所记金额大于应记金额，并已登记入账。更正的方法是：按多记的金额用红字金额填制一张与原错误记账凭证账户对应关系相同的记账凭证，并据以用红字金额登记有关账户，以冲销多记金额，反映出正确金额。

（3）补充登记法。如果发现记账凭证中使用的应借、应贷会计科目正确，只是所记金额小于应记金额，并已登记入账，造成账簿记录金额少记时，应采用补充登记法进行更正。更正的方法是：按少记的金额用蓝字填制一张与原记账凭证账户对应关系相同的记账凭证，并据以用蓝字登记有关账户，以补记少记金额，反映出正确金额。

提示 采用红字冲销法和补充登记法时，所填制的更正凭证的“摘要”栏填写“更正×年×月×日×号记账凭证”字样；凭证编号为更正时的正常顺序号。

3. 任务设计——错账的更正

【例5-5】 华川公司20××年12月份部分账簿记录发生错误，均于12月31日结账前发现。

（1）12月10日，销售A产品1 000件，单位售价12元，增值税税率17%，款项尚未收回。记账凭证上的会计分录如下：

借：应收账款　　14 040
　　贷：主营业务收入　　12 000
　　　　应交税费——应交增值税（销项税额）　　2 040

根据该凭证登记账簿时，在“应收账款”账簿中登记的金额为1 404元，其他账簿记录与记账凭证一致。

（2）12月13日，购进原材料500公斤，单价30元，增值税税款2 550元，款项尚未支付。记账凭证上的会计分录如下：

借：原材料　　15 000
　　应交税费——应交增值税（进项税额）　　2 550
　　贷：应收账款　　17 550

账簿记录与记账凭证一致。

（3）12月18日，管理部门领用甲材料1 700元。记账凭证上的会计分录如下：

借：管理费用　　17 000
　　贷：原材料　　17 000

账簿记录与记账凭证一致。

（4）月末，结转本月已销产品的生产成本143 000元。记账凭证上的会计分录如下：

借：主营业务成本　　134 000
　　贷：库存商品　　134 000

账簿记录与记账凭证一致。

要求：采用适当的方法更正上述错账。

工作过程

12月31日业务（1）

步骤1：确定错误性质和更正方法。记账凭证是正确的，“应收账款”账户记录错误是由于登记该账簿时笔误造成的，应采用划线更正法进行更正。

步骤2：更正。在“应收账款”账户借方的错误金额1 404上划一条红线；在已划销的错误金额1 404上方空白处，用蓝字写上正确的金额14 040。

步骤3：签章。更正人员和会计主管人员在更正处盖章。

划线更正后的记录如图5-1所示。

提示 如果据以计算的余额随之发生了错误，应逐行进行划线更正。以上更正由总账会计进行，

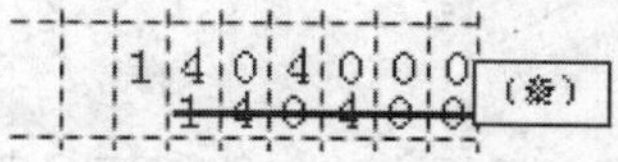

图 5－1　划线更正后的记录

如果应收账款明细账也发生了同样的错误，应由往来明细账会计进行同样的更正。

12 月 31 日业务（2）

步骤 1：确定错误性质和更正方法。记账凭证上的贷方科目使用错误，应为“应付账款”而误为“应收账款”，致使这两个账户的记录都发生了错误，应采用红字冲销法进行更正。

步骤 2：冲销原错误记账凭证。用红字金额填制记账凭证，会计分录如下：

借：原材料	－15 000	
应交税费——应交增值税（进项税额）	－2 550	
贷：应收账款		－17 550

提示　在实际工作中，要用红色墨水或碳素笔书写红字金额，这里用负数表示红字。

步骤 3：填制正确记账凭证。用蓝字编制记账凭证，会计分录如下：

借：原材料	15 000	
应交税费——应交增值税（进项税额）	2 550	
贷：应付账款		17 550

提示　以上两张记账凭证的日期均为更正日期 12 月 31 日，凭证编号按当天凭证顺序号编写，“摘要”栏中填写“更正 20××年 12 月 13 日转字第×号凭证错误”（除时间以外，下面填制更正错账的记账凭证的操作与此相同）。

步骤 4：更正账簿记录。根据上述两份记账凭证，登记“原材料”、“应交税费”、“应收账款”和“应付账款”账户。登账时先登记红字凭证，再登记蓝字凭证。登账步骤前面已经述及，不再赘述。（下同）

12 月 31 日业务（3）

步骤 1：确定错误性质和更正方法。记账凭证上的会计科目是正确的，但金额多记了 15 300元（17 000－1 700），致使“管理费用”和“原材料”两个账户都多记了 15 300 元，应采用红字冲销法进行更正。

步骤 2：冲销原记账凭证的多记金额。用红字金额填制记账凭证，会计分录如下：

借：管理费用	－15 300	
贷：原材料		－15 300

步骤 3：冲销账户中的多记金额。根据上述红字金额的记账凭证，登记“管理费用”和“原材料”账户。

12 月 31 日业务（4）

步骤 1：确定错误性质和更正方法。记账凭证上的会计科目是正确的，但金额少记了 9 000元（143 000－134 000），致使“主营业务成本”和“库存商品”两个账户都少记了 9 000元，应采用补充登记法进行更正。

步骤 2：补充原记账凭证的少记金额。用蓝字金额填制记账凭证，会计分录如下：

借：主营业务成本　　　　9 000
　　贷：库存商品　　　　9 000

步骤3：补充账户中少记金额。根据上述记账凭证，登记“主营业务成本”和“库存商品”账户。

4. 职业能力训练

4.1　判断（正确的在括号里打“√”，错误的打“×”。）

（1）在会计年度中间变更记账人员，可不办理交接手续。（　　）

（2）登记账簿必须使用蓝、黑墨水笔书写，不得使用圆珠笔、铅笔书写，更不得用红色墨水笔书写。（　　）

（3）在登记活页式账簿时，如果出现了隔页现象，可以将该账页抽换掉，重新抄写账页。（　　）

（4）采用划线更正法更正错账时，应将错误的数字整笔划掉，不能只划掉一个或几个写错的数码字。（　　）

（5）红字冲销法和补充登记法都是对记账凭证和账簿记录同时进行更正。（　　）

4.2　选择（下列答案中有一项或多项是正确的，将正确答案前的英文字母填入括号内。）

（1）关于账簿的启用，下列说法正确的是（　　）。

A. 启用时，应完整登记账簿扉页的账簿使用登记表

B. 每一本账簿均应编号并详细记录其册数、共计页数和启用日期

C. 更换记账人员，应立即更换账簿

D. 更换记账人员应办理交接手续，由接替人员继续登记

（2）下列各项中，属于账簿登记完成后应进行的工作是（　　）。

A. 在记账凭证上签字或盖章

B. 在账簿上签字或盖章

C. 在记账凭证的过账标记栏内进行标记

D. 在记账凭证上注明所附原始凭证张数

（3）在登记订本式账簿时，如果发生隔页、跳行，不得随意涂改，而应采取的处理方法是（　　）。

A. 应将空页、空行用红线对角划掉

B. 应将账页撕下并装入档案保存

C. 应加盖“作废”字样

D. 应按规定由相关人员盖章

（4）会计人员根据正确无误的记账凭证登记账簿时，误将800元填写为8 000元，对此正确的更正方法是（　　）。

A. 划线更正法　　B. 红字冲销法

C. 补充登记法　　D. A或B

（5）如果记账凭证上应借、应贷会计科目正确，但所记金额大于应记金额，并据以登记入账，此时应采用的错账更正方法是（　　）。

A. 划线更正法　　B. 红字冲销法

C. 补充登记法　　D. 编制相反会计分录的记账凭证冲减

4.3　学习情境实训

【实训目的】训练错账更正方法。

【情境资料】华川公司20××年11月结账前进行对账时，发现19日发生的一笔经济业务的核算有错误，具体情况如下：

11月19日，生产车间领用原材料9 000元作一般耗用，记账凭证上的会计分录如下：

借：生产成本　　9 000

　　贷：原材料　　9 000

账簿记录与记账凭证一致。

【实训要求】采用适当的方法更正上述错账。实训所需记账凭证和账簿资料请教师准备。根据教学安排，可在课堂上进行也可在课外进行，可分组进行也可个体进行。要列出工作步骤，完成后，教师安排适当规模的学生在课堂上汇报实训成果，并进行点评。

教师可以将该情景资料更换为其他错账类型，让学生练习所有错账更正的方法。

【重要名词】

会计账簿　序时账簿　分类账簿　总分类账簿　明细分类账簿　对账　结账

【阅读篇目】

[1]《中华人民共和国会计法》

[2]《会计基础工作规范》

[3]《会计档案管理办法》

项目六

财产清查

学习目标

- 理解财产清查的意义、作用和种类
- 理解永续盘存制和实地盘存制的含义、特征及应用范围
- 掌握财产清查所涉及原始凭证的填制方法
- 掌握货币资金、存货、往来款项的清查及清查差异的核算
- 了解固定资产清查差异的核算特点

项目导航

对于企业发生的各项经济业务，会计人员根据会计凭证，在账簿中进行了连续的登记，但处于生产经营过程中的各项财产物资是否安全完整，账面记录与财产物资的实际收发结存是否完全一致，仅凭账簿记录难以确定。所以，为了保护财产物资的安全完整和做到账实相符，企业应当定期和不定期地进行财产清查。

财产清查是指对各项财产物资和往来款项进行实地盘点和核对，查明财产物资、货币资金和结算款项的实有数额，确定其账面结存数额和实际结存数额是否一致，以保证账实相符的一种会计专门方法。

财产清查是会计核算的重要工作环节和内部会计监督的一个重要组成部分，对确保会计信息真实可靠，保护财产物资的安全完整，提高资金的使用效益具有重要的意义和作用。通过财产清查，还可以查明企业内部控制制度的执行情况，查明国家有关法律、法规、规章制度的执行情况，明确责任，提高企业员工遵纪守法的意识。

财产清查可以按照不同的标志进行分类，如按照清查的范围不同，可以分为全面清查和局部清查；按照清查的时间不同，可以分为定期清查和不定期清查；按照清查的实施主体不同，可以分为内部清查和外部清查，等等。

全面清查是指对企业全部财产物资和债权债务进行全面的清查。全面清查范围大、内容多、时间长、参与部门和人员较多。一般在年终结算前或单位撤销、合并、改变隶属关系前或清产核资或单位主要领导调离工作岗位前进行全面清查。

局部清查是指根据需要对部分财产物资或债权债务进行清查。相对而言，局部清查范围较小、内容较少、时间较短、参与部门和人员较少。如库存现金应每日清点一次，银行存款每月至少与银行核对一次，债权债务每年至少核对一至两次，各项存货应有计划、有重点地抽查，贵重物品每月清查一次，财产物资或债权债务管理人员岗位变动时的临时清查等。

定期清查是指按照规定的时间所进行的财产清查。一般在资产负债表日进行，如年末、半年末、季度末或月末结账时进行。定期清查可以是全面清查，也可以是局部清查。

不定期清查是指根据实际需要对财产物资进行的随机的、临时性的清查。不定期清查一般是局部清查，如更换财产物资保管人员所进行的财产物资的清查，发生自然灾害或意外事故时进行的清查，财政、税务或审计等部门进行突击会计检查时所进行的清查等。

内部清查是指由本单位内部组织人员进行的财产清查，外部清查是指由单位外部的机构实施的财产清查。

在实际工作中，考虑到成本、效益等因素，企业可以根据实际情况实施财产清查。

财产清查是一项复杂、细致的工作，涉及面广，工作量大，为保证财产清查工作顺利、有效地进行，在财产清查时应成立专门的财产清查领导小组，一般应由总会计师和单位主要负责人牵头，由财会、业务、仓库等有关部门人员参加，具体实施财产清查。

一般而言，在实施财产清查前，应做好以下准备工作：

(1) 成立清查小组，制定财产清查计划，确定清查对象和范围，明确清查任务。

(2) 将全部经济业务登记入账，结出余额，并将有关账簿记录整理齐全，账证、账账核对相符，为清查提供完整、准确的账面资料。

(3) 对于银行存款、借款以及结算款项，要事先取得对账单，以便查对。

(4) 财产物资管理部门要将保管的物品整理放好，标明品名、规格、数量，与财产物资保管明细账核对，结出账面余额，以便盘点核对。

(5) 准备好必要的记录计量器具及有关表格、账册，如盘存表、账存实存对比表、未达账项登记表、询证函等，以备清查时使用。

本项目主要讲述对货币资金、往来款项、存货等进行清查的基本知识与方法。通过本项目的学习，要了解清查的程序，掌握清查的方法，能够熟练填制财产清查所使用的单据，掌握清查差异的会计处理方法。

任务1　货币资金的清查

1. 任务描述

货币资金的清查主要包括库存现金和银行存款的清查。进行库存现金清查时，由清查人员与出纳人员共同盘点库存现金、填制库存现金盘存表和盘点报告表，发现长款或短款及相关问题要查明原因、分清责任并报领导审批，最后由会计人员对长短款进行会计处理。对长短款进行会计处理要设置“待处理财产损溢”账户，账务处理分为报批前和批准后两个阶段。进行银行存款清查时，清查人员与出纳人员共同勾对银行存款日记账与银行对账单，存在未达账项时编制银行存款余额调节表进行余额核对，发现差错及时查明原因予以处理。

2. 综合知识

2.1　货币资金清查的范围

货币资金包括库存现金、银行存款和其他货币资金。本任务主要介绍库存现金和银行存款的清查，其他货币资金可参照银行存款的清查进行。

2.2　货币资金清查的程序与方法

2.2.1　库存现金清查的程序与方法

库存现金的清查采用实地盘点的方法，由清查人员和出纳人员共同逐一清点库存现金，根据清点结果填制库存现金盘存表（见表6-1），并将实际盘存数与库存现金日记账的账面余额进行核对，根据核对结果填制库存现金盘点报告表（见表6-2），并由清查人员和出纳人员在两个表上签章确认。

库存现金盘点报告表又称库存现金账存实存对比表，如果有长款或短款，是调整会计账簿记录和明确经济责任的依据。

知识与能力拓展

库存现金清查，不但要查明账实是否相符，还要检查出纳及相关人员有无违反现金管理制度的情况，如挪用现金、白条抵库、超限额留存现金、坐支现金等。挪用现金指出纳人员不按规定用途、未经办理规定的审批手续私自使用经管的现金。白条抵库指以不符合财务制度和会计凭证手续的字条与单据充抵库存现金。超限额留存现金指超过规定的库存现金限额留存现金。坐支现金指将本单位业务收入的现金直接用于现金支出。按我国《现金管理暂行条例》规定，企业应将业务活动中收取的现金送存银行，业务活动需要支付的现金从银行提取，不得“坐支”现金。因特殊需要坐支现金的，应当事先报有关部门审查批准，并在核定的坐支范围和限额内进行。

2.2.2 银行存款清查的程序与方法

银行存款的清查采用核对法，即将银行对账单与银行存款日记账的记录逐笔进行核对，查明银行存款收、付及余额是否正确相符。核对相符的，在日记账的“√”栏画“√”。

通过逐笔核对，如果双方账目一致，表明双方记账一般没有错误，银行存款实存数得到确认。如果发现双方账面不一致，则说明存在未达账项或记账错误等其他问题。

银行存款未达账项是指对于同一项收付业务，由于结算凭证的传递及记账时间的不同，导致企业和银行之间，一方已经取得凭证并已登记入账，而另一方由于未取得凭证尚未登记入账的款项。主要有以下四种类型：

（1）企业已经收款入账，银行尚未收款入账。

（2）企业已经付款入账，银行尚未付款入账。

（3）银行已经收款入账，企业尚未收款入账。

（4）银行已经付款入账，企业尚未付款入账。

未达账项会导致银行存款清查时出现双方账面余额不相等，但未达账项不是记账错误，可以通过编制银行存款余额调节表（见表6－5）来进行核实。银行存款余额调节表以企业银行存款日记账和银行对账单的账面余额为基础，分别加、减对方已经记账而自身尚未记账的金额，得出调节后的余额。调节后的余额相等，表明企业和银行双方记账无误。如果调节后的余额不相等，表明除了未达账项以外，还存在记账错误或其他问题，需要进一步核对账目，查明原因，及时处理。

2.3 库存现金清查差异的责任处理

在库存现金清查中，如果发现挪用现金、白条抵库的情况，应追回现金，超限额留存的现金应及时送存银行，并对相关人员进行教育和按规定予以处理。如果发现账实不符，应及时查明原因，分别处理。

账实不符有长款和短款两种情况。库存现金长款，也称现金溢余，即实存数大于账存数。现金长款，如果是应付未付或少付其他单位或个人的款项，应予以补付；如果无法查明具体原因，作为营业外收入处理。

库存现金短款，也称现金短缺，即实存数小于账存数。现金短款，如果是应收未收或少收其他单位或个人的款项，应予以补收；如果是由于出纳人员工作失误造成的损失，应由其赔偿；由企业负担的，作为管理费用处理。

2.4 货币资金清查差异的核算程序与账户

在清查中发现长款或短款等差异，应及时查明原因，将盘点报告表等凭证上报领导审批处理。核算上，会计部门应根据盘点报告表等原始凭证及时调整账面记录，将清查差异记入

"待处理财产损溢"账户等待处理，使账实达到相符；待领导批准后，根据批准的处理意见将清查差异转入相关账户。

"待处理财产损溢"账户核算企业各种财产物资的盘盈、盘亏及毁损的发生及处理情况，报批前，借方登记待处理的财产物资盘亏及毁损额，贷方登记待处理的财产物资盘盈额；批准后，待处理的盘盈、盘亏及毁损额从相反方向转出，转入相关账户；平时，借方余额表示尚待批准处理的财产物资净损失，贷方余额表示尚待批准处理的财产物资净溢余；期末结转后无余额。该账户设置"待处理流动资产损溢"和"待处理固定资产损溢"两个明细账户，进行明细核算。

3. 任务设计——库存现金和银行存款的清查

3.1 库存现金的清查

【例6-1】 华川公司20××年12月25日进行库存现金盘点，当日库存现金日记账余额为5 682.60元。经盘点人张华和出纳员李明共同清点，填写库存现金盘存表（见表6-1）和库存现金盘点报告表（见表6-2）。当即确定短款为出纳员收付差错所致，上报领导审批。12月27日，领导批示短款由出纳员赔偿。

表6-1 华川公司库存现金盘存表

20××年12月25日

面值	张数（张）	金额（元）	面值	张数（张）	金额（元）
100元	48	4 800.00	5角	4	2.00
50元	11	550.00	2角	10	2.00
20元	8	160.00	1角	6	0.60
10元	5	50.00	5分		
5元	9	45.00	2分		
1元	12	12.00	1分		
金额总计（元）	¥5 621.60				

盘点人：张华　　　　出纳员：李明

表6-2 华川公司库存现金盘点报告表

20××年12月25日

实存金额	账存金额	实存金额与账存金额对比		备注
		盘盈	盘亏	
5 621.60	5 682.60		61	收付差错
领导批示：				

盘点人：张华　　　　出纳员：李明

要求：编制库存现金盘亏处理的会计分录。

工作过程

12 月 25 日

根据批准前的库存现金盘点报告表，编制会计分录如下：

借：待处理财产损溢——待处理流动资产损溢 61

贷：库存现金 61

12 月 27 日

根据领导批示后的库存现金盘点报告表（此略），编制会计分录如下：

借：其他应收款——李明 61

贷：待处理财产损溢——待处理流动资产损溢 61

3.2 银行存款的清查

【例 6－2】下面是华川公司 20××年 3 月 31 日经逐笔核对的银行对账单（见表 6－3）和银行存款日记账（见表 6－4）。

表 6－3 账户对账单

客户名称：华川公司 出账日期：20××年 3 月 31 日

记账日期	传票编号	摘要	借方发生额	对账（√）	贷方发生额	对账（√）	余额
3 月 2 日	略	交存现金			5 000	√	316 388
3 月 26 日		代付水电费	4 520				311 868
3 月 28 日		偿还货款	7 200	√			304 668
3 月 30 日		代收货款			7 046		311 714

表 6－4 银行存款日记账

20××年		凭证		摘要	借方	对账（√）	贷方	对账（√）	余额
月	日	字号	票号						
3	1			期初余额					311 388
3	2	略	略	交存现金	5 000	√			316 388
3	22			购入设备			127 480		188 908
3	26			销售产品	32 620				221 528
3	28			偿还货款			7 200	√	214 328
3	31			本月合计	32 620		139 526		214 328

要求：（1）根据核对后的银行对账单和银行存款日记账，查找未达账项。

（2）根据对账结果，编制银行存款余额调节表，并据以判断下一步的工作。

⟹ 工作过程

步骤1：找出4笔未达账项，结果见表6－3和表6－4未画“√”者。

步骤2：编制银行存款余额调节表如表6－5所示。

表6－5　　银行存款余额调节表

20××年3月31日

项　目	金　额	项　目	金　额
银行存款日记账余额	214 328	银行对账单余额	311 714
加：银行已收企业未收	7 046	加：企业已收银行未收	32 620
减：银行已付企业未付	4 520	减：企业已付银行未付	127 480
调节后的余额	216 854	调节后的余额	216 854

核对人：张　华　　　　出纳员：李　明

步骤3：银行存款日记账调节后的余额与银行对账单调节后的余额相等，表明双方记录正确，银行存款核对相符。核对工作结束，将对账单和调节表妥为保存。

请注意　银行存款余额调节表不是原始凭证，不能据以调整账面记录。待次月结算凭证到达并据以记账后，未达账项自动消除。

4. 职业能力训练

4.1　判断（正确的在括号里打“√”，错误的打“×”。）

（1）货币资金的清查均属于定期清查。（　　）

（2）货币资金的清查一般采用实地盘点的方法进行。（　　）

（3）未达账项会导致企业和其开户银行的账面余额不一致，但未达账项不是记账错误。（　　）

（4）银行存款余额调节表是企业在银行存款清查核对时编制的资料，是进行账务处理的重要依据。（　　）

（5）库存现金清查的目的不仅仅是为了保证账实相符，还包括对现金管理办法相关规定执行情况的检查。（　　）

4.2　选择（下列答案中有一项或多项是正确的，将正确答案前的英文字母填入括号内。）

（1）对企业年终决算前进行财产清查的表述正确的是（　　）。

A. 对所有财产进行实物盘点　　B. 对重要财产进行局部清查

C. 对所有财产进行全面清查　　D. 对流动性较大的财产进行重点清查

（2）库存现金清查发现无法查明原因的溢余，应贷记的账户是（　　）。

A. 其他应付款　　B. 其他应收款　　C. 管理费用　　D. 营业外收入

（3）对于企业已付款并已入账但银行尚未入账的款项，在编制银行存款余额调节表时，应（　　）。

A. 银行对账单余额调减　　B. 企业存款余额调减

C. 银行对账单余额调增　　D. 企业存款余额调增

（4）由于仓库保管员工作调动，对其保管的全部存货进行的盘点属于（　　）。

A. 定期清查　　B. 不定期清查　　C. 全面清查　　D. 局部清查

（5）财产清查遇到账实不符时，用以调整账簿记录的原始凭证是（　　）。

A. 实存账存对比表　　B. 库存现金盘点报告表

C. 银行对账单　　D. 银行存款余额调节表

4.3　学习情境实训

实训一

【实训目的】训练库存现金清查的方法。

【情境资料】宏达公司20××年4月30日进行库存现金清查，库存现金日记账余额为3 100.70元；库存现金盘点结果如表6－6所示。

表6－6　库存现金盘存表

20××年4月30日

面 值	张数（张）	金额（元）	面 值	张数（张）	金额（元）
100元	14	1 400.00	5角	4	2.00
50元	26	1 300.00	2角	1	0.20
20元	12	240.00	1角	5	0.50
10元	18	180.00	5分		
5元	10	50.00	2分		
1元	8	8.00	1分		
金额总计（元）		¥3 180.70			

盘点人：刘　超　　　　出纳员：王　艳

【实训要求】

（1）根据库存现金盘点结果，编制库存现金盘点报告表（见表6－7）。

（2）根据库存现金的清查结果，做审批前后的账务处理。（假定该盘盈经查原因不明，批准作为营业外收入处理）

表 6－7　　　　库存现金盘点报告表

单位名称：　　　　　　　　年　月　日

实存金额	账存金额	实存金额与账存金额对比		备注
		盘盈	盘亏	
领导批示：				

盘点人：　　　　　　　　　　　　　　　　出纳员：

实训二

【实训目的】训练银行存款清查的方法。

【情境资料】宏达公司 20××年 5 月末进行银行存款的对账工作，有关资料如表 6－8 和表 6－9 所示。

表 6－8　　　　账户对账单

客户名称：宏达公司　　　　　　　　出账日期：20××年 5 月 31 日

记账日期	传票编号	摘 要	借方发生额	对账（√）	贷方发生额	对账（√）	余 额
5 月 2 日	略	缴纳税款	1 230				75 850
5 月 10 日		代付水电费	2 860				72 990
5 月 18 日		支付货款	6 500				66 490
5 月 23 日		代收货款			12 515		79 005
5 月 30 日		存款利息			3 420		82 425

表 6－9　　　　银行存款日记账

20××年		凭证		摘 要	借 方	对账（√）	贷 方	对账（√）	余 额
月	日	字号	票号						
5	1			期初余额					77 080
5	2	略	略	缴纳税款			1 230		75 850
5	10			销售货物	10 650				86 500
5	26			支付货款			6 500		80 000
5	31			本月合计	10 650		7 730		80 000

【实训要求】

（1）根据上述资料进行对账，找出未达账项。

（2）根据未达账项编制银行存款余额调节表。

根据教学安排，可在课堂上由学生独立完成该实训，并由教师指导和点评。

任务2 往来款项的清查

1. 任务描述

进行往来款项清查，由清查人员根据往来明细账户记录，填制往来款项询证函寄给各债权、债务单位进行核对确认。待收到各债权、债务单位回函后，根据询证结果填制往来款项清查报告表，如果发现差异应及时查明原因进行处理。

2. 综合知识

2.1 往来款项清查的范围

往来款项主要包括应收款、应付款、暂收款等款项。通过往来款项的清查，企业可以及时掌握债权、债务的真实情况，及时催收债权，加快资金流动，提高企业资金利用率，如期归还债务，维护企业信用。

2.2 往来款项清查的程序与方法

往来款项的清查一般采用发函询证，与对方单位核对账目的方法。一般程序如下：

（1）根据账户记录，按照每一个款项往来单位填制往来款项询证函（见表6－12），寄往各有关往来单位。

往来款项对账单通过电函、信函寄发或派人送交对方面询等方式，请对方进行核对。对账单应按明细账户逐笔抄列，一式三联，两联寄对方单位，其中一联作为回单，一联对方留底。对方单位核对相符，应在回单上盖章后退回本单位；如果发现双方账目不符，应将有关情况在回单上注明，或另抄对账单退回，作为进一步核对的依据。

（2）收到对方单位的回单后，根据回单内容编制往来款项清查报告表（见表6－10）。

表6－10　往来款项清查报告表

总分类账户：　　　　年　月　日

明细分类账户		核对结果		核对不符原因			备注
名称	余额	相符金额	不符金额	未达账项金额	有争议款项金额	其他	

清查人员（签章）：　　　　记账人员（签章）：

在往来款项清查报告表中注明核对相符和不相符的款项，对于不相符的款项按照有争议、无法回收等情况归类合并，针对具体情况及时采取措施予以解决。

3. 任务设计——应收账款的核对

【例 6-3】华川公司 20××年 12 月清查往来款项，有关账簿记录如表 6-11 所示。

表 6-11　　往来款项账簿记录

账户名称	日　期	项　目	金　额	备　注
应收账款：A 公司	20××年 1 月 15 日	销售 1#钢材	602 894	销货清单号 123
	20××年 9 月 8 日	销售 2#钢材	57 162	销货清单号 902
应付账款：甲公司	20××年 4 月 12 日	购买原材料	31 025	购货清单号 4236
	20××年 7 月 20 日	购买原材料	8 265	购货清单号 6513

要求：根据上述资料，填制“应收账款——A 公司”往来款项询证函。

⟹ 工作过程

步骤 1：根据账户记录，填制对 A 公司的往来款项询证函如表 6-12 所示。

表 6-12　　往来款项询证函

编号：0042

A 公司：

本公司与贵单位的业务往来款项有下列各项目，其数据出自本单位账簿记录。为了清兑账目，特函请查证，如与贵单位记录相等，请在本函下端“数据证明无误”处签章证明；如有不符，请在“数据不符”处列明不符金额，并附加说明详细事项。请在回执联中盖章寄回。

往来款项对账单

会计科目名称：应收账款——A 公司　　金额单位：元

日　期	经济事项摘要	账面余额
20××年 1 月 15 日	销售 1#钢材，销货清单号 123	602 894
20××年 9 月 8 日	销售 2#钢材，销货清单号 902	57 162

本函仅为复核账目之用，并非催款结算。若款项在上述日期之后已经付清，仍请及时函复为盼。

此致

敬礼！

华川公司（章）

20××年 12 月 31 日

结论：1. 数据证明无误。

（单位签章）（日期）

2. 数据不符，请列明不符金额及需要说明的事项。

（单位签章）（日期）

步骤2：将往来款项询证函一式两份寄发A公司。

步骤3：收到A公司确认款项的回函后，与其他单位的回函一起，编制往来款项清查报告表（本例略）。

4. 职业能力训练

4.1 判断（正确的在括号里打"√"，错误的打"×"。）

（1）往来款项的清查不包括应付款项的清查。（ ）

（2）往来款项的清查采用核对账目的方法。（ ）

（3）往来款项的清查可以是定期清查，也可以是不定期清查。（ ）

（4）往来款项对账单是根据有关往来账户记录，按照每一个款项往来单位编制的。（ ）

（5）未达账项的存在会导致往来款项核对不相符。（ ）

4.2 选择（下列答案中有一项或多项是正确的，将正确答案前的英文字母填入括号内。）

（1）下列选项属于往来款项清查范围的是（ ）。

A. 应收账款　B. 应付账款　C. 其他应收款　D. 短期借款

（2）往来款项清查属于（ ）。

A. 定期清查　B. 不定期清查　C. 全面清查　D. 局部清查

（3）下列说法正确的是（ ）。

A. 信誉度较好的往来单位可以不必清查核对

B. 往来款项清查的目的是及时催收债权、如期归还债务

C. 往来款项的清查核算不需要通过"待处理财产损溢"账户

D. 收到"往来款项对账单"的往来单位，核对相符的可以不予回复

（4）下列项目的清查应采用询证核对法的是（ ）。

A. 原材料　B. 应付账款　C. 固定资产　D. 银行存款

（5）下列可用做原始凭证据以记账的有（ ）。

A. 库存现金盘点报告表　B. 银行存款余额调节表

C. 往来款项清查报告表　D. 未达账项登记表

4.3 学习情境实训

【实训目的】练习往来款项询证函的填制。

【情境资料】采用本任务中【例6-3】的实训资料。

【实训要求】根据上述资料，填制"应付账款——甲公司"往来款项询证函。

根据教学安排，可在课堂上由学生独立完成，完成后由教师当场进行点评。

任务3　存货的清查

1. 任务描述

存货种类繁多，分布范围广，清查费时费力，是企业财产清查的重点。进行存货清查时，由清查人员与保管人员共同盘点各种存货，填制存货盘存表和账存实存对比表，发现盘盈、盘亏及相关问题要及时查明原因分清责任并报领导审批，最后由会计人员对盘点差异进行会计处理。存货盘点差异的会计处理与库存现金盘点长、短款的会计处理方法与步骤基本相同。

2. 综合知识

2.1　存货清查的范围

存货是指企业在生产经营过程中为销售或者耗用而储存的各种物资。工业企业的存货清查主要包括对原材料、燃料、辅助材料、包装物、低值易耗品、在产品、产成品等实物资产的盘点核对。

2.2　存货的两种盘存制度

存货盘存制度是指对财产物资的收发结存进行核算和管理的制度，包括永续盘存制和实地盘存制两种。

（1）永续盘存制。永续盘存制又称账面盘存制，是指平时对各项财产物资的增减变动，都根据会计凭证连续记入有关账簿，并随时结算出账面结存数。永续盘存制是以连续完整的账簿记录为依据来确定财产物资账面结存数量的方法。在永续盘存制下，财产清查的目的是通过实地盘点查明各种存货的实际结存数量并与账面结存数量核对，揭示账实差异，保证账实相符，保护财产物资的安全完整。

采用永续盘存制，账面结存数量的计算方法如下：

期末结存数量 = 期初结存数量 + 本期增加数量 − 本期减少数量

永续盘存制的优点是可以通过账簿记录，随时了解各种财产物资的收入、发出和结存情况，便于从数量和金额两方面进行控制，有利于加强财产物资管理。缺点是核算工作量较大。企业的存货大多采用永续盘存制进行核算和管理。

（2）实地盘存制。实地盘存制又称以存计耗制或以存计销制，是指平时对财产物资的增减变动，只根据会计凭证登记增加数，不登记减少数，期末结账时，对存货进行实地盘点，将实际盘存数作为账面结存数，倒挤本期减少数，并据以登记有关账簿。实地盘存制是以实地盘点实物的结果为依据来确定财产物资账面结存数量的方法。在实地盘存制下，财产清查的目的是通过实地盘点查明各种存货的实际结存数量，并以实际结存数量作为账面结存数量，倒挤本期减少数量。

采用实地盘存制，本期减少数量的计算方法如下：

本期减少数 = 期初结存数 + 本期增加数 − 期末盘存数

实地盘存制的优点是平时对财产物资的减少数不作记录，大大简化了核算手续，减少了工作量。缺点是会计核算手续不够严密，不能随时反映财产物资的收发结存动态，难以利用账簿记录来加强财产物资管理工作。一般情况下，企业只对鲜活存货采用实地盘存制。

2.3 存货清查的程序与方法

存货清查根据实物的不同特点，可分别采用实地盘点法和技术推算法。

（1）实地盘点法。实地盘点法是指通过实地点数或运用度量工具计量等，逐一确定财产物资实有数的方法。它适用于可以逐一点数、直接度量长度容积、过磅等的财产物资的清查。

（2）技术推算法。技术推算法是指按照一定的标准推算财产物资实有数的方法。其具体做法是通过量方、计尺等方法确定有关数据，然后据以推算出结存数量的方法。它适用于那些大量成堆、价廉笨重，且难以逐一点数、直接度量、过磅的财产物资的清查，如煤炭、砂石等。

在永续盘存制下，存货清查的基本程序如下：

首先，进行实地盘点或技术推算，逐一查明各种存货的实存数，填制存货盘存表（见表6-14）。存货盘点表是记录存货清查结果的书面文件，也是反映财产物资实际结存数量的原始凭证，表中各种存货的类别、编号、名称和计量单位等，必须和核算中所采用的相一致，以便与账面记录进行核对。为了明确经济责任和保证盘点结果的可靠性，盘点人员和实物保管人员均应在盘存表上签章。

提示 存货清查，不仅要清查实物数量，同时还要注意质量，检查有无缺损、霉烂、变质等情况。清点在产品、半成品时，还应注意其配套情况和完工程度。盘点时要防止重点或漏点，或把本企业代其他单位保管的财产物资混为本企业的财产物资等。

请注意 存货盘点时，实物保管人员必须在场，并参与盘点工作。

其次，将实际盘存数与账面结存数进行对比，根据存货盘存表和明细账簿记录，编制存货账存实存对比表（见表6-15），反映盘盈、盘亏情况。在发生盘盈、盘亏的情况下，存货账存实存对比表既是调整会计账簿记录的原始凭证，也是分析账实不符原因、划清经济责任的依据。

2.4 存货清查差异的责任处理

由于存货种类繁多，收发频繁，清查时出现账实不符在所难免。造成存货账实不符的主要原因有：

（1）会计上发生漏记、错记、重记等记账错误；

（2）存货收发时，由于计量不准确而发生品种或数量上的差错；

（3）保管过程中发生自然损耗或升溢；

（4）因管理不善导致腐烂变质或毁损；

（5）因贪污盗窃、营私舞弊等违法行为造成的短缺；

（6）因自然灾害或意外事故造成的损失等。

存货清查出现盘盈、盘亏时，应及时查明原因，按照规定程序报批处理。如果盘盈是由于计量不准或自然原因造成的，一般作为企业利得，批准后冲减管理费用。盘亏，如果是由于有关人员失职造成的，应由责任人赔偿；如果属于正常损耗和一般经营损失，作为管理费用处理；如果属于非常损失，作为营业外支出处理。

2.5 存货清查差异的核算程序与账户

在存货清查过程中，无论发现盘盈、盘亏还是毁损，都必须按照制度规定进行处理和核算。存货清查差异的核算包括报批前和批准后两个环节，其一般程序和账户设置，与库存现金盘点差异的核算基本相同，此处不再赘述。

3. 任务设计——库存原材料的盘点及其差异的账务处理

【例6－4】华川公司20××年12月31日由清查人员王东和材料保管人员张晓峰对1号仓库A类原材料进行存货清查，当日A类原材料的账存情况如表6－13所示，存货盘点结果为：甲材料360.2吨、乙材料120吨、丙材料199.4吨。

表6－13　　A类原材料账存情况　　金额单位：元

原材料名称	计量单位	结存数量	单　价	金　额
甲材料	吨	360	132	47 520
乙材料	吨	120	160	19 200
丙材料	吨	200	86	17 200
合　　计				83 920

要求：（1）编制原材料盘存表和账存实存对比表。

（2）编制处理清查差异的会计分录。

⇨工作过程

步骤1：根据盘点结果填制存货盘存表（见表6－14）。

表6－14　　存货盘存表

单位名称：华川公司　　盘点时间：20××年12月31日　　编号：1号

财产类别：A类　　存放地点：1号仓库

编号	名称	计量单位	数量	单价	金额	备注
1	甲材料	吨	360.2	132	47 546.40	
2	乙材料	吨	120	160	19 200.00	
3	丙材料	吨	199.4	86	17 148.40	
合计					83 894.80	

盘点人员签章：王　东　　保管人员签章：张晓峰

步骤2：根据盘存表和有关明细账簿资料编制存货账存实存对比表（一式三份，格式见

表 6－15），确定实存数与账存数之间的差异。

表 6－15　　　　存货账存实存对比表

单位名称：华川公司　　　　20××年12月31日

编号	类别及名称	计量单位	单价	实存		账存		差异				备注
				数量	金额	数量	金额	盘盈		盘亏		
								数量	金额	数量	金额	
1	甲材料	吨	132	360.2	47 546.40	360	47 520.00	0.2	26.40			计量误差
2	乙材料	吨	160	120	19 200.00	120	19 200.00					相符
3	丙材料	吨	86	199.4	17 148.40	200	17 200.00			0.6	51.60	管理不善
	合计				83 894.80		83 920.00		26.40		51.60	

盘点负责人：×××　　　　填表人签章：王　东

步骤3： 保管人员根据留存仓库的存货账存实存对比表，在仓库保管账上分别登记盘盈、盘亏数量，使保管账达到账实相符。

步骤4： 盘点人员将存货账存实存对比表一份送交会计部门据以调账，一份报领导审批。

步骤5： 材料会计根据存货账存实存对比表，调整账面记录，使会计账达到账实相符。

（1）编制待处理甲材料盘盈的会计分录如下：

借：原材料——甲材料　　26.40

　　贷：待处理财产损溢——待处理流动资产损溢　　26.40

（2）编制待处理丙材料盘亏的会计分录如下：

借：待处理财产损溢——待处理流动资产损溢　　51.60

　　贷：原材料——丙材料　　51.60

请注意　调账时，待处理的盘盈与盘亏应分别反映，不能相互抵销。

步骤6： 领导批准后，材料会计根据审批后的存货账存实存对比表，按照处理意见，对待处理的盘点差异进行结转处理。

（1）编制结转待处理盘盈的会计分录如下：

借：待处理财产损溢——待处理流动资产损溢　　26.40

　　贷：管理费用　　26.40

（2）编制结转待处理盘亏的会计分录如下：

借：管理费用　　51.60

　　贷：待处理财产损溢——待处理流动资产损溢　　51.60

提示　这里省略了会计部门内部进行审核和登记账簿的工作环节。

知识与能力拓展

固定资产清查及其核算特点

企业应定期或者至少每年年末对固定资产进行一次全面清查盘点，以保证固定资产核算的真实性。固定资产清查，一般是根据固定资产明细账编制固定资产清单，并据以与固定资产实物进行逐一核对。在固定资产清查过程中，如果发现盘盈、盘亏，应填制固定资产盘盈盘亏报告表，并及时查明原因，按照规定程序报批处理。

固定资产盘盈、盘亏的核算程序与方法，与存货盘盈、盘亏的核算基本相同。核算上的不同之处主要有二：一是盘盈的固定资产调账时，一般按重置成本或公允价值借记“固定资产”账户，按固定资产的新旧程度估计已提折旧额并贷记“累计折旧”账户，按净值贷记“待处理财产损溢——待处理固定资产损溢”账户；盘亏的固定资产调账时，按净值借记“待处理财产损溢——待处理固定资产损溢”账户、按累计已提折旧额借记“累计折旧”账户，按账面价值贷记“固定资产”账户。二是经领导批准后，固定资产盘盈转入“营业外收入”账户；由企业负担的固定资产的盘亏净损失转入“营业外支出”账户。

4. 职业能力训练

4.1 判断（正确的在括号里打“√”，错误的打“×”。）

（1）存货的盘亏、毁损和报废，经批准后应记入“管理费用”账户。（ ）

（2）各种财产物资发生盘盈、盘亏和毁损，在报经批准以前应先记入“待处理财产损溢”账户。（ ）

（3）财产清查的结果，如果是账面数小于实存数，即为盘亏。（ ）

（4）采用实地盘存制，平时要根据会计凭证在账簿中登记各种财产物资的增加数和减少数，并随时结出结存数，期末通过实地盘点实物进行账实核对。（ ）

（5）进行存货盘点时实物保管人员可以不在场。（ ）

4.2 选择（下列答案中有一项或多项是正确的，将正确答案前的英文字母填入括号内。）

（1）大堆、笨重物资实物数量的清查方法，常用的是（ ）。

A. 永续盘存制　B. 实地盘存制　C. 实物盘点法　D. 技术推算法

（2）采用实地盘存制时，财产物资的期末结存数就是（ ）。

A. 账面结存数　B. 实地盘存数　C. 收支抵减数　D. 滚存结余数

（3）在财产清查中填制的账存实存对比表是（ ）。

A. 调整账面记录的原始凭证　B. 调整账面记录的记账凭证

C. 登记总分类账的直接依据　D. 登记日记账的直接依据

（4）因意外灾害所造成的材料损失，经批准后所作的会计分录应是（ ）。

A. 借记“待处理财产损溢”账户　B. 借记“营业外支出”账户

C. 贷记“待处理财产损溢”账户　D. 贷记“原材料”账户

（5）由于仓库保管员工作调动对其保管的全部存货进行盘点属于（ ）。

A. 定期清查　B. 不定期清查　C. 全面清查　D. 局部清查

4.3 学习情境实训

【实训目的】训练存货清查的方法。

【情境资料】宏达公司20××年年末进行原材料清查，年末对账后，原材料明细账资料如表6－16所示。盘点结果为：甲材料450公斤、乙材料157公斤、丙材料30公斤。

表6－16 **原材料账存情况**

原材料名称	计量单位	结存数量	单　价	金　额
甲材料	公斤	455	42	19 110
乙材料	公斤	156	32	4 992
丙材料	公斤	30	65	1 950
合　计		641		26 052

【实训要求】

（1）根据上述资料填制原材料盘存表和账存实存对比表。

（2）对清查差异进行账务处理（经查并经领导批示，甲材料盘亏属于保管人员的责任，由其赔偿；乙材料盘盈属于自然升溢，作冲减管理费用处理）。

根据教学安排，可在课堂上进行也可在课外进行，可分组进行也可独立进行。要列出工作步骤和内容，完成后由教师安排学生在课堂上汇报实训成果，并进行点评。

【重要名词】

财产清查　全面清查　局部清查　定期清查　不定期清查　未达账项　实地盘存制　永续盘存制

【阅读篇目】

[1]《中华人民共和国会计法》

[2]《企业会计准则——应用指南（2006）》附录（会计科目和主要账务处理）

项目七

会计报表的编制

学习目标

- 了解财务会计报告的概念及其构成
- 理解会计报表的作用、种类和编制要求
- 掌握资产负债表和利润表的编制原理与基本方法

项目导航

在日常会计核算中，企业对所发生的各项经济业务进行确认、计量和记录以后，都已经连续、系统、完整、分类地登记在了会计账簿之中，形成了相关会计信息。但账簿记录比较分散，不便于相关方面获取和使用这些会计信息。因此，在会计期末，还必须根据账簿记录，编制财务会计报告，据以向信息使用者提供集中、概括的会计信息。

财务会计报告是会计核算工作的最终成果，会计报表是财务会计报告的主体构成内容。会计报表集中、概括地反映了会计主体在特定日期的财务状况、一定会计期间的经营结果和现金流量等重要会计信息，对信息使用者进行经济决策和经营管理具有非常重要的意义和作用。

本项目主要学习财务会计报告的基本知识、资产负债表和利润表等基本会计报表的基本知识及编制方法。学习时，要注意体会会计报表与会计账簿之间的关系，会计科目、会计账户与会计报表项目之间的依存关系，以帮助领会和把握资产负债表和利润表的编制原理与方法。

任务 1　资产负债表的编制

1. 任务描述

期末结账完毕之后，负责编制财务会计报告的会计人员，按照资产负债表项目的内涵要求，采用直接填列或分析整理填列的方法，将资产、负债、所有者权益和成本四类账户的总分类账户及相关明细账户的期末余额，转换成报表项目的期末余额，填入资产负债表项目的金额栏内，并加计报表项目金额的小类合计数和总合计数，利用会计恒等式检验资产金额总计数与权益金额总计数相等后，填写编制单位名称等基本信息，加盖单位公章，即完成资产负债表的编制工作。

2. 综合知识

2.1　会计报表相关知识

2.1.1　什么是财务会计报告

财务会计报告，又称财务报告，是指企业需对外提供的反映企业某一特定日期的财务状况和某一会计期间的经营成果、现金流量等会计信息的书面文件。

财务会计报告是会计核算工作的最终成果，集中、概括地反映了企业的经济活动情况和结果。企业编制财务会计报告的主要目的，是向报告使用者提供与企业财务状况、经营成果和现金流量等有关的会计信息，反映企业管理层受托责任履行情况，以帮助报告使用者作出经济决策。

财务会计报告使用者通常包括投资者、债权人、政府及其相关部门、企业管理人员、职工和社会公众等。不同的信息使用者对财务会计报告所提供信息的需求各有侧重，但都能从财务会计报告中获取各自有用的相关信息。

2.1.2 财务会计报告的构成内容

财务会计报告是一个系统性的文件，包括会计报表及其附注和其他应当在财务会计报告中披露的相关信息和资料。会计报表，又称财务报表，是指企业需对外提供的、总括地反映企业某一特定日期的财务状况和某一会计期间的经营成果、现金流量等会计信息的表格式书面文件。会计报表包括资产负债表、利润表、现金流量表和所有者权益（或股东权益）变动表等。会计报表附注是指对在会计报表中列示项目所作的进一步说明，以及对未能在这些报表中列示项目的说明等。

提示 小企业编制的会计报表可以不包括现金流量表。

2.1.3 会计报表的分类

会计报表可以按照不同的标志进行分类，每一个分类标志都从一个角度或者层面反映会计报表的特性。

（1）会计报表按照所反映经济内容的不同，可分为财务状况报表和经营成果报表。财务状况报表是指反映企业财务状况的报表。财务状况指企业特定日期资产与权益构成情况及其相互关系以及资金的使用与分布状况。资产负债表、现金流量表和所有者权益（或股东权益）变动表是反映企业特定日期财务状况的报表。经营成果报表是指反映企业经营成果的报表。经营成果指企业在一定会计期间内所获得的利润或发生的亏损。利润表是反映企业一定期间经营成果的报表。

（2）会计报表按照编报时间的不同，可分为中期报表和年度报表。中期报表是指按短于一个完整会计年度的会计期间编报的报表，包括月报、季报和半年报。中期报表主要包括资产负债表和利润表。年度报表是指按会计年度编报的报表，企业所有的报表都是年度报表。

（3）会计报表按照所反映的资金运动状态的不同，可分为静态报表和动态报表。静态报表是指反映资金运动在某一时点上的相对静止状态的报表。资产负债表是静态报表。动态报表是指反映资金运动在一定时期内的动态情况的报表。利润表、现金流量表和所有者权益（或股东权益）变动表都是动态报表。

（4）会计报表按照编报主体的不同，可分为个别报表和合并报表。个别报表是指企业根据自身的账簿记录及相关资料编制而成的报表。合并报表是指企业集团的母公司，根据母公司自身和所属子公司的个别报表合并编制而成的报表。个别报表反映单个企业的情况，合并报表反映整个集团的情况。

2.1.4 财务会计报告的归档与管理

财务会计报告是重要的会计档案，必须按照《会计档案管理办法》的相关规定进行归档保管。

2.2 资产负债表的相关知识

（1）什么是资产负债表。资产负债表是指反映企业在某一特定日期的财务状况的报表。它以“资产＝负债＋所有者权益”的会计恒等式为理论依据，总括反映企业在某一特定日期的资产、负债和所有者权益的构成及其分布状况。

（2）资产负债表的结构。资产负债表一般包括表头和表体两个部分。表头包括报表名称、编制单位、编制日期、报表编号、货币名称、计量单位等内容。表体是资产负债表的主体部分，由表明企业财务状况的若干报表项目构成。这些报表项目按照其流动性的大小为顺序进行排列，流动性大的项目排列在前，流动性小的项目排列在后。

资产负债表的表体有账户式和报告式两种结构。报告式资产负债表是上下结构，上半部列示资产项目，下半部列示负债和所有者权益项目。账户式资产负债表是左右结构，左边列示资产项目，右边列示负债和所有者权益项目，与会计恒等式的表现形式相一致。我国现行资产负债表采用的是账户式结构，如表 7 - 2 所示。

（3）资产负债表的作用。资产负债表提供了企业资产、负债和所有者权益等有关财务状况的总括信息，是企业和企业利益相关者进行经济分析、评价和决策极为重要的基本资料。例如，根据当期的资产负债表，可以了解和评价企业的资产规模、构成与运用效率、财务结构、偿债能力及支付能力等财务状况；将当期的资产负债表与以前期间的资产负债表进行对比分析，可以了解和评价企业财务状况的发展变化趋势和企业经营管理绩效；将资产负债表与利润表结合，可以了解和评价企业的获利能力，等等。有关资产负债表的具体作用将在后续专业课程中进行学习。

2.3　资产负债表的编制方法

资产负债表各项目的金额包括“年初余额”和“期末余额”。各项目的“年初余额”，根据上年末资产负债表的“期末余额”直接填列。反映会计要素各单项项目的“期末余额”，根据资产、成本、负债、所有者权益四类账户的本期期末余额填列。由于账户的核算内容与报表项目的内涵不完全是一一对应关系，所以，不是所有的项目都直接按账户余额直接抄录填列。资产负债表各单项项目“期末余额”的填列方法，一般有以下几种：

（1）根据总分类账户余额直接填列。例如，“短期借款”、“应付票据”、“实收资本”等项目就是根据同名的总分类账户的期末余额直接填列的。

（2）根据总分类账户余额计算填列。例如，“货币资金”项目要根据“库存现金”、“银行存款”、“其他货币资金”账户的期末余额合计数填列等。

（3）根据明细账户余额计算填列。例如，“应付账款”项目要根据“应付账款”和“预付账款”账户所属有关明细账户的期末贷方余额合计数填列等。

（4）根据总分类账户和明细账户余额分析计算填列。例如，“长期借款”项目要根据“长期借款”总分类账户期末余额，扣除所属明细账户中将于一年内到期的长期借款余额后的净额填列。扣除的将于一年内到期的长期借款则填列“一年内到期的非流动负债”项目。

（5）根据总分类账户余额减去其备抵账户余额后的净额填列。在资产类账户中，除了货币资产账户以外，其他资产账户基本上都设置有备抵账户，都要采用这种方法计算填列。例如，“固定资产”项目就是根据“固定资产”账户（借方）余额减去“累计折旧”和“固定资产减值准备”账户（贷方）余额后的净额填列的。

3. 任务设计——编制资产负债表

【例 7－1】华川公司 20××年 12 月 31 日有关账户期末余额如表 7－1 所示。

表 7－1　　　　　　　　账户期末余额表　　　　　　　　单位：元

账户名称	借方余额	贷方余额	账户名称	借方余额	贷方余额
库存现金	9 360		短期借款		500 000
银行存款	350 144		应付票据		12 250
应收账款	127 549		应付账款		65 520
坏账准备		1 035	应付职工薪酬		8 286
其他应收款	6 200		应交税费		10 000
原材料	28 440		实收资本		1 000 000
库存商品	680 655		盈余公积		1 808
存货跌价准备		976	利润分配		1 455
固定资产	405 346				
累计折旧		5 040			
固定资产减值准备		1 324			
合　计	1 607 694	8 375	合　计		1 599 319

补充信息：假定"应收账款"明细账户中没有贷方余额的明细账户；"坏账准备"贷方余额全部是"应收账款"提取的坏账准备金；"应付账款"明细账户中没有借方余额的明细账户；"预付账款"和"预收账款"总账和其明细账户均无余额；年初余额略。

要求：根据上述资料编制华川公司 20××年 12 月 31 日的资产负债表。

⟹ 工作过程

步骤 1：按照报表项目的内涵，根据账户余额确定报表项目期末余额。

（1）需要分析计算的项目。

①"货币资金"项目，反映企业库存现金、银行存款、外埠存款、银行汇票存款、银行本票存款等的合计数。本项目应根据"库存现金"、"银行存款"和"其他货币资金"账户的期末借方余额合计填列，即：

"货币资金"项目期末余额＝9 360＋350 144＝359 504（元）

②"应收账款"项目，反映企业预期可收回的实际的应收账款净额。"预期可收回的净额"要求扣除预计可能发生的坏账损失，即抵减已计提的坏账准备金；"实际的"要求剔除

“应收账款”某些明细账户内因简化核算而可能包含的预收账款，即贷方余额，还要求加上“预收账款”某些明细账户内因简化核算而可能包含的应收账款，即借方余额。所以，本项目应根据“应收账款”和“预收账款”账户所属明细账户的期末借方余额合计数，减去“坏账准备”账户贷方余额中按应收账款计提的坏账准备金额后的净额填列。根据本例账户余额和补充信息，“应收账款”项目的期末余额计算如下：

“应收账款”项目期末余额＝127 549－1 035＝126 514（元）

请注意 如果“应收账款”账户所属明细账户期末有贷方余额，应与“预收账款”明细账户的期末贷方余额加在一起，在本表负债中的“预收账款”项目填列。这时，实际的应收账款余额就会相应增加。如本例，假如“应收账款”明细账户中有一个是贷方余额为10 000元，则这10 000元要填列到负债的“预收账款”项目中去，而“应收账款”项目的期末余额就相应增加为136 514元了（126 514＋10 000）。与此相类似的还有“应付账款”和“预付账款”两个项目，前项根据“应付账款”和“预付账款”两个账户所属有关明细账户期末贷方余额合计数填列；后项则根据这两个账户所属有关明细账户期末借方余额合计数，减去“坏账准备”账户贷方余额中的相应部分后的净额填列。

③“存货”项目，反映企业期末库存、在途和加工中的各项存货的实际成本，包括各种材料、商品、在产品、包装物、低值易耗品等。本项目应根据“在途物资”、“原材料”、“库存商品”、“周转材料”、“生产成本”等账户的期末借方余额合计数，减去“存货跌价准备”账户期末贷方余额后的净额填列。本例“存货”项目期末余额计算如下：

“存货”项目期末余额＝28 440＋680 655－976＝708 119（元）

④“固定资产”项目，反映企业的固定资产净值。本项目应根据“固定资产”账户的期末借方余额，减去“累计折旧”和“固定资产减值准备”账户的期末贷方余额后的净额填列。本例“固定资产”项目期末余额计算如下：

“固定资产”项目期末余额＝405 346－5 040－1 324＝398 982（元）

（2）直接填列的项目。

本例中，除了上述项目以外，其余单项项目的期末余额都根据相应账户的期末余额直接确定。其中，“未分配利润”项目根据“利润分配”账户期末贷方余额直接填列。

请注意 编制中期报表时，“未分配利润”项目应根据“本年利润”账户和“利润分配”账户的余额计算填列。如果是亏损，以“－”号填列。

步骤2：将步骤1确定的报表项目余额填入资产负债表相应项目“期末余额”栏内。

步骤3：根据表内已填报表项目余额，加计表内“流动资产合计”等6个类别项目的合计或总计数，并填入相应项目“期末余额”栏内。

步骤4：加计表内最末一行两个“总计”数，填入表内，并核对相等。

步骤5：将上年末资产负债表“期末余额”抄入表内相应项目的“年初余额”栏内（本例略）。

步骤6：填写表头各要素，并在“华川公司”处加盖公章。

编制完成的华川公司20××年12月31日资产负债表如表7－2所示。

表 7-2　　　　资产负债表

编制单位：华川公司　　　　20××年12月31日　　　　单位：元

资　　产	期末余额	年初余额	负债和所有者权益	期末余额	年初余额
流动资产：			流动负债：		
货币资金	359 504		短期借款	500 000	
交易性金融资产			应付票据	12 250	
应收票据			应付账款	65 520	
应收账款	126 514		预收账款		
预付账款			应付职工薪酬	8 286	
应收利息			应交税费	10 000	
应收股利			应付利息		
其他应收款	6 200		应付股利		
存货	708 119		其他应付款		
一年内到期非流动资产			一年内到期非流动负债		
流动资产合计	1 200 337		流动负债合计	596 056	
非流动资产：			非流动负债：		
可供出售金融资产			长期借款		
持有至到期投资			应付债券		
长期应收款			长期应付款		
长期股权投资			预计负债		
固定资产	398 982		递延所得税负债		
在建工程			非流动负债合计		
工程物资			负债总计	596 056	
固定资产清理			所有者权益		
无形资产			实收资本	1 000 000	
开发支出			资本公积		
商誉			减：库存股		
长期待摊费用			盈余公积	1 808	
递延所得税资产			未分配利润	1 455	
非流动资产合计	398 982		所有者权益合计	1 003 263	
资产总计	1 599 319		负债和所有者权益总计	1 599 319	

知识与能力拓展

资产负债表其他有关项目的填列方法

(1)"交易性金融资产"项目和"可供出售金融资产"项目，分别根据同名账户的期末余额填列。

(2)除"应收账款"以外，"应收票据"等各项应收款项项目，分别根据"应收票据"等相应账户的期末借方余额，减去"坏账准备"账户贷方余额中的相应部分后的净额填列。

(3)"一年内到期的非流动资产"项目，根据"持有至到期投资"等非流动资产账户余额中将于一年内到期的金额计算填列。

(4)"持有至到期投资"项目和"长期股权投资"项目，分别根据同名账户的期末借方余额，减去各自的减值准备账户期末贷方余额后的净额填列。如果两个投资账户借方余额中有将于一年内到期的投资金额，应予扣除填列到"一年内到期的非流动资产"项目中。

(5)"固定资产清理"项目，根据"固定资产清理"账户的期末借方余额填列，该账户如为贷方余额，以"-"号填列。

(6)"长期待摊费用"项目，根据"长期待摊费用"账户期末余额减去将于一年内摊销的金额后的余额填列。

(7)"应付职工薪酬"项目，根据"应付职工薪酬"账户期末贷方余额填列，该账户如为借方余额，以"-"号填列。

(8)"一年内到期的非流动负债"项目，根据"应付债券"等非流动负债账户余额中将于一年内到期的金额计算填列。

(9)"长期借款"项目，根据"长期借款"账户期末余额减去将于一年内到期偿还数后的余额填列。

4. 职业能力训练

4.1 判断(正确的在括号里打"√"，错误的打"×"。)

(1)资产负债表的"年初余额"栏内各项数字，应根据上年末资产负债表的"期末余额"栏内所列数字填列。( )

(2)由于财务会计报告对外提供，所以该信息对企业的管理者和职工没有用。( )

(3)会计报表便于理解的要求是建立在会计报表使用者具有一定的会计报表阅读能力的基础上的。( )

(4)资产负债表中"一年内到期的非流动负债"属于流动负债项目。( )

(5)财务会计报告是会计核算的最终成果。( )

4.2 选择(下列答案中有一项或多项是正确的，将正确答案前的英文字母填入括号内。)

(1)会计报表是根据( )资料定期进行归集、加工和汇总而编制的。

A. 原始凭证　B. 记账凭证　C. 会计凭证　D. 会计账簿

(2)编制资产负债表所依据的会计等式是( )。

A. 收入-费用=利润　B. 资产=负债+所有者权益

C. 借方发生额=贷方发生额　D. 资产-负债=所有者权益

(3)下列项目中，应当根据总分类账户和明细账户两者的余额分析计算填列的是( )。

A. 短期借款　B. 长期借款　C. 应收账款　D. 应付账款

(4)我国资产负债表采用的结构是( )。

A. 账户式　B. 报告式　C. 单步式　D. 多步式

(5) 下列账户与填列存货项目有关的是（　　）。

A. 原材料　　B. 生产成本　　C. 工程物资　　D. 库存商品

4.3 学习情境实训

【实训目的】训练资产负债表的编制方法。

【情境资料】某企业20××年8月31日账户余额如表7-3所示，其中：应收票据计提有坏账准备2 000元；“应收账款——F单位”为贷方余额5 000元；预付账款只有一个明细账有余额；“预收账款——D单位”为借方余额10 000元。

表7-3　　账户期末余额表　　单位：元

账户名称	借方余额	贷方余额	账户名称	借方余额	贷方余额
库存现金	10 000		在建工程	40 000	
银行存款	59 000		无形资产	150 000	
应收票据	60 000		短期借款		10 000
应收账款	80 000		应付账款		70 000
预付账款		30 000	预收账款		10 000
坏账准备		5 000	应付职工薪酬	4 000	
原材料	70 000		应交税费		13 000
周转材料	10 000		长期借款		80 000
库存商品	136 036		实收资本		500 000
存货跌价准备		1 036	盈余公积		200 000
固定资产	800 000		本年利润		120 000
累计折旧		297 616	利润分配		80 000
固定资产减值准备		2 384			

【实训要求】计算该企业20××年8月31日资产负债表中货币资金、应收账款、预付账款、存货、固定资产、无形资产、应付账款、预收账款、应付职工薪酬、长期借款、未分配利润等项目的列报金额。

根据教学安排，可在课外由学生独立完成。要列出报表各项目的计算过程。完成后，由教师在课堂上进行点评。

任务2　利润表的编制

1. 任务描述

期末结账完毕之后，负责编制财务会计报告的会计人员，按照利润表项目的内涵要求，采用直接填列或分析整理填列的方法，将损益类账户的本期净发生额，转换成报表项目金额，填入利润表项目的金额栏内，分步计算填列各项利润数据及相关指标，填写编制单位名称等基本信息，加盖单位公章，即完成利润表的编制工作。

2. 综合知识

2.1 什么是利润表

利润表，也称损益表，是指反映企业在一定会计期间经营成果的报表。它以“收入 - 费用 = 利润”的计算公式为理论依据，总括反映企业在一定会计期间内取得的收入和利得、发生的费用和损失，以及获得利润或发生亏损的情况。

2.2 利润表的结构

利润表一般包括表头和表体两个部分。表头包括报表名称、编制单位、编制日期、报表编号、货币名称、计量单位等内容。表体是利润表的主体部分，反映形成经营成果的各个项目和分步计算过程。

利润表的表体有单步式和多步式两种结构。单步式利润表是直接按照“收入 - 费用 = 利润”的计算顺序，将当期所有的收入和利得依次排列在前，所有的费用和损失依次排列在后，一步计算出当期净利润。多步式利润表是以“收入 - 费用 = 利润”的计算顺序为基础，按照分步计算营业利润、利润总额、净利润的要求，将当期的收入和利得、费用和损失进行归类整理排列，经多个步骤计算出当期净利润。我国现行利润表采用的是多步式结构，如表 7 - 5 所示。

2.3 利润表的作用

利润表提供了企业经营成果及其构成情况的总括信息，同资产负债表一样，也是企业和企业利益相关者进行经济分析、评价和决策极为重要的基本资料。例如，根据当期的利润表所提供的信息，可以了解和评价企业经营情况、经营成果的构成及收入的创利水平等情况；将当期的利润表与以前期间的利润表进行对比分析，可以了解和评价企业经营情况、经营成果及企业经营管理绩效的发展变化趋势；将利润表与资产负债表结合，可以了解和评价企业资产及资本的获利能力，等等。

2.4 利润表的编制方法

利润表各项目的金额包括“本期金额”和“上期金额”。各项目“上期金额”根据上期利润表的“本期金额”数字填列。反映会计要素各单项项目的“本期金额”根据损益类账户结账后的本期净发生额填列。与资产负债表一样，由于账户的核算内容与报表项目的内涵不完全是一一对应关系，所以，不是所有的项目都直接按账户净发生额直接抄录填列。利润表各单项项目“本期金额”的填列方法，主要有以下两种：

（1）根据账户本期净发生额加计填列。采用这种方法的有“营业收入”和“营业成本”两个项目。“营业收入”项目根据“主营业务收入”和“其他业务收入”两个账户的净发生额加计填列，“营业成本”项目根据“主营业务成本”和“其他业务成本”两个账户的净发生额加计填列。

（2）根据账户本期净发生额直接填列。除了“营业收入”和“营业成本”两个项目以外，其他单项项目都是采用这种方法进行填列的。

提示 净发生额是指期末汇总核算利润（结转损益账户）之前，各损益账户借、贷方发生额相抵减后的发生额净额，也就是各损益账户应结转到“本年利润”账户实际构成利润的金额。

3. 任务设计——编制利润表

【例7－2】华川公司20××年12月份各损益账户结转之前的发生额如表7－4所示（“上期金额”略）。

表7－4　　损益类账户发生额　　单位：元

科目名称	借方发生额	贷方发生额	科目名称	借方发生额	贷方发生额
主营业务收入	100 000	3 000 000	管理费用	180 000	
主营业务成本	1 600 000	80 000	财务费用	20 000	
其他业务收入		20 000	资产减值损失	8 000	
其他业务成本	10 000		营业外收入		90 000
营业税金及附加	100 000		营业外支出	40 000	
销售费用	190 000		所得税费用	280 000	

要求：根据上述资料编制华川公司20××年12月份的利润表。

⟹ **工作过程**

步骤1：按照报表项目的内涵，根据各账户净发生额确定报表项目金额。

（1）需要加计的项目。

“营业收入”项目金额＝(3 000 000－100 000)＋20 000＝2 920 000(元)

“营业成本”项目金额＝(1 600 000－80 000)＋10 000＝1 530 000(元)

（2）直接填列的项目。除了上述两个项目以外，其余单项项目直接按账户净发生额确定报表项目金额。

步骤2：将上步骤所确定的金额填入表内相应项目“本期金额”栏内。

步骤3：计算营业利润、利润总额和净利润金额，并填入表内相应项目“本期金额”栏内（本例略每股收益的计算，其计算方法将在后续专业课程中学习）。

步骤4：根据上月利润表“本期金额”填列本月利润表“上期金额”（本例略）。

步骤5：填写表头各要素，并在“华川公司”处加盖公章。

编制完成的华川公司20××年12月份利润表如表7－5所示。

表 7－5　利润表

编制单位：华川公司　20××年 12 月　单位：元

项　目	本期金额	上期金额
一、营业收入	2 920 000	略
减：营业成本	1 530 000	
营业税金及附加	100 000	
销售费用	190 000	
管理费用	180 000	
财务费用	20 000	
资产减值损失	8 000	
加：公允价值变动收益（损失以“－”号填列）		
投资收益（损失以“－”号填列）		
其中：对联营企业和合营企业的投资收益		
二、营业利润（亏损以“－”号填列）	892 000	
加：营业外收入	90 000	
减：营业外支出	40 000	
其中：非流动资产处置损失		
三、利润总额（亏损以“－”号填列）	942 000	
减：所得税费用	280 000	
四、净利润（净亏损以“－”号填列）	662 000	
五、每股收益		
（一）基本每股收益		
（二）稀释每股收益		

知识与能力拓展

每股收益是指普通股股东每持有一股所能享有的企业利润或需要承担的企业亏损，通常被用来反映普通股的获利水平及投资风险。基本每股收益只考虑当期实际发行在外的普通股股份，按照归属于普通股股东的当期净利润除以当期实际发行在外普通股的加权平均数计算确定。稀释每股收益是以基本每股收益为基础，假设企业所有发行在外的稀释性潜在普通股均已转换为普通股，从而分别调整归属于普通股股东的当期净利润以及发行在外普通股的加权平均数计算而得的每股收益。

4. 职业能力训练

4.1 判断（正确的在括号里打“√”，错误的打“×”。）

（1）利润表是反映企业某一特定日期经营成果的报表。（　　）

（2）利润表中“上期金额”栏内各项数字，应根据上期利润表“本期金额”栏内所列数字填列。（　　）

（3）利润表“营业收入”项目反映企业主营业务收入的金额。（　　）

(4) 利润表各项目的金额均来源于当期损益类账户的发生额。 ( )

(5) 利润表中的“利润总额”是由收入减去费用后的净额、直接计入当期利润的利得和损失两部分构成的。 ( )

4.2 选择（下列答案中有一项或多项是正确的，将正确答案前的英文字母填入括号内。）

(1) 利润表中不影响营业利润计算的项目是（ ）。

A. 营业收入　B. 财务费用　C. 管理费用　D. 营业外收入

(2) 多步式利润表可以直接反映的利润及利润相关信息是（ ）。

A. 毛利润　B. 营业利润　C. 利润总额　D. 净利润

(3) 下列报表，能够反映企业一定期间内经营成果，表明企业运用所有资产的获利能力的是（ ）。

A. 资产负债表　B. 利润表　C. 现金流量表　D. 利润分配表

(4) 关于利润表，下列表述正确的是（ ）。

A. 利润表可以反映企业一定期间的生产经营活动的成果

B. 利润表的编制原理是“收入 - 费用 = 利润”的计算公式

C. 利润表是反映企业经营成果的静态报表

D. 我国利润表采用的是单步式结构

(5) 编制2009年8月份的利润表，表中“上期金额”所指的“上期”是（ ）。

A. 2009年7月　B. 2009年8月　C. 2008年7月　D. 2008年8月

4.3 学习情境实训

【实训目的】训练利润表的编制方法。

【情境资料】某企业20××年11月份损益类账户结转前的发生额如表7-6所示。

表7-6　损益类账户发生额　单位：万元

科目名称	借方金额	科目名称	贷方金额
主营业务收入	1 600	管理费用	50
主营业务成本	1 000	财务费用	20
营业税金及附加	15	资产减值损失	16
其他业务收入	50	营业外收入	30
其他业务成本	30	营业外支出	25.9
销售费用	40		

【实训要求】编制该企业20××年11月份的利润表。（“上期金额”略）

根据教学安排，可在课堂上由学生独立完成，由教师在课堂上指导、点评。

【重要名词】

财务会计报告　会计报表（财务报表）　资产负债表　利润表

【阅读篇目】

［1］《企业会计准则——基本准则（2006）》

［2］《企业会计准则第30号——财务报表列报》

［3］《〈企业会计准则第30号——财务报表列报〉应用指南》

项目八

账务处理程序的应用

学习目标

- 了解账务处理程序的意义、作用
- 明确账务处理程序的种类及其划分标准
- 掌握记账凭证账务处理程序的应用
- 掌握科目汇总表账务处理程序的应用
- 理解汇总记账凭证账务处理程序的特点

项目导航

通过前面各项目的学习，我们已经从总体上知道经济业务发生后，会计人员是通过审核原始凭证、填制记账凭证、登记会计账簿、编制财务会计报告，将经济业务加工处理成会计信息，提供给信息使用者的。审核原始凭证、根据审核无误的原始凭证填制记账凭证、根据审核无误的记账凭证登记会计账簿、根据核对无误的会计账簿编制财务会计报告，这是会计核算工作中账务处理的基本程序。在实际工作中，不同规模的企业，在账务处理程序的具体设计和操作上存在着一些比较大的差异，由此形成了几种具体的账务处理程序。

账务处理程序，也称会计核算程序，是指会计凭证、会计账簿、会计报表相互结合的方式，是由会计凭证和账簿的种类、格式，会计凭证与账簿之间的组合方式，从审核原始凭证到填制记账凭证、登记会计账簿、编制会计报表的工作程序和方法所构成的一个系统。

常见的账务处理程序有记账凭证账务处理程序、科目汇总表账务处理程序和汇总记账凭证账务处理程序等。各种账务处理程序的主要区别在于登记总账的依据和程序不同。

为了连续、系统、全面地反映会计主体的经济活动情况，为管理和决策提供及时有效的会计信息，除了要及时正确地填制会计凭证、登记会计账簿和编制财务会计报告以外，会计部门还应当根据本单位的实际情况，选择适当的账务处理程序来进行会计核算。

适当的账务处理程序，应符合以下基本要求：

(1) 适应本单位的经济活动特点、经营规模和经济业务的繁简程度，以便于会计工作的分工和岗位责任制的实施。

(2) 能及时、准确、全面、系统地提供会计核算资料，满足会计信息使用者的需求。

(3) 在保证核算资料正确、及时、完整和有效监督的前提下，尽可能地简化会计核算手续，提高会计工作效率。

本项目主要讲述记账凭证账务处理程序、科目汇总表账务处理程序和汇总记账凭证账务处理程序的构成内容及其应用方法。通过本项目的学习，要能够合理选择适合不同企业的账务处理程序，掌握常见账务处理程序的操作过程和要领，能够熟练地运用记账凭证账务处理程序和科目汇总表账务处理程序。学习时，要注意体会不同账务处理程序的主要不同之处。

任务1 记账凭证账务处理程序的应用

1. 任务描述

采用记账凭证账务处理程序时，经济业务发生后，根据审核无误的原始凭证或原始凭证汇总表填制记账凭证并审核无误后，由出纳人员和明细账会计分别据以逐笔登记日记账和有关明细账，然后交由总账会计据以逐笔登记总账。期末，进行账账核对和账实核对相符后，根据总账和明细账编制会计报表。直接根据记账凭证逐笔登记总账，是记账凭证账务处理程序的显著特点。

2. 综合知识

2.1 什么是记账凭证账务处理程序

记账凭证账务处理程序是指填制记账凭证后，所有账簿都直接根据记账凭证进行逐笔登记的一种账务处理程序。记账凭证账务处理程序是会计核算中最基本的一种账务处理程序，其他各种账务处理程序基本上都是在记账凭证账务处理程序的基础上发展演变而形成的。

2.2 记账凭证账务处理程序的操作步骤与内容

记账凭证账务处理程序的基本操作步骤和内容如下：

（1）根据原始凭证或原始凭证汇总表填制记账凭证；

（2）根据收、付款记账凭证及其所附原始凭证或原始凭证汇总表，逐笔登记库存现金日记账和银行存款日记账；

（3）根据记账凭证及其所附原始凭证或原始凭证汇总表，逐笔登记各种明细账；

（4）根据记账凭证逐笔登记总账；

（5）库存现金日记账和银行存款日记账定期与库存现金和银行存款总账核对相符；

（6）各种明细账定期与相关总账核对相符；

（7）期末，根据总账和有关明细账编制会计报表。

记账凭证账务处理程序如图 8－1 所示。

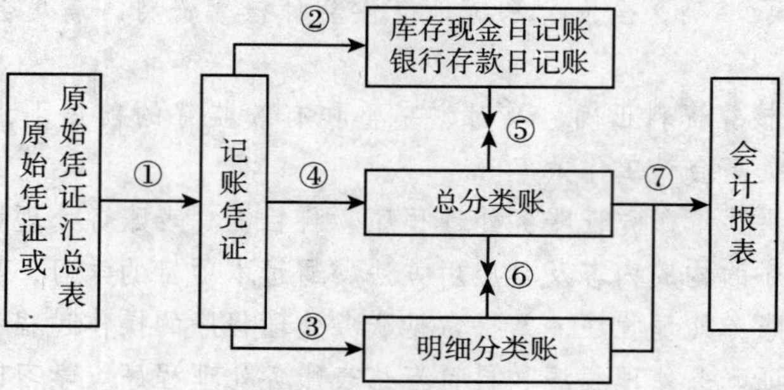

图 8－1　记账凭证账务处理程序

提示　记账凭证可以是通用式记账凭证，也可以是收、付、转的专用式记账凭证。

2.3 记账凭证账务处理程序的特点、优缺点及适用范围

记账凭证账务处理程序的主要特点是直接根据记账凭证逐笔登记总账。

记账凭证账务处理程序的优点是手续简便，易于理解和掌握，总账的记录可以详细反映经济业务情况，便于利用账簿资料为经济管理服务；缺点是根据记账凭证直接登记总分类账，在业务量较大时，工作量较大，也不便于会计人员的分工。

记账凭证账务处理程序一般适用于规模较小、经济业务量较少、会计凭证不多的单位。

3. 任务设计——采用记账凭证账务处理程序进行账务处理

【例 8－1】 兴川公司 20××年 3 月 1 日部分账户余额如表 8－1 所示，3 月上旬发生经济业务的原始凭证如表 8－2 至表 8－8 所示。

表 8－1 **部分账户余额** 单位：元

账户名称	期末余额		账户名称	期末余额	
	借方	贷方		借方	贷方
库存现金	1 140		生产成本——A 产品	1 682	
银行存款	425 000		应付账款——宏远公司		50 000
原材料——甲材料	2 520		应交税费——应交增值税		2 000
——乙材料	1 080				

业务（1）：

表 8－2 **工商银行现金支票存根**

支票号码：5461786

科　　目：＿＿＿＿＿＿

对方科目：＿＿＿＿＿＿

签发日期 20××年 3 月 2 日

收款人：	兴川公司
金　额：	5 000.00
用　途：	备用金
备　注：	

单位主管：

复　　核：

业务（2－1）：

表 8－3 **××市增值税专用发票**

20×× 年 3 月 4 日

<table>
<tr><td rowspan="2">购货单位</td><td colspan="3">名　　称</td><td colspan="11">兴川公司</td><td colspan="5">开户银行及账号</td><td colspan="3">工行玉泉路支行 6824763</td></tr>
<tr><td colspan="3">地址、电话</td><td colspan="11">玉泉路 56 号</td><td colspan="5">纳税人登记号</td><td colspan="3">547183447851339</td></tr>
<tr><td rowspan="2" colspan="2">商品或劳务名称</td><td rowspan="2">计量单位</td><td rowspan="2">数量</td><td rowspan="2">单价</td><td colspan="9">金　　额</td><td rowspan="2">税率</td><td colspan="9">税　　额</td></tr>
<tr><td>百</td><td>十</td><td>万</td><td>千</td><td>百</td><td>十</td><td>元</td><td>角</td><td>分</td><td>百</td><td>十</td><td>万</td><td>千</td><td>百</td><td>十</td><td>元</td><td>角</td><td>分</td></tr>
<tr><td colspan="2">甲材料</td><td>公斤</td><td>100</td><td>56</td><td></td><td></td><td></td><td>5</td><td>6</td><td>0</td><td>0</td><td>0</td><td>0</td><td>17%</td><td></td><td></td><td></td><td></td><td>9</td><td>5</td><td>2</td><td>0</td><td>0</td></tr>
<tr><td colspan="2"></td><td></td><td></td><td></td><td></td><td></td><td></td><td></td><td></td><td></td><td></td><td></td><td></td><td></td><td></td><td></td><td></td><td></td><td></td><td></td><td></td><td></td><td></td></tr>
<tr><td colspan="4">合　计</td><td colspan="20">¥6 552.00 元</td></tr>
<tr><td colspan="4">价税合计（大写）</td><td colspan="20">陆仟伍佰伍拾贰元整</td></tr>
<tr><td rowspan="2">销货单位</td><td colspan="3">名　　称</td><td colspan="11">宏远公司（章）</td><td colspan="5">纳税人登记号</td><td colspan="3">51168746873</td></tr>
<tr><td colspan="3">地址、电话</td><td colspan="11">开发区新建路 2 号</td><td colspan="5">开户银行及账号</td><td colspan="3">工行新建路支行 4731661</td></tr>
</table>

第二联：发票联

业务（2－2）：

表 8－4 **材料入库验收单**

类别：　　　　　　　　　　　　　　　　　　　　　　　验收单编号：433

发票编号：　　　　　　20×× 年 3 月 4 日　　　　　　来源：外购

品名	规格	单位	数量		实际价格				计划价	
			应收	实收	单价	总价	运杂费	合计	单价	总价
甲材料		公斤	100	100	56	5 600		5 600		
合　计			100	100	56	5 600		5 600		

第三联：会计记账联

供销主管：吴　浩　　　验收保管：李　明　　　采购：赵　强　　　制单：卢　玉

业务（3－1）：

表 8－5 **××市商品流通企业统一发票**

发票联

购货单位：兴川公司　　　　20×× 年 3 月 5 日

商品名称	规格	等级	单位	数量	单价	金额							
						十	万	千	百	十	元	角	分
订书机	X105	一级	个	2	130				2	6	0	0	0
合　计	人民币（大写）贰佰陆拾元整							¥	2	6	0	0	0
结算方式	现金	开户银行				备注							

销售单位签章：××市新元公司（章）

业务（3-2）：

表8-6

报 销 单

20×× 年3月5日

报销金额	（小写）￥260	（大写）贰佰陆拾元整	
开支内容	购买办公用品	现金付讫	
附单据张数	1张		
部门盖章	经办人	实物保管人	
	杨 文	王 浩	
说 明	同意 杨明		

审核：周 建 出纳：张 平

业务（4）：

表8-7

借 款 单

20×× 年3月6日

工作部门	采购部	职务	采购员	姓名	赵强
借款金额	￥1 500.00			金额大写	人民币壹仟伍百元整
借款原因	出差			附证件	现金付讫
还款日期					
批 核	同意 杨明				

第三联：报销联

会计： 出纳：张 平 制单：赵 强

业务（5）：

表8-8

发 料 单

2仓库发料第1号

领料单位：一车间 20×× 年3月8日 数量单位：公斤 金额单位：元

用 途	甲材料		乙材料		合计
	数量	金额	数量	金额	
生产A产品	85	4 760	4	240	5 000
合 计	85	4 760	4	240	5 000

供销主管：吴 浩 发料：李 明 车间主任：余 文 领料：刘 强 制 单：卢 玉

要求：采用记账凭证账务处理程序完成下列处理：

（1）根据上述原始凭证填制记账凭证（以会计分录代替）。

（2）根据收款凭证和付款凭证登记库存现金日记账和银行存款日记账。

(3) 根据记账凭证登记明细账。

(4) 根据记账凭证登记总账。

⟹ 工作过程

业务 (1) 3月2日

步骤1： 审核人员审核支票存根。审核无误签章后交制证会计。

步骤2： 制证会计根据支票存根，进行会计确认和计量；接着填制“银付字第1号”付款凭证，签章后交审核人员。其会计分录如下：

借：库存现金　　5 000

　　贷：银行存款　　5 000

步骤3： 审核人员审核“银付字第1号”付款凭证。审核无误签章后交出纳人员。

步骤4： 出纳人员根据“银付字第1号”付款凭证登记库存现金日记账和银行存款日记账（如表8-9和表8-10所示）。登账后在记账凭证上标注已经记账的符号并签章，然后将“银付字第1号”付款凭证交总账会计。

步骤5： 总账会计根据“银付字第1号”付款凭证，登记库存现金和银行存款总账（如表8-18和表8-19所示）。登账后在记账凭证上标注已经记账的符号并签章。

业务 (2) 3月4日

步骤1： 审核人员审核增值税专用发票和收料单。审核无误签章后交制证会计。

步骤2： 制证会计根据增值税专用发票和收料单，进行会计确认和计量；接着填制“转字第1号”转账凭证，签章后交审核人员。其会计分录如下：

借：原材料——甲材料　　5 600

　　应交税费——应交增值税（进项税额）　　952

　　贷：应付账款——宏远公司　　6 552

步骤3： 审核人员审核“转字第1号”转账凭证。审核无误签章后交明细账会计。

步骤4： 明细账会计根据“转字第1号”转账凭证，登记原材料、应付账款和应交税费明细账（如表8-12、表8-16、表8-17所示）。登账后在记账凭证上标注已经记账的符号并签章，然后将“转字第1号”转账凭证交总账会计。

步骤5： 总账会计根据“转字第1号”转账凭证，登记原材料、应付账款和应交税费总账（如表8-21、表8-24和表8-25所示）。登账后在记账凭证上标注已经记账的符号并签章。

业务 (3) 3月5日

步骤1： 审核人员审核普通发票和报销单。审核无误签章后交制证会计。

步骤2： 制证会计根据普通发票和报销单，进行会计确认和计量；接着填制“现付字第1号”付款凭证，签章后交审核人员。其会计分录如下：

借：管理费用——公司经费　　260

　　贷：库存现金　　260

步骤3： 审核人员审核“现付字第1号”付款凭证。审核无误签章后交出纳人员。

步骤4： 出纳人员根据“现付字第1号”付款凭证登记库存现金日记账（如表8-9所示）。登账后在记账凭证上标注已经记账的符号并签章，然后将“现付字第1号”付款凭证交明细账会计。

步骤 5：明细账会计根据“现付字第 1 号”付款凭证，登记管理费用明细账（如表 8－15 所示）。登账后在记账凭证上标注已经记账的符号并签章，然后将“现付字第 1 号”付款凭证交总账会计。

步骤 6：总账会计根据“现付字第 1 号”付款凭证，登记库存现金和管理费用总账（如表 8－18 和表 8－23 所示）。登账后在记账凭证上标注已经记账的符号并签章。

业务（4）3 月 6 日

步骤 1：审核人员审核借款单。审核无误签章后交制证会计。

步骤 2：制证会计根据借款单，进行会计确认和计量；接着填制“现付字第 2 号”付款凭证，签章后交审核人员。其会计分录如下：

借：其他应收款——赵强　　1 500

　　贷：库存现金　　1 500

步骤 3：审核人员审核“现付字第 2 号”付款凭证。审核无误签章后交出纳人员。

步骤 4：出纳人员根据“现付字第 2 号”付款凭证，登记库存现金日记账（如表 8－9 所示）。登账后在记账凭证上标注已经记账的符号并签章，然后将“现付字第 2 号”付款凭证交明细账会计。

步骤 5：明细账会计根据“现付字第 2 号”付款凭证，登记其他应收款明细账（如表 8－11所示）。登账后在记账凭证上标注已经记账的符号并签章，然后将“现付字第 2 号”付款凭证交总账会计。

步骤 6：总账会计根据“现付字第 2 号”付款凭证，登记库存现金和其他应收款总账（如表 8－18 和表 8－20 所示）。登账后在记账凭证上标注已经记账的符号并签章。

业务（5）3 月 8 日

步骤 1：审核人员审核发料单。审核无误后交制证会计。

步骤 2：制证会计根据发料单，进行会计确认和计量；接着填制“转字第 2 号”转账凭证，签章后交审核人员。其会计分录如下：

借：生产成本——A 产品　　5 000

　　贷：原材料——甲材料　　4 760

　　　　　　——乙材料　　240

步骤 3：审核人员审核“转字第 2 号”转账凭证。审核无误签章后交明细账会计。

步骤 4：明细账会计根据“转字第 2 号”转账凭证，登记原材料和生产成本明细账（如表 8－12、表 8－13 和表 8－14 所示）。登账后在记账凭证上标注已经记账的符号并签章，然后将“转字第 2 号”转账凭证交总账会计。

步骤 5：总账会计根据“转字第 2 号”转账凭证，登记原材料和生产成本总账（如表 8－21和表 8－22 所示）。登账后在记账凭证上标注已经记账的符号并签章。

提示　按照记账凭证账务处理程序，期末应进行对账、结账，并根据总账和明细账编制会计报表。相关操作程序和方法不再赘述，请参见本教材项目五和项目七。

动脑动手　根据本例的原始凭证和会计分录，分别填制通用式和专用式记账凭证。所需记账凭证自己准备。

表8-9　库存现金日记账

20××年		凭证		摘要	对方科目	借方	贷方	余额
月	日	字	号					
3	1			期初余额				1 140
	2	银付	1	提取现金	银行存款	5 000		6 140
	5	现付	1	购买办公用品	管理费用		260	5 880
	6	现付	2	预借差旅费	其他应收款		1 500	4 380

表8-10　银行存款日记账

20××年		凭证		摘要	对方科目	借方	贷方	余额
月	日	字	号					
3	1			期初余额				425 000
	2	银付	1	提取现金	库存现金		5 000	420 000

表8-11　其他应收款明细账

明细科目：赵强

20××年		凭证		摘要	借方	贷方	借或贷	余额
月	日	字	号					
3	6	现付	2	预借差旅费	1 500		借	1 500

表8-12　原材料明细账

材料类别：原料及主要材料

品名：甲材料　　计量单位：公斤　　规格：________

20××年		凭证		摘要	收入			发出			结存		
月	日	字	号		数量	单价	金额	数量	单价	金额	数量	单价	金额
3	1			期初余额							45	56	2 520
	4	转	1	购料	100	56	5 600				145	56	8 120
	8	转	2	领料				85	56	4 760	60	56	3 360

表 8－13 原材料明细账

材料类别：原料及主要材料

品名：乙材料　　计量单位：公斤　　规格：

20××年		凭证		摘要	收入			发出			结存		
月	日	字	号		数量	单价	金额	数量	单价	金额	数量	单价	金额
3	1			期初余额							18	60	1 080
	8	转	2	领料				4	60	240	14	60	840

表 8－14 生产成本明细账

20××年		凭证		摘要	借方	贷方	余额	借（　）方金额分析		
月	日	字	号					直接材料	直接人工	制造费用
3	1			期初余额			1 682	1 035	593	54
	8	转	2	领料	5 000		6 682	5 000		

表 8－15 管理费用明细账

20××年		凭证		摘要	借方	贷方	余额	借（　）方金额分析			
月	日	字	号					公司经费	差旅费	税金	…
3	5	现付	1	购买办公用品	260		260	260			

表 8－16 应付账款明细账

明细科目：宏远公司

20××年		凭证		摘　要	借方	贷方	借或贷	余额
月	日	字	号					
3	1			期初余额			贷	50 000
	4	转	1	购料		6 552	贷	56 552

表 8－17　　应交增值税明细账

20××年		凭证		摘要	借方				贷方				余额
月	日	字	号		合计	进项税额	已交税金	…	合计	销项税额	进项税额转出	…	
3	1			期初余额									2 000
	4	转	1	购料	952	952							1 048

表 8－18　　总分类账

会计科目：库存现金

20××年		凭证		摘要	借方	贷方	借或贷	余额
月	日	字	号					
3	1			期初余额			借	1 140
	2	银付	1	提取现金	5 000		借	6 140
	5	现付	1	购买办公用品		260	借	5 880
	6	现付	2	预借差旅费		1 500	借	4 380

表 8－19　　总分类账

会计科目：银行存款

20××年		凭证		摘要	借方	贷方	借或贷	余额
月	日	字	号					
3	1			期初余额			借	425 000
	2	银付	1	提取现金		5 000	借	420 000

表 8－20　　总分类账

会计科目：其他应收款

20××年		凭证		摘要	借方	贷方	借或贷	余额
月	日	字	号					
3	6	现付	2	预借差旅费	1 500		借	1 500

表 8-21 总分类账

会计科目：原材料

20××年		凭证		摘要	借方	贷方	借或贷	余额
月	日	字	号					
3	1			期初余额			借	3 600
	4	转	1	购料	5 600		借	9 200
	8	转	2	领料		5 000	借	4 200

表 8-22 总分类账

会计科目：生产成本

20××年		凭证		摘要	借方	贷方	借或贷	余额
月	日	字	号					
3	1			期初余额			借	1 682
	8	转	2	领料	5 000		借	6 682

表 8-23 总分类账

会计科目：管理费用

20××年		凭证		摘要	借方	贷方	借或贷	余额
月	日	字	号					
3	5	现付	1	购买办公用品	260		借	260

表 8-24 总分类账

会计科目：应付账款

20××年		凭证		摘要	借方	贷方	借或贷	余额
月	日	字	号					
3	1			期初余额			贷	270 000
	4	转	1	购料		6 552	贷	276 552

表 8－25　　总分类账

会计科目：应交税费

20×× 年		凭证		摘要	借方	贷方	借或贷	余额
月	日	字	号					
3	1			期初余额			贷	2 000
	4	转	1	购料	952		借	1 048

4. 职业能力训练

4.1 判断（正确的在括号里打“√”，错误的打“×”。）

（1）账务处理程序是指凭证的传递、账簿登记、编制报表相互结合的方式。（　　）

（2）不同账务处理程序的主要区别在于登记总分类账的依据不同。（　　）

（3）采用记账凭证账务处理程序，当业务量较大时会增加登记总账的工作量。（　　）

（4）记账凭证账务处理程序是最简单的账务处理程序。（　　）

（5）记账凭证账务处理程序适用于规模较大、业务量较多的单位。（　　）

4.2 选择（下列答案中有一项或多项是正确的，将正确答案前的英文字母填入括号内。）

（1）最基本的账务处理程序是（　　）。

A. 科目汇总表账务处理程序　　B. 记账凭证账务处理程序

C. 汇总记账凭证账务处理程序　　D. 日记总账账务处理程序

（2）记账凭证账务处理程序适用于（　　）。

A. 业务量少的单位　　B. 业务量较多的单位

C. 企业单位　　D. 行政事业

（3）在不同的账务处理程序下，可以作为登记总账依据的是（　　）。

A. 记账凭证　　B. 汇总记账凭证　　C. 科目汇总表　　D. 原始凭证

（4）选择适合于企业的账务处理程序，应考虑的因素包括（　　）。

A. 单位经济活动的特点　　B. 企业的规模

C. 经济业务的繁简程度　　D. 以提高工作效率为目的

（5）账务处理程序包括的基本内容有（　　）。

A. 填制记账凭证　　B. 登记总账

C. 登记日记账和明细账　　D. 账账核对

4.3 学习情境实训

【实训目的】训练记账凭证账务处理程序的应用。

【情境资料】新东方工厂 20××年 8 月 1 日有关账户余额如表 8－26 所示。

表 8－26 部分账户余额 单位：元

账户名称	借方余额	贷方余额	账户名称	借方余额	贷方余额
库存现金	10 000		短期借款		60 000
银行存款	117 000		应付账款		80 000
应收账款	80 000		应付职工薪酬		76 000
原材料	83 000		应交税费		14 000
库存商品	150 000		实收资本		500 000
固定资产	800 000		盈余公积		200 000
累计折旧		300 000	利润分配		200 000
无形资产	190 000				

20××年8月发生下列经济业务（原始凭证略）：

（1）8月7日，以库存现金支付办公费2 680元。

（2）8月9日，从亿力公司购入乙材料800公斤，单价34元，专用发票上注明价款27 200元，增值税4 624元。材料已验收入库，货款以银行存款电汇支付。

（3）8月10日，生产A产品领用甲材料44 800元，乙材料8 160元。

（4）8月15日，开出现金支票提取现金5 000元备用。

（5）8月24日，向南通公司销售A产品200吨，单价38元，价款7 600元，增值税1 292元，款项收到存入银行。

【实训要求】采用记账凭证账务处理程序，完成下列处理（所需空白的记账凭证和账页请自己准备）：

（1）根据上述原始凭证填制记账凭证。

（2）根据记账凭证登记库存现金日记账和银行存款日记账。

（3）根据记账凭证登记明细分类账。

（4）根据记账凭证登记总分类账。

根据教学安排，可在课堂上进行也可在课外进行，可分组进行也可独立进行。按照业务顺序分别列出工作步骤和内容，完成后由教师进行点评。

任务2 科目汇总表账务处理程序的应用

1. 任务描述

采用科目汇总表账务处理程序时，经济业务发生后，根据审核无误的原始凭证或原始凭证汇总表填制记账凭证并审核无误后，由出纳人员和明细账会计分别据以逐笔登记日记账和有关明细账，然后交由总账会计据以定期汇总编制科目汇总表，并根据科目汇总表登记总账。期末，进行账账核对和账实核对相符后，根据总账和明细账编制会计报表。根据记账凭证定期编制科目汇总表并据以登记总账，是科目汇总表账务处理程序的显著特点。

2. 综合知识

2.1 什么是科目汇总表账务处理程序

科目汇总表账务处理程序是指填制记账凭证后，日记账和明细账根据记账凭证进行逐笔登记，然后根据记账凭证定期编制科目汇总表，根据科目汇总表登记总账的一种账务处理程序。

科目汇总表，也称记账凭证汇总表，是根据记账凭证，按会计科目定期汇总其借方金额和贷方金额，作为登记总账依据的汇总表。科目汇总表的一般格式如表 8－27 所示。

2.2 科目汇总表账务处理程序的操作步骤与内容

科目汇总表账务处理程序的基本操作步骤与内容如下：

（1）根据原始凭证或原始凭证汇总表填制记账凭证；

（2）根据收、付款凭证逐笔登记库存现金日记账和银行存款日记账；

（3）根据记账凭证及其所附原始凭证或原始凭证汇总表逐笔登记各种明细账；

（4）根据记账凭证定期编制科目汇总表；

（5）根据科目汇总表登记总账；

（6）库存现金日记账和银行存款日记账定期与库存现金和银行存款总账核对相符；

（7）各种明细账定期与相关总账核对相符；

（8）期末，根据总账和有关明细账编制会计报表。

科目汇总表账务处理程序如图 8－2 所示。

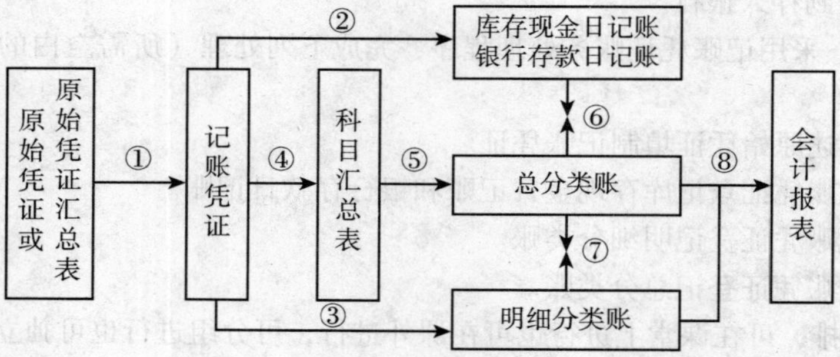

图 8－2　科目汇总表账务处理程序

2.3 科目汇总表的编制方法

科目汇总表根据记账凭证定期汇总编制，按会计科目分别汇总本汇总期内应记入各总分类账户的借方金额和贷方金额，据以登记总分类账户。科目汇总表的编制步骤和方法如下：

（1）将本汇总期间内的经济业务所涉及的全部会计科目填列在科目汇总表的“会计科目”栏内。

提示　为了便于登记总账，科目汇总表中会计科目的排列顺序应与总分类账簿中会计账户编列的先后顺序相一致。

（2）根据本汇总期内的所有记账凭证，按照会计科目分别加计借方金额和贷方金额。

提示 在手工操作的情况下，为了防止汇总过程中出现差错，可利用“丁”字账户来进行汇总。

（3）将各科目汇总后的借方金额和贷方金额分别抄入科目汇总表的对应栏目内，加计借方金额合计数和贷方金额合计数，进行试算平衡后填入表内对应栏目。

（4）填写科目汇总表的其他各项目。

科目汇总表编制完成并经审核无误后，即可据以登记总账。

请注意 科目汇总表的汇总期不宜过长，一般为5天、10天或者半个月，最长不超过1个月，以便及时了解资金运动状况。

2.4 科目汇总表账务处理程序的特点、优缺点及适用范围

科目汇总表账务处理程序的主要特点是根据记账凭证编制科目汇总表，根据科目汇总表登记总账。

采用科目汇总表账务处理程序，优点是可以简化登记总账的工作量，还可以降低总账登记环节出错的可能性；缺点是没有按对应科目汇总，总账记录不能反映账户的对应关系。同时，汇总工作本身也是一项比较繁复的工作，在经济业务不多的情况下，简化核算工作的作用不明显。

科目汇总表账务处理程序一般适用于规模较大、经济业务量较多的单位。

3. 任务设计——编制科目汇总表并据以登记总账

【例8-2】 仍采用【例8-1】的资料，假定兴川公司采用科目汇总表账务处理程序进行会计核算。

要求：采用科目汇总表账务处理程序完成下列处理：

（1）根据原始凭证填制记账凭证（以会计分录代替）。

（2）根据收、付款凭证登记库存现金日记账和银行存款日记账。

（3）根据记账凭证登记明细账。

（4）编制科目汇总表。

（5）根据科目汇总表登记总账。

⟹ 工作过程

提示 本例要求中第（1）、第（2）、第（3）项工作任务的工作过程、方法、内容及结果与【例8-1】中完全相同，这里不再赘述。下面仅就根据第（1）项工作的结果做第（4）、第（5）两项工作任务的工作过程进行展示。

第（4）项工作任务：编制科目汇总表。

步骤1： 开立“丁”字账户。

步骤2： 将记账凭证中的会计分录逐笔记入“丁”字账户。

请注意　同一个会计科目的借、贷方金额必须分别汇总，不能相互抵销。

步骤3：加计各“丁”字账户的本期借方发生额和贷方发生额。加计本期借方发生额和贷方发生额后的“丁”字账户记录如下：

库存现金

①5 000	③ 260
	④1 500
5 000	1 760

银行存款

	①5 000
	5 000

其他应收款

④1 500	
1 500	

原材料

②5 600	⑤5 000
5 600	5 000

生产成本

⑤5 000	
5 000	

管理费用

③260	
260	

应付账款

	②6 552
	6 552

应交税费

②952	
952	

步骤4：将“丁”字账户的汇总结果，填入科目汇总表。

步骤5：加计科目汇总表的借、贷方合计数，并核对相等。本例为18 312元。

步骤6：填写科目汇总表的编号、汇总期的起止时间、所汇记账凭证的起止号数等要素，并签章，交审核人员审核。编制完成并登账后的科目汇总表如表8－27所示。

表8－27　**科目汇总表**

20××年3月1日至10日　　汇字第1号

会计科目	账页	本期金额		记账凭证起讫号数
		借方	贷方	
库存现金	√	5 000	1 760	现付 1-2 银付 1-1 转字 1-2
银行存款	√		5 000	
其他应收款	√	1 500		
原材料	√	5 600	5 000	
生产成本	√	5 000		
应付账款	√		6 552	
应交税费	√	952		
管理费用	√	260		
合　计		18 312	18 312	

会计主管：　　记账：×××　　审核：×××　　汇总：×××

第（5）项工作任务：根据科目汇总表登记总账。

步骤1：审核人员审核“汇字第1号”科目汇总表。审核无误签章后交总账会计。

步骤2：总账会计根据“汇字第1号”科目汇总表登记总账（如表8－28至表8－35所示）。登记时逐个账户进行登记，每登记完一个账户，就在科目汇总表的“账页”栏填写所登账页页码或者画“√”。全部账户登记完后签章。

提示 按照科目汇总表账务处理程序的要求，期末应进行对账、结账，根据总账和明细账编制会计报表。相关操作程序和方法不再赘述，请参见本教材项目五和项目七。

表8－28 总分类账

会计科目：库存现金

20××年		凭证		摘要	借方	贷方	借或贷	余额
月	日	字	号					
3	1			期初余额			借	1 140
	10	汇	1	1～10日发生额	5 000	1 760	借	4 380

表8－29 总分类账

会计科目：银行存款

20××年		凭证		摘要	借方	贷方	借或贷	余额
月	日	字	号					
3	1			期初余额			借	425 000
	10	汇	1	1～10日发生额		5 000	借	420 000

表8－30 总分类账

会计科目：其他应收款

20××年		凭证		摘要	借方	贷方	借或贷	余额
月	日	字	号					
3	10	汇	1	1～10日发生额	1 500		借	1 500

表8－31 总分类账

会计科目：原材料

20××年		凭证		摘　要	借方	贷方	借或贷	余额
月	日	字	号					
3	1			期初余额			借	3 600
	10	汇	1	1～10日发生额	5 600	5 000	借	4 200

表8－32 总分类账

会计科目：生产成本

20××年		凭证		摘　要	借方	贷方	借或贷	余额
月	日	字	号					
3	1			期初余额			借	1 682
	10	汇	1	1～10日发生额	5 000		借	6 682

表8－33 总分类账

会计科目：应付账款

20××年		凭证		摘　要	借方	贷方	借或贷	余额
月	日	字	号					
3	1			期初余额			贷	270 000
	10	汇	1	1～10日发生额		6 552	贷	276 552

表8－34 总分类账

会计科目：应交税费

20××年		凭证		摘　要	借方	贷方	借或贷	余额
月	日	字	号					
3	1			期初余额			贷	2 000
	10	汇	1	1～10日发生额	952		贷	1 048

表 8－35　　总分类账

会计科目：管理费用

20××年		凭证		摘要	借方	贷方	借或贷	余额
月	日	字	号					
3	10	汇	1	1~10日发生额	260		借	260

动脑动手　对比一下：科目汇总表账务处理程序下总分类账户的登记情形与记账凭证账务处理程序下总分类账户的登记情况有何异同？

4. 职业能力训练

4.1 判断（正确的在括号里打“√”，错误的打“×”。）

（1）科目汇总表不仅能起到试算平衡的作用，而且可以反映账户之间的对应关系。（　）

（2）科目汇总表账务处理程序是以科目汇总表作为登记总账和明细账的依据。（　）

（3）编制科目汇总表时，库存现金和银行存款的发生额，可以直接根据各自日记账的收支数填列。（　）

（4）科目汇总表账务处理程序优于记账凭证账务处理程序。（　）

（5）科目汇总表账务处理程序下，由于科目汇总表具备试算平衡的作用，所以不再需要进行期末对账。（　）

4.2 选择（下列答案中有一项或多项是正确的，将正确答案前的英文字母填入括号内。）

（1）各种账务处理程序的区别主要在于（　）。

A. 填制记账凭证的依据不同　　B. 登记明细账的依据和方法不同

C. 登记总账的依据和程序不同　　D. 编制会计报表的依据和方法不同

（2）科目汇总表账务处理程序的主要特点是（　）。

A. 直接根据记账凭证登记总账　　B. 直接根据记账凭证登记明细账

C. 定期编制科目汇总表　　D. 根据科目汇总表登记总账

（3）对于科目汇总表账务处理程序，下列说法正确的是（　）。

A. 大大减少了登记总账的工作量

B. 总账上不能反映经济业务的来龙去脉，不便于查账

C. 层次清楚、简单明了、手续简便、容易掌握

D. 适用于规模较小、业务量较少、记账凭证不多的单位

（4）关于科目汇总表编制的时间间隔，下列说法正确的是（　）。

A. 经济业务量较多的企业可以每天汇总一次

B. 经济业务量不多的企业可以一个月汇总一次

C. 一般情况下汇总时间间隔不超过 10 天

D. 汇总的目的是为了及时了解企业资金的运动情况

（5）编制科目汇总表的顺序是（　　）。

A. 分别计算每一总账科目的借方、贷方金额合计数

B. 将借、贷金额填入科目汇总表的相应栏内

C. 加总借方、贷方金额进行试算平衡

D. 在“账页”栏填写账页页码或画“√”

4.3 学习情境实训

【实训目的】训练科目汇总表账务处理程序的应用。

【情境资料】根据本项目任务 1“学习情境实训”填制的记账凭证，现假定新东方工厂采用科目汇总表账务处理程序。

【实训要求】采用科目汇总表账务处理程序，完成下列处理：

（1）编制科目汇总表。

（2）根据科目汇总表登记总账。

根据教学安排，可在课堂上进行也可在课外进行，可分组进行也可独立进行。要列出工作步骤和内容，完成后由教师进行点评。

知识与能力拓展

汇总记账凭证账务处理程序的特点

与科目汇总表账务处理程序相比，其基本原理和步骤大体相同，即汇总记账凭证账务处理程序也是定期对记账凭证进行汇总以后根据汇总结果登记总账。但二者在汇总的理念和方法、汇总后的载体以及登记总账的方式等方面又有很明显的不同。

汇总记账凭证账务处理程序是指填制记账凭证后，日记账和明细账根据记账凭证进行逐笔登记，然后根据记账凭证定期编制汇总记账凭证，根据汇总记账凭证登记总账的一种账务处理程序。其主要特点是定期编制汇总记账凭证，根据汇总记账凭证登记总账。与科目汇总表账务处理程序相比，汇总记账凭证账务处理程序的不同之处主要表现在以下几个方面：

（1）汇总记账凭证分为汇总收款凭证、汇总付款凭证和汇总转账凭证一套三式（见表8－36至表 8－38），因此，要在采用收、付、转专用式记账凭证的情况下采用。汇总收款凭证根据收款凭证汇总编制，汇总付款凭证根据付款凭证汇总编制，汇总转账凭证根据转账凭证汇总编制。

（2）汇总记账凭证的汇总方法与科目汇总表的汇总方法不同。在手工操作的情况下，编制汇总收款凭证时，是将汇总期内的所有收款凭证，按“库存现金”和“银行存款”分别集中起来，直接使用计算工具，加计各对应的贷方科目的总金额。编制汇总付款凭证的方法与此基本相同，只是借贷的方向相反而已。编制汇总记账凭证时，需要特别注意的是汇总转账凭证的编制方法。汇总转账凭证是按贷方科目进行汇总的，编制汇总转账凭证时，是将汇总期内的转账记账凭证中记贷方的同一个科目集中起来，直接使用计算工具，加计对应的各借方科目的总金额。例如，如果 10 天汇总一次，某月上旬的转账凭证中有 12 张是贷记“主营业务收入”的，就将这 12 张转账凭证集中在一起，假如其中有 11 张是借记“应收账款”的，就直接使用计算工具加计出这 11 张转账凭证中“应收账款”应记借方的价款总金额。

编制汇总转账凭证时还需要特别注意一个问题，那就是，因为汇总转账凭证是按贷方科目进行汇总的，所以，当遇到一借多贷的转账凭证时，需要对借方科目的金额进行拆分。如上面所说的“应收账款”的借方金额，除了“主营业务收入”的贷方金额与之对应以外，还有“应交税费”的贷方金额与之对应，或者说“应收账款”的借方金额是“主营业务收入”的贷方金额与“应交税费”的贷方金额之和。这时，就要将“应收账款”的借方金额拆分成两个部分，分别反映在“主营业务收入”汇总转账凭证和“应交税费”汇总转账凭证中。其中，在“主营业务收入”汇总转账凭证中反映的“应收账款”是应收的价款部分，在“应交税费”汇总转账凭证中反映的“应收账款”是应收的税款部分。

（3）汇总记账凭证的填制方法与科目汇总表的填制方法不同。汇总记账凭证不是一个汇总期填制一张，而是一个月填制一张，在一个月内，不论汇总多少次，同一个科目的汇总金额都按时间段分别填制在同一张汇总记账凭证上，月末加计出合计数后一次登记总账。换句话说，采用汇总记账凭证账务处理程序时，一个月只登记一次总账。

（4）汇总记账凭证保持了清晰的账户对应关系，因此，总分类账户设置了“对方科目”栏（如表8－39所示），用以反映账户的对应关系，这有利于分析和检查经济活动的发生情况。

表8－36　　　　汇总收款凭证

借方科目：银行存款（或库存现金）　　　　年　　月

贷方科目	金额				总账页数	
	1～10日凭证 号至 号	11～20日凭证 号至 号	21～31日凭证 号至 号	合计	借方	贷方
主营业务收入						
应收账款						
……						
合　计						

表8－37　　　　汇总付款凭证

贷方科目：银行存款（或库存现金）　　　　年　　月

借方科目	金额				总账页数	
	1～10日凭证 号至 号	11～20日凭证 号至 号	21～31日凭证 号至 号	合计	借方	贷方
其他应收款						
管理费用						
……						
合　计						

表 8-38　　汇总转账凭证

贷方科目：（如：原材料）　　　年　　月

借方科目	金额				总账页数	
	1~10 日凭证 号至　号	11~20 日凭证 号至　号	21~31 日凭证 号至　号	合计	借方	贷方
（生产成本）						
（制造费用）						
……						
合　计						

表 8-39　　总分类账

会计科目：

20××年		凭证		摘　要	对方科目	借方	贷方	借或贷	余额
月	日	字	号						

动脑动手　根据【例 8-1】的会计分录编制汇总付款凭证和汇总转账凭证。

【重要名词】

账务处理程序　记账凭证账务处理程序　科目汇总表账务处理程序　科目汇总表　汇总记账凭证账务处理程序

【阅读篇目】

《会计基础工作规范》

参考文献

[1] 赵丽生，常洁，高慧芸主编．基础会计．东北财经大学出版社，2009
[2] 余坤和主编．会计基础．第二版．中国财政经济出版社，2007
[3] 胡中艾主编．基础会计．第二版．经济科学出版社，2007
[4] 财政部会计司编写组．企业会计准则讲解 2006. 人民出版社 ，2007
[5] 单惟婷主编．基础会计学．中国金融出版社，2007
[6] 会计从业资格考试辅导教材．会计基础．第三版，中国财政经济出版社，2008
[7] 全国会计专业技术资格考试辅导教材．初级会计实务．中国财政经济出版社，2008
[8] 李秀云主编．简明基础会计．科学出版社，2006
[9] 于强主编．基础会计．天津大学出版社，2006
[10] 金跃武主编．基础会计．高等教育出版社，2006
[11] 隋秀娟，谢婉娥主编．基础会计．天津大学出版社，2009